MODERN HUMANITIES RESEARCH ASSOCIATION

CRITICAL TEXTS

VOLUME 24

Editor
MALCOLM COOK
(*French*)

LE DÉSERT DE SUEZ:
CINQ MOIS DANS L'ISTHME

Narcisse Berchère

LE DÉSERT DE SUEZ:
CINQ MOIS DANS L'ISTHME

Narcisse Berchère

Présentation de
Barbara Wright

MODERN HUMANITIES RESEARCH ASSOCIATION

2010

Published by

The Modern Humanities Research Association,
1 Carlton House Terrace
London SW1Y 5AF

© The Modern Humanities Research Association, 2010

Barbara Wright has asserted her right under the Copyright, Designs and Patents Act 1988 to be identified as the author of this work.

Parts of this work may be reproduced as permitted under legal provisions for fair dealing (or fair use) for the purposes of research, private study, criticism, or review, or when a relevant collective licensing agreement is in place. All other reproduction requires the written permission of the copyright holder who may be contacted at rights@mhra.org.uk.

First published 2010

ISBN 978 1 907322 10 5

ISSN 1746–1642

Copies may be ordered from www.criticaltexts.mhra.org.uk

POUR KRISTA

REMERCIEMENTS

Pour mener à bien la préparation de cette édition, le concours de l'Association du Souvenir de Ferdinand de Lesseps et du Canal de Suez a été d'une importance capitale : je tiens à remercier tout particulièrement Jean-Paul Calon, Philippe Capron et Arnaud Ramière de Fortanier.

Le Columbia Institute for Scholars à Reid Hall, Paris, où j'ai été reçue pendant le deuxième semestre de l'année 2005–2006, m'a apporté un soutien constant et un accueil chaleureux, sans lesquels le présent ouvrage n'aurait pu voir le jour. Des remerciements particuliers sont dus à Danielle Haase-Dubosc, Mihaela Bacou, Naby Avcioglu et Jeremy Jennings.

Ce semestre s'est déroulé dans les meilleures conditions, grâce à l'accueil que j'ai reçu à la Maison Suger, où je suis retournée depuis. En particulier, je tiens à exprimer ma profonde reconnaissance à son Directeur, Jean-Luc Lory, ainsi qu'à ses administrateurs, Françoise Girou et Nadia Cheniour.

Pour le volet égyptien, je ne saurais trop remercier l'Institut français d'archéologie orientale du Caire et le groupe InVisu (Centre national de la recherche scientifique et Institut national d'histoire de l'art), notamment Mercedes Volait, Céline Frémaux, Marie-Laure Crosnier-Leconte et Nicolas Michel.

Son Excellence, Amr Helmy, Ambassadeur d'Égypte en Irlande, m'a offert un lien des plus précieux pour ma visite dans la zone de l'Autorité du Canal de Suez.

Au Centre des Archives du Monde du Travail (CAMT) à Roubaix, je tiens à exprimer ma gratitude pour l'accueil que m'a réservé Andrée-Marie Dormion.

Au Musée municipal d'Étampes, Hervé Joubeaux, Sylvain Duchêne et Cécile Rivière m'ont apporté une aide des plus précieuses.

Au Musée Gustave Moreau à Paris, Marie-Cécile Forest, Samuel Mandin et Aurélie Peylhard m'ont assuré un soutien indispensable, dont je les remercie profondément.

Aux éditions de la série « MHRA Critical Texts », sous l'égide de la Modern Humanities Research Association, Malcolm Cook et Gerard Lowe m'ont apporté un immense appui, dont je leur suis fort reconnaissante.

Pour la lecture attentive du texte, avec des conseils des plus judicieux, je remercie Roger Little, qui m'a fourni un soutien constant au cours de longues années.

Pour la mise en page, je tiens à témoigner ma profonde gratitude encore une fois à Perro de Jong.

Enfin, pour de multiples services, de nature diverse et variée, je me sens particulièrement redevable à Lucien Arcache, Yvette Audinet, Marie-Claude Barbier, Jürgen Barkhoff, John Bartlett, Sandrine Brisset, Marie-Cécile Comerre, George Huxley, Bernard Jeanson, Colin Keaveney, Geneviève Lacambre, Andrew Mayes, Martine Pelletier, Yves Quaegebeur, Stephanie Saville, Alexandra Slaby, Lynne Thornton, Rosette et Maie Yanni.

INTRODUCTION

Le récit de Narcisse Berchère, réédité ici pour la première fois depuis 1863, est dédié à son ami Eugène Fromentin, peintre-écrivain, dont les récits de voyage en Algérie, *Un été dans le Sahara* et *Une année dans le Sahel*, marquent un pas décisif dans l'évolution du genre[1]. Non seulement dédicataire de l'ouvrage, Fromentin en est presque l'inspirateur. Aucun des deux auteurs ne considère son ouvrage comme un « livre » (p. 39), au sens stricte du terme : Berchère présente le sien comme une succession d'impressions, « sans grand respect pour les transitions habilement ménagées » (p. 38). Tous deux emploient, cependant, une même forme épistolaire, où le lieu et la date de chaque envoi forment le seul fil conducteur, rendant ainsi superflue toute autre considération narrative. Les mêmes points forts y apparaissent : lieux d'élection, appelés « observatoires » (pp. 18, 19) ; scènes de chasse ; analogies avec des scènes bibliques. Les deux écrivains adoptent une même approche visuelle, ce qui n'est guère étonnant, venant de la plume d'un peintre, mais avec pourtant des différences, sur lesquelles nous reviendrons plus tard. Cependant, si Fromentin se rendit en Algérie en 1852, muni d'une commande de l'État, on ne lui demandait à l'époque qu'un « paysage historique », dont le titre devait être laissé en blanc jusqu'à ce que l'artiste soit en mesure d'en fournir un. Berchère, par contre, était chargé d'une « mission », celle d'interpréter, « dans un ensemble de dessins » (p. 8), les travaux en cours lors de la première phase de la construction du canal de Suez. Il est à Damiette (Dumyât) le 24 novembre 1861. Fin avril 1862, il est déjà aux bords du Nil, sur le chemin du retour en France. Opération donc plus pointue que celle de Fromentin, avec l'ambition de « faire connaître cette grande entreprise que l'on nomme le *canal de Suez* » (p. 8).

Cette Introduction sera composée de trois parties. On commencera, avec Berchère, à faire « l'historique de cette époque » (p. 9), dans la perspective très limitée des travaux préparatoires de la construction du canal de Suez. Ensuite, on situera ce voyage et les témoignages qui en découlent dans le contexte de la vie et l'œuvre de Berchère. Enfin, on procédera à une analyse du récit lui-même, afin d'en évaluer l'originalité sur le plan textuel aussi bien que visuel.

1. Historique de l'époque

Vieille comme le monde, l'idée de relier la mer Rouge et la Méditerranée avait déjà mené à la construction du canal des Pharaons, ainsi nommé parce que plusieurs d'entre eux avaient veillé à son exécution. Ce canal reliait la mer Rouge et la Méditerranée et, d'après Hérodote, aurait coûté la vie à environ cent vingt mille travailleurs. Après avoir été successivement abandonné et remis en état, il fut fermé vers 775 après J. C. Si le canal des Pharaons ne subsiste plus (ou seulement à l'état de vestiges, dont certains sont décrits dans le récit (pp. 59, 85)), son souvenir ne manqua pas de hanter l'imaginaire collectif. La découverte par Vasco da Gama du passage vers l'Extrême-Orient par le cap de Bonne-Espérance était venue bouleverser les grands axes commerciaux maritimes. Les marchands de Venise et de Constantinople, conscients de la menace que ce long passage représentait à leur commerce avec les Indes, cherchaient donc une voie permettant de faire passer rapidement hommes et marchandises d'une mer à l'autre.

Suite à l'expédition d'Égypte, la question fut ravivée par l'intérêt que Bonaparte y avait montré. Parmi les savants que le futur empereur y avait emmenés se trouvait Jacques-Marie Lepère[2], spécialement chargé d'étudier la question du canal. Celui-ci arriva, comme les ingénieurs des Pharaons, à la conclusion que la mer Rouge et la Méditerranée étaient de niveaux différents (p. 28). Le mémoire de Lepère fut vivement critiqué par Pierre-Simon Laplace et Joseph Fourier, lesquels faisaient valoir que toutes les mers du globe ont entre elles une communication naturelle. En attendant, le seul essai de réalisation eut pour auteur le vice-roi Mohamed-Ali (ou Méhémet-Ali), qui fit creuser le canal Mahmoudieh, reliant Alexandrie au Nil et permettant ainsi l'irrigation de vastes étendues de terres jusque-là stériles.

Arrivaient alors les Saint-Simoniens, disciples d'Henri de Saint-Simon, lui-même descendant du célèbre mémorialiste de la cour de Louis XIV. Ayant brièvement combattu du côté des Américains lors de la Guerre d'Indépendance, Saint-Simon était persuadé que cette révolution allait inaugurer de grands progrès à l'échelle mondiale, avec des conséquences importantes sur l'ordre social en Europe. Par ailleurs, il était convaincu que l'accent mis, en Occident, sur la dualité entre chair et esprit avait été nocif pour l'humanité. L'Église avait aligné la chair du côté du péché, tout en vantant la noblesse potentielle de l'esprit. Pour combler la lacune formée par ce clivage, Saint-Simon proposa de créer une nouvelle religion, qu'il appelait en toute simplicité le « Nouveau Christianisme ». Reprenant les propos de saint Paul, il prêchait la règle d'or : « Fais aux autres ce que tu voudrais qu'ils te fassent », tout en persistant à présenter ce monde-ci, et non pas le prochain, comme le seul théâtre de la destinée humaine. Une des idées dominantes du Saint-Simonisme était la conviction que les voies de communication sont indispensables à la compréhension universelle, surtout les voies de chemin de fer et les canaux.

L'erreur de Lepère, qui avait faussement conclu à une inégalité de niveau entre la mer Méditerranée et la mer Rouge, met un bâton dans les roues jusqu'en 1847, date à laquelle Paul-Adrien Bourdaloue et Adolphe Linant de Bellefonds, suite à de nouvelles études, parviennent à établir que la différence des niveaux moyens des deux mers est négligeable — résultat confirmé dans une ultime vérification par Linant de Bellefonds en 1853.

Après la mort de Saint-Simon en 1825, ses disciples se disputèrent. Celui qui fit la plus grande preuve d'excentricité fut Prosper Enfantin, qui insistait davantage sur le mystère métaphysique et qui finit par rompre avec les autres Saint-Simoniens, en créant une nouvelle église à Ménilmontant. Persuadé qu'il était le descendant de saint Paul, Enfantin se déclara chef de la communauté. Il exigeait le célibat et insistait pour que les disciples portent des vestes avec des boutons dans le dos, pour souligner à quel point les êtres humains sont tributaires les uns des autres. Ayant étudié la dichotomie entre la chair et l'esprit, Enfantin se pencha sur une autre dichotomie, celle qui existe entre le masculin et le féminin : il jugeait que l'histoire demandait l'union de ces deux éléments. Pour Enfantin et ses disciples, l'Orient représentait le principe féminin, la Mère universelle. L'Occident signifiait le Père, ainsi que l'intellect, la raison et la créativité. Le lieu choisi par Enfantin pour cette « union », c'était l'Égypte. Il déclara l'année 1833 l'Année de la Mère et organisa une seconde expédition, moins connue que celle de Bonaparte, plus pacifique et purement industrielle et culturelle. Cependant, Enfantin avait aussi un côté pragmatique. Il voulait convaincre le vice-roi d'Égypte, Mohamed-Ali, de l'intérêt qu'il y aurait à ce que l'Égypte se modernise, en se servant de l'expertise des Saint-Simoniens. Cette entreprise se solda par une réussite partielle. Mohamed-Ali était, en effet, attiré par l'idée de construire un barrage sur le Nil au nord du Caire, système hydraulique qui permettrait la conservation de l'eau pour les périodes de grande sécheresse. Mais il se méfiait des offres de construction d'un canal de Suez, situé à l'est du couloir reliant Alexandrie et le Caire. Mohamed-Ali perçut clairement que cet itinéraire permettrait le commerce entre l'Europe et l'Orient, sans impliquer le moindre contrôle fiscal égyptien. De plus, il craignait qu'en permettant aux Français de disposer d'une base économique et politique en Égypte, les Anglais, soucieux de protéger leur passage à l'Inde, ne s'offusquent, reprennent et achèvent leur conquête du pays, entamée après l'expulsion des troupes de Bonaparte. Pour ces diverses raisons, Enfantin, qui avait nourri l'idée d'un canal dans l'isthme de Suez, était destiné à ne jamais voir la réalisation de son rêve. Au cours des décennies à venir, Enfantin allait faire de nouvelles tentatives en vue de ressusciter son projet, mais toujours en vain. Ce sera à Ferdinand de Lesseps que reviendra cet honneur. Dès avril 1855, toute relation est rompue entre Enfantin et les Saint-Simoniens, qui continueront à l'attaquer.

Mohammed-Saïd, qui devint vice-roi d'Égypte en 1854, partageait l'enthousiasme de Lesseps pour un canal maritime direct, reliant Port-Saïd et Suez. Moins perspicace que son père, Mohammed-Saïd n'éprouvait aucune crainte pour l'autonomie égyptienne et se laissait tenter par la gloire que la réalisation d'un tel projet apporterait au pays. Mais il hésitait à entreprendre une telle démarche sans l'accord de l'Empire ottoman à Constantinople. Et le Premier Ministre britannique, Lord Palmerston, s'opposait formellement au projet du canal de Suez, voyant là « un leurre complet »[3], un complot français pour saper l'influence de l'Angleterre au Moyen-Orient[4]. Il fallut attendre que Gladstone vienne prôner le libre-échange, en proclamant que le canal serait bon pour les Anglais et bon pour la civilisation, pour qu'en Angleterre l'opinion publique se modifie. Et il fallut attendre que Napoléon III puisse dominer sa crainte de vexer l'Angleterre et qu'il se prononce ouvertement favorable au projet pour que l'opposition diminue en France, opposition menée, entre autres, par Enfantin et ses disciples, qui contestaient l'itinéraire proposé pour le canal et qui se sentaient écartés d'un projet auquel ils avaient déjà consacré tant d'efforts.

En 1854, Mohammed-Saïd accorde à Lesseps la concession de construction, mais les travaux sur le canal ne commenceront que le 25 avril 1859. Il convient de reconnaître que le rapprochement tout à fait exceptionnel des intérêts de la France, de l'Angleterre et de l'Empire ottoman, suivant la guerre de Crimée, créa une conjoncture géopolitique susceptible de favoriser ce trait d'union entre l'Orient et l'Occident, appuyé plus tard, dans ces termes, par l'émir exilé, Abd el-Kader. La « Compagnie universelle du Canal maritime de Suez » sera enfin formée en 1858. Selon le firman vice-royal en date du 5 janvier 1856, venant confirmer l'acte de concession du 30 novembre 1854, le terme « universelle » désignait bien que « le grand canal maritime de Suez à Péluse et les ports en dépendant » seraient « ouverts à toujours, comme passages neutres, à tout navire de commerce traversant d'une mer à l'autre, sans aucune distinction, exclusion ni préférence de personnes ou de nationalités »[5]. Les actions constituant le capital de la Compagnie seraient obtenues par une souscription internationale. « *Aperire terram gentibus* » (p. 93), la devise de Lesseps[6], exprime bien son rêve d'ouvrir la terre aux hommes et de faire du canal de Suez un couloir de communication entre toutes les mers du globe, en quoi il se rapprochait des ambitions saint-simoniennes.

Tout comme Platon, les Saint-Simoniens n'avaient guère d'intérêt pour la poésie qui, selon eux, empêchait l'esprit de se livrer entièrement à la contemplation de la réalité. Toutefois, ils offraient une vision alternative : le socialisme utopique. Le technocrate, grand prêtre du mouvement, cumulait les qualités d'inspiration du poète et l'expertise pratique, permettant à cette vision de devenir réalité. Au moment où le « machinisme » annonçait une révolution économique, Enfantin et ses disciples « rêvaient, en leur langage audacieux, de féconder la race noire, femelle et sentimentale, avec les vertus mâles et scientifiques de la race blanche »[7]. Encore avaient-ils une philosophie et une politique méditerranéennes. Pour l'économiste Michel Chevalier, le percement de l'isthme de Suez n'était pas d'abord un exploit technique de premier ordre, mais avant tout un trait d'union entre les hommes. « La Méditerranée », écrivit-il, « va devenir le lit nuptial de l'Orient et de l'Occident »[8]. Les premiers disciples d'Enfantin partirent en Orient à la recherche d'une présence féminine, destinée à épouser celui qu'ils appelaient le Père Enfantin. Leur chef, Émile Barrault, allait publier en 1855 un des projets du canal. Mais, en 1833, ce même Barrault se sent poussé par un instinct prophétique relatif à la venue de la « Mère ». Enfantin lui répond comme suit :

> Suez / Est le centre de notre vie de travail / Là nous ferons l'acte / Que le monde attend, / Pour confesser que nous sommes / Mâles. […] Attendons le *lait* de la femme, mais préparons, nous, hommes, le pain[9].

Sur le plan de l'évolution sociale et scientifique de l'Europe, le concept du canal de Suez reprenait le récit de la Genèse, suivant les pas de Jacob et, quatre cents ans plus tard, ceux de Moïse. Lesseps adopte le rôle du « créateur », désireux d'être personnellement responsable de la direction et de la coordination du projet tout entier. Ses allusions à la Genèse et sa passion pour l'exégèse biblique révèlent un élan messianique : le canal serait une inscription définitive sur le désert, réunifiant le monde, quasi miraculeusement. Il se considérait comme l'avatar d'un nouvel ordre mondial[10].

Les disciples de Saint-Simon manifestèrent un vif intérêt pour les canaux de Suez et de Panama et participèrent à la réalisation des deux projets. Cet intérêt pour des canaux reliant deux grands océans et facilitant ainsi le développement du commerce international est significatif, car les deux projets représentaient, dans un sens très concret, un déblayage de la « voie », dans l'espoir que l'Orient pourrait être civilisé en conséquence, tandis que l'Occident pourrait bénéficier de l'excès de spiritualité de l'Orient.

Les Saint-Simoniens n'étaient pas seuls à raisonner ainsi, alliant le pragmatisme à une certaine conception de la philanthropie. Un Anglais, le lieutenant Waghorn, de sa propre initiative et sans aucun appui officiel, avait réussi à démontrer, en 1829, qu'en faisant passer les dépêches importantes par l'isthme de Suez, à dos de dromadaire, l'on pouvait gagner un temps précieux sur le trajet maritime par le cap de Bonne-Espérance. Il s'ensuit le transbordement ferroviaire entre Alexandrie et Suez, que l'on appellera plus tard l'« Overland Route », mais Lesseps n'oubliera pas le rôle annonciateur de Waghorn et érigera un buste à sa mémoire à Port-Taufiq, à l'extrémité du canal de Suez — buste démoli lors de la guerre de 1956. En 1843, un Écossais, Arthur Anderson, futur directeur de la Compagnie péninsulaire et orientale de navigation à vapeur, montra que le fait de mêler la science et l'idéalisme ne doit pas apparaître comme une anomalie, mais plutôt comme une expression des liens entre progrès économique et progrès social, suite à l'Âge des Lumières :

> Une communication facilitée entraîne le développement du commerce et le commerce amène la civilisation : cet axiome est démontré par l'expérience humaine.
> Lorsque l'on rencontre des cas qui semblent faire exception à cette règle, le responsable en est l'égoïsme aveugle de la législation humaine, contrevenant aux lois naturelles établies par le très sage gouverneur de l'univers.

xi

> Donc, un projet qui, en séparant deux continents, se propose de modifier le cours tout entier du commerce et des communications en rapprochant de plusieurs milliers de kilomètres le savoir et l'industrie de l'Occident de l'ignorance et de la barbarie de l'Orient ne peut que stimuler notre imagination et éveiller nos sentiments les plus nobles à son égard[11].

Lesseps lui-même voyait dans le canal l'accomplissement d'une prophétie, comme il l'écrivait, du camp de Maréa (désert lybique), le 15 novembre 1854, en apprenant qu'il avait reçu de Mohammed-Saïd la permission de commencer la construction du Canal :

> […] Quelques rayons de lumière commencent à éclairer l'horizon ; à ma droite, l'orient est dans toute sa limpidité ; à ma gauche, l'occident est sombre et nuageux.
> Tout à coup, je vois apparaître, de ce côté, un arc-en-ciel aux plus vives couleurs, dont les deux extrémités plongeaient de l'ouest à l'est. J'avoue que j'ai senti mon cœur battre violemment et j'ai eu besoin d'arrêter mon imagination qui voyait déjà, dans ce signe d'alliance dont parle l'Écriture, le moment arrivé de la véritable union entre l'Occident et l'Orient du monde et le jour marqué pour la réussite de mon projet[12].

Le symbolisme est, de toute évidence, emprunté à la Genèse, l'arc-en-ciel représentant le dernier recul des eaux du déluge, ou, ici, l'inévitable union de deux mondes par la confluence de deux grandes mers raccordées par le canal de Suez, fruit de l'activité humaine.

Pour Lesseps, le projet du canal de Suez était toujours « la grande entreprise »[13]. Il n'agissait pas uniquement pour la France, mais dans un cadre résolument international, toutes les grandes puissances économiques — dont l'Angleterre en premier lieu — étant directement concernées par l'exécution du canal. Cependant, la Sublime Porte (autrement dit, le Divan) n'avait toujours pas donné son accord au firman et le Sultan subit les pressions du gouvernement de Lord Palmerston, toujours hostile au projet. Ayant confié à Linant de Bellefonds, qui connaissait parfaitement le pays, et à Eugène Mougel, spécialiste des travaux hydrauliques, le soin de décider du choix des entrées du canal sur la mer Rouge et sur la Méditerranée, Lesseps sillonne l'Europe — et surtout les Îles britanniques — en s'adressant au public, à la fois pour faire de la publicité pour son « entreprise » et pour réunir des souscripteurs susceptibles d'aider à la financer. Mohammed-Saïd prend le parti de se passer de l'autorisation du gouvernement ottoman. Un mois après le début du creusement de la rigole de service, petit canal destiné à acheminer par voie d'eau du matériel et du ravitaillement pour les ouvriers dans les chantiers, le premier coup de pioche sera donné le 25 avril 1859[14], au lieu où s'élèvera Port-Saïd, ainsi nommé en l'honneur du vice-roi.

Cependant des difficultés continuent à assaillir le projet. La nouvelle de l'inauguration du chantier de Port-Saïd est mal vue à Londres et la Grande-Bretagne œuvre pour que la Porte envoie au Caire un ordre de suspension des travaux de chantier. Le 9 juin 1859, Lesseps en est averti par le ministre des Affaires étrangères égyptien. Il s'efforce de contrecarrer cette décision et, le 12 juillet 1859, on arrive à un compromis, selon lequel, pour apaiser la Porte, Mohammed-Saïd retirera des chantiers les ouvriers égyptiens, laissant la Compagnie libre de poursuivre ses travaux avec une main-d'œuvre étrangère. Mais ce n'est qu'une solution provisoire. Sous pression britannique, le grand vizir rappelle au vice-roi que l'affaire de Suez est du ressort exclusif de la Porte et que l'ordre de cesser les travaux est impératif. Le vice-consul de France à Damiette est prié d'informer l'ingénieur Félix Laroche, à Port-Saïd, que les travaux doivent être arrêtés. Le commentaire de Berchère (p. 10) rend compte de la manière dont cette nouvelle est reçue :

> […] il y avait dans ces injonctions quelque chose de dérisoire, car il était matériellement impossible, alors qu'on eût cédé aux ordres du Divan, de pouvoir enlever, dans un laps de temps aussi court, tout le matériel installé, et le sauver d'une destruction complète. Autant eût valu le jeter à la mer.

La situation s'étant aggravée, Lesseps est enfin obligé d'employer les grands moyens, de jouer la carte de sa parenté éloignée avec l'impératrice[15], en demandant à celle-ci d'avertir l'empereur. La réponse impériale, bien que tardive, vient fermement à l'appui de Lesseps. Se voyant pris entre deux grandes puissances, les Turcs essayent de donner une tournure internationale à l'affaire. Il en résulte une paix armée, qui permettra la continuation des travaux sur le canal, à condition qu'il n'y ait aucun empiètement sur les droits de l'Empire ottoman ni sur sa souveraineté en Égypte.

La question des effectifs est aussi en rapport avec celle des *corvées*. Dans un premier temps, il fallut creuser une rigole de service entre Port-Saïd et Timsah, préfigurant le canal maritime et facilitant l'utilisation des excavateurs et dragues pour défoncer les seuils d'El-Guisr et du Sérapeum. Pour y arriver, on eut surtout recours au travail à la main, aux terrassements effectués en employant des paniers, qu'on appelait des *couffes* (pp. 12, 19, 32, 34, 45, 63, 66, 68), et en utilisant des chameaux et dromadaires pour les transports, dont la lenteur était légendaire. Les hommes qu'on y employait faisaient partie du travail forcé qui, depuis la nuit des temps, avait été opérationnel en Égypte. Ces « pauvres diables », comme les appelle un des interlocuteurs de Berchère, « taillables et corvéables à merci depuis l'invention des pyramides » (p. 42), étaient recrutés pour travailler aux ouvrages destinés à l'irrigation des terres, avant d'être renvoyés chez eux. Berchère en fait un rapport de complaisance (p. 41). À vrai dire, on essayait de déguiser cet état d'exploitation en prétendant que les bienfaits de l'irrigation servaient toute la population et pas seulement les dirigeants, mais, dans les années 1860, de l'avis mondial, l'esclavage de ces travailleurs, qu'on avait fait venir de différentes provinces d'Égypte, était jugé inacceptable. Le président Abraham Lincoln venait de proclamer l'émancipation des esclaves noirs et le servage venait d'être officiellement aboli en Russie. Les Anglais avaient aussi d'autres motifs pour faire preuve d'altruisme : craignant que la présence française à Suez ne vienne menacer leur accès à l'Inde en particulier, ils espéraient saper le projet du canal en incitant l'Empire ottoman à bloquer l'emploi des *corvées* dans l'isthme de Suez. La Porte et le vice-roi Ismaïl, qui succédera en janvier 1863 à Mohammed-Saïd, étaient unanimes pour mettre fin à cette exploitation et, le 6 juillet 1864, la *corvée* sera supprimée par une sentence arbitrale de Napoléon III. Cette mesure eut pour effet d'accélérer la mécanisation déjà entamée dans la première phase du chantier, faisant, selon le mot d'Anatole France, passer brusquement « de l'âge des Pharaons aux temps modernes »[16]. En effet, le chantier du canal de Suez représente l'union de l'homme et de la machine à l'âge industriel. Sans cet apport technologique, le projet n'aurait jamais été fini en temps voulu, ou aurait tout simplement été abandonné.

Autre pomme de discorde : les terrains concédés à la Compagnie du canal de Suez par Mohammed-Saïd dans le firman du 30 novembre 1854 (p. 29). La superficie des terrains en question était d'environ soixante mille hectares et les grandes puissances y voyaient une potentielle principauté semi indépendante, enclavée dans le royaume égyptien. Pour ne pas mentionner l'Angleterre en toutes lettres, Berchère fait allusion à « une politique étrangère », qui « agissait sous main à Constantinople » et œuvrait pour « faire déclarer nulle toute concession de terrains consentie au profit de la Compagnie du canal de Suez » (p. 10). La rétrocession des terrains concédés par Mohammed-Saïd devra attendre les mois de juillet et août 1863, quand un nouveau compromis sera agréé par la Porte, le vice-roi Ismaïl et le nouveau ministre des Affaires étrangères égyptien, Nubar pacha. En compensation de ce sacrifice, on accorderait à la Compagnie, pendant deux ans, six mille fellahs de la *corvée*. Une compensation pécuniaire serait également prévue. En revanche, la Compagnie se porterait garant de la neutralité du canal et assurerait que celui-ci ne servirait qu'au commerce.

Dernier élément à pourvoir dans cette vue d'ensemble sur l'historique du projet du canal de Suez au moment où Berchère se rendit sur place en novembre 1861 : l'embauche, le 1er janvier 1861, de François-Philippe Voisin, ingénieur à qui Lesseps confie la direction générale des travaux[17]. Son nom n'apparaît pas dans le récit de Berchère, mais c'est surtout grâce à lui que le canal sera achevé. Il ne faut pas oublier que ce projet a été une grande première à plusieurs égards, notamment dans la gestion d'un grand chantier à échelle internationale. On y prit conscience de la nécessité, dans un projet de telle envergure, de créer la distinction, que nous respectons systématiquement de nos jours, entre le maître d'ouvrage (c'est-à-dire le propriétaire, en l'occurrence la Compagnie du canal de Suez) et le maître d'œuvre (c'est-à-dire les ingénieurs qui assurent la réalisation du chantier). Le manque de structure hiérarchique faillit, dans un premier temps, faire échouer le projet, car on ne savait plus s'il fallait obéir à la direction de Paris ou à celle sur place en Égypte, difficulté accrue par la lenteur des communications à l'époque entre les deux pôles. De plus, le conseil d'administration, à Paris, ignorait ce qui se passait réellement sur le terrain. Et, sur place, les tensions entre les agents de la Compagnie et ceux de l'entreprise s'aiguisaient et les conflits se multipliaient. Berchère en eut l'intuition, car il fait mention de cette divergence (pp. 30–31), sans bien comprendre les séquelles en termes de gestion ou de comptabilité. Au cœur du problème était le mode de la « régie intéressée », qui poussait l'entrepreneur à réaliser des économies sur tout — voire même faire de fausses économies, au détriment des intérêts à long terme de la Compagnie — puisque son bénéfice était constitué par un pourcentage des gains qu'il était susceptible d'effectuer sur les estimations des coûts des travaux, dont il avait le monopole. Berchère se laissa bercer par l'espoir que tout s'arrangerait. Il fallut une véritable crise pour que, le 15 avril 1862, l'ingénieur Voisin remplace la direction bicéphale de l'ingénieur Mougel et de l'entrepreneur Alphonse Hardon, cumulant les fonctions d'agent supérieur et de directeur général des travaux et établissant son quartier général à Ismaïlia, à mi-chemin entre Port-Saïd et Suez. Les personnels fusionnèrent au début de l'année 1863 (p. 92). Lesseps, prenant le parti de Hardon et soutenant ses plaintes, rechigna longtemps, mais finit par se plier devant le pragmatisme de Voisin et ne regretta jamais l'embauche de ce grand ingénieur.

2. Le Projet de Berchère

Dans les toutes premières pages de son récit, Berchère fait allusion à la « mission » dont il est chargé. Et pourtant, il faut préciser qu'il ne fit jamais partie du personnel de la Compagnie universelle du Canal maritime de Suez. Dans les registres du Comité de Direction, conservés au Centre des Archives du Monde du Travail (CAMT) à Roubaix, il est souvent question des sommes allouées pour l'ameublement des logements établis sur la ligne des travaux et destinées à des voyageurs travaillant pour le compte de la Compagnie, ainsi que des indemnités spéciales destinées à subvenir à leurs dépenses extraordinaires. Le nom de Berchère n'y figure pas[18]. Ceci laisse penser que sa « mission » aurait été formulée, à titre personnel, directement par Lesseps. Au terme de son récit, Berchère raconte, dans sa lettre à l'éditeur Jules Hetzel du 25 avril 1863, qu'il lui arriva de rencontrer « souvent » (p. 93) le fondateur du canal dans l'isthme. Il est plein d'éloges pour « l'homme éminent qui a conçu cette grande entreprise, la plus grande peut-être des temps modernes » (p. 93).

Par ailleurs, il n'y a rien d'étonnant à ce que Lesseps ait fait appel à Berchère pour assurer un témoignage visuel des « travaux qui s'exécutent » (p. 8) alors dans l'isthme[19]. Ce dernier avait déjà consacré deux ans, en 1849 et 1850, à visiter l'Égypte, la Syrie, l'Asie Mineure, la Grèce et ses îles, comme dessinateur au service de l'archéologue et numismate, Félix de Saulcy. Six ans après son premier voyage en Orient, Berchère avait visité, avec son ami peintre, Léon Belly, le désert du Sinaï, avant d'être tous deux rejoints en Basse-Égypte par le peintre Jean-Léon Gérôme et le sculpteur Auguste Bartholdi, à qui l'on doit la Statue de la Liberté.

Né à Étampes le 11 septembre 1819, Narcisse Georges Berchère se voue à la peinture et entre d'abord dans l'atelier de Renoux et puis dans celui de Rémond. C'est chez ce dernier qu'il se lie d'amitié avec Eugène Fromentin. Il entre à l'École des Beaux-Arts, mais y reste peu de temps. Il concourt, sans succès, en 1841, au Grand Prix de paysage historique. Sans se mêler à l'École de Barbizon, il est suffisamment influencé par Théodore Rousseau, Paul Huet, Camille Corot et Jules Dupré pour répudier, avec eux, les formules vieillies et créer le paysage moderne.

À défaut des sites italiens, Berchère s'attache d'abord à traduire ceux que ses parcours lui révèlent successivement, en sillonnant la France. Il débute au Salon de 1843 par une *Vue prise à Thiers (Auvergne)*. Puis, c'est la Provence et ensuite la forêt de Fontainebleau, comme en témoigne sa *Vue prise à Marlotte* au Salon de 1846. L'année suivante, toujours à la recherche d'horizons inconnus, il commence des périples plus lointains en parcourant les îles Baléares et l'Espagne : ses cinq tableaux du Salon de 1848 sont des souvenirs de Majorque et de Murcie.

De plus en plus fasciné par la lumière méridionale, Berchère est ébloui par l'Égypte. À partir de 1851, il se vouera presque exclusivement à des scènes de la vie orientale et sera rarement absent des Salons annuels jusqu'en 1881. Au Salon de 1852, Théophile Gautier remarque *Puits de Jacob entre Kan-Leban et Naplous (Syrie)* et, à l'Exposition universelle de 1855, *Matarieh, environs du Caire*, qu'il qualifie de modèle de l'usage de la couleur locale[20] — éloge que ne font que répéter Paul Mantz et Maxime Du Camp. Le tableau envoyé par Berchère au Salon de 1857, *Campement des Oualed-Saïd à Sarbout-el-Kadem, désert du Sinaï*, suscite les éloges de Maxime Du Camp pour la lumière et la coloration. Au Salon de 1859, le critique d'art, Paul de Saint-Victor, trouve qu'en comparaison avec le tableau d'Eugène Fromentin au même Salon, *Lisière d'oasis pendant le « sirocco »*, *Le Simoun (Égypte)* de Berchère « vomit jusqu'au ciel sa gigantesque éruption de sable : il étouffe l'air ; il met le feu au désert. […] M. Berchère a senti en poète et rendu en peintre cette tragédie de la nature africaine »[21]. S'agissant du *Passage d'une caravane au gué de la mer Rouge, à Suez* (Salon de 1861), Théophile Gautier affirme qu'« on se croirait dans une autre planète, tellement l'aspect est différent de ceux que nos prunelles ont l'habitude de refléter »[22].

En application de sa « mission », Berchère exécute un album de soixante-huit plans, dessins et aquarelles. Les dimensions de cet album sont de 32 à 34 centimètres sur 20 à 23. Bernard Prost, le premier biographe de Berchère, réussit à en répertorier les intitulés[23]. Cet inventaire est reproduit en annexe à la présente édition.

La documentation sur la suite des événements devient alors lacunaire. Berchère remit l'album à Lesseps, lequel l'offrit ensuite à l'empereur Napoléon III. Cet album aurait été détruit dans l'incendie du palais des Tuileries, sous la Commune en 1871. Heureusement, quelques répliques de cette chronique subsistent dans les vingt dessins exécutés par Dominique Grenet de Joigny (1821-1885), pour illustrer un article de Paul Merruau, ancien journaliste, auteur d'un livre, *L'Égypte contemporaine, 1840-1857* [24], et Secrétaire Général de la Compagnie depuis 1858. Intitulé « Une Excursion au canal de Suez », cet article paraît en 1863 dans *Le Tour du monde : nouveau journal des voyages* (VIII), publié sous la direction d'Édouard Charton[25]. Bien que la passation de l'album semble avoir été effectuée avec une certaine hâte, Merruau prit quand même le temps de faire copier certains des dessins.

Étant donné la disparition de l'album, on ne peut que se réjouir du compte rendu verbal de Berchère décrivant son voyage de 1861-1862. Il fut publié à Paris en 1863, sous le titre *Le Désert de Suez : cinq mois dans l'isthme*, chez Jules Hetzel, éditeur qui allait connaître la célébrité en publiant les livres d'un écrivain voyageur encore plus intrépide, Jules Verne. Ce dernier, en 1869, avant la percée officielle du canal, dans *Vingt Mille Lieues sous les mers*, allait imaginer le capitaine Nemo découvrant un tunnel reliant la mer Rouge et la Méditerranée, avec son sous-marin *Nautilus*.

Deux billets autographes inédits de Lesseps, en date de juin 1862, conservés aux Archives nationales[26], attestent qu'« une belle collection de dessins et peintures sur les travaux et les établissements de l'Isthme de Suez » a été offerte « en original » à l'empereur, par l'entremise du duc de Bassano[27]. En soutenant la candidature de Berchère et en demandant au comte Walewski[28] de le proposer pour cette nomination, Lesseps recommande le peintre « bien chaudement » pour la décoration de la Légion d'honneur. La croix de Chevalier ne lui sera remise que par le décret du 20 juin 1870, mais le soutien de Lesseps ne fait pas de doute. « J'y tiens beaucoup », mande-t-il. « Le sujet en est digne ».

La seule lettre autographe de Berchère repérée dans les archives de la Compagnie de Suez montre que le peintre est assez déçu du peu de suivi accordé à son travail. Il va même jusqu'à évoquer une « conspiration du silence ». Ayant remis son album de dessins et aquarelles, Berchère offre aussi un tableau représentant *La Fuite en Égypte*, pour orner la nouvelle église d'El-Guisr, Notre-Dame du Désert[29]. Cependant, dans cette lettre du 10 janvier 1863, adressée à Paul Merruau, il vient demander qu'on fasse parler de son livre, *Le Désert de Suez*, dans le périodique publié sous les auspices de la Compagnie :

Monsieur,

Il me revient par un mot reçu hier, des nouvelles d'un article publié par vous dans le *Constitutionnel* du 8, sur le lac Timsah. N'ayant pas eu le journal sous la main, et ne sachant comment me le procurer aujourd'hui, je vous serais bien obligé de le mettre de côté, pour me le communiquer la prochaine fois que j'aurai l'honneur de vous voir.

Je solliciterai encore de votre complaisance de vouloir bien, dans le *Journal de l'Isthme*, glisser quelques mots sur le tableau dont vous avez bien voulu vous occuper, et qui est arrivé à destination à El-Guisr.–

Il se fait autour de moi la conspiration du silence, et vous avez bien voulu regretter vous-même, à propos du travail offert à l'empereur, que la hâte avec laquelle il a été donné, ne vous ait pas permis de le voir et d'en parler.

M. de Lesseps, occupé et absorbé comme il est, par la haute mission qu'il a à remplir, n'a pas eu le temps de m'accuser réception du tableau ; vous excusez, donc, Monsieur, mon opportunisme, en voulant bien que je m'occupe de mes affaires et en sollicitant votre appui. La publicité, vous le savez, a toujours son utilité ; et un mot dit en passant, à propos du cadeau que je viens de faire, et du travail qui m'appelait dans l'Isthme, ne peuvent que m'être avantageux.

J'ai montré assez de désintéressement dans les travaux que j'ai faits, pour vous prier, sans fausse modestie, de me prêter votre appui ; et je prends la liberté de vous rappeler la visite que vous avez bien voulu me promettre, quand vous en aurez le loisir, heureux et flatté que je serai de vous recevoir.
Veuillez accepter, Monsieur, les salutations empressées de votre tout dévoué serviteur,

Berchère.
Rue de Laval, 20 — cité Malesherbes.
10.1.1863[30].

Berchère et Fromentin feront ensemble le voyage en Égypte en 1869, à l'occasion de l'inauguration officielle du canal de Suez, en compagnie d'un grand nombre de personnalités officielles et de hauts dignitaires. En outre, ils participeront à un petit groupe, soit soixante Français et soixante Anglais, invité à remonter le Nil jusqu'à Assouan en vapeur avant de se rendre du Caire à Ismaïlia pour les fêtes de l'inauguration. Le programme des invités, soigneusement mis en place par l'égyptologue Auguste Mariette, leur permettra de visiter des sites célèbres, tels que les temples de Dendérah, Karnak et Louksor, et, bien sûr, Esbeh et Philae. À Thèbes, cependant, Fromentin, souffrant, ne verra le Ramesseum que de son lit, avec Berchère resté pour lui tenir compagnie[31].

Les cinq mois dans l'isthme vont inspirer plusieurs des tableaux exposés ultérieurement par Berchère au Salon, *Bassin du lac Timsah, occupé aujourd'hui par les eaux du canal maritime de l'isthme de Suez* (Salon de 1863, Paris, Association du Souvenir de Ferdinand de Lesseps et du Canal de Suez) et *Halage sur une digue du lac Menzaléh (Basse-Égypte)* (Salon de 1869). Il exécuta également le tableau intitulé *Caravane dans les lacs Amers, avant les travaux du canal* (Paris, Association du Souvenir de Ferdinand de Lesseps et du Canal de Suez). Les tableaux orientalistes de Berchère s'enchaînent aux Salons annuels. À celui de 1875, Émile Bergerat déclare que Berchère « a pris possession de l'Égypte et, à ce salon du moins, il règne sans rival »[32]. Il ne déçoit pas non plus avec ses tableaux égyptiens des Salons de 1876, 1877 et 1878.

Les tableaux de Berchère passent toujours dans les ventes publiques, portant des titres tels que *Campement*, *Caravane* ou *Bords du Nil* : ces derniers traitent invariablement du fleuve qui, comme emblème récurrent, structure la vision de l'Égypte. Il y a le contraste entre les deux rives : la rive occidentale, verdoyante et fertile ; la rive orientale, sèche et aride. Il y également le contraste entre le moindre accent vertical, que ce soit les mâts d'un bateau au mouillage ou un cavalier au dos d'un dromadaire, et l'horizontalité sans relâche des berges du Nil. Enfin, certaines des scènes orientales de Berchère traitent d'activités sociales en plein centre du Caire, alors que d'autres évoquent les grands monuments égyptiens, sans la moindre présence humaine et mettant l'accent sur l'universalité des civilisations. Berchère n'est ni un grand innovateur ni un grand académicien, mais on lui doit un nombre considérable de tableaux orientalistes qui connaissent un succès tout à fait honorable et se vendent partout dans le monde.

Dans *Le Désert de Suez*, Berchère met en valeur un contraste entre Delacroix, peintre de la tribu, du geste, du mouvement, dans ses tableaux représentant l'Afrique du Nord, et Marilhat, chantre du sentiment rustique et de la nature paisible en Égypte (pp. 48–49). C'est là une observation qui peut aider à éclairer et évaluer la peinture de Berchère lui-même. Il penche plutôt du côté de Marilhat, non seulement à cause de sa dévotion à l'Égypte, mais parce qu'il tient à subordonner les personnages de ses tableaux au paysage qui les environne. Par ailleurs, ses figures, lorsqu'il les précise, sont souvent des fantoches raides et sans vie. Son ami Fromentin le vit bien, dans la note qu'il a remise à Alfred Arago, chef de division au Ministère des Beaux-Arts, en appuyant la candidature de son compagnon d'atelier pour la croix de la Légion d'honneur : « A beaucoup produit. S'est partagé avec Belly la tâche intéressante de faire connaître l'Égypte ; l'a finement reproduite, dans son intimité, plus que dans ses grands aspects ; l'a détaillée plutôt qu'embrassée »[33]. La nouveauté de Berchère fut de réunir, parfois avec beaucoup de succès, les effets atmosphériques et la précision ethnographique. Dans son tableau du Salon de 1876, sous un ciel égyptien d'une grande luminosité, il inscrit comme seul sujet l'agencement complexe de « *La Sakieh* », *système d'irrigation usité en Égypte* (Tours, Musée des Beaux-Arts). Mais des forces plus puissantes soufflent dans d'autres de ses tableaux, notamment dans celui du Salon de 1864, *Après le simoun* ;

presqu'île du Sinaï (Arabie), où Paul de Saint-Victor voyait « le dénouement de la tragédie du désert, dont M. Fromentin a peint le prologue »[34] :

> *Après le Simoun* nous montre une troupe de vautours attablés autour d'un cadavre couché sur le sable. Ils le dépècent et ils le dévorent avec la gloutonnerie âpre et grave qui caractérise ces expurgateurs de la mort. Le désert étend à perte de vue ses longues bandes de cendre ; un soleil sanglant déchire les derniers nuages de la tempête dissipée : c'est très sinistre et très grand.[35]

Les antécédents du projet de Suez dans la vie de Berchère remontent à ses deux précédents voyages au Moyen-Orient, en 1849-50 et en 1856 (Sinaï, d'avril à mai, et Basse-Égypte, de juillet à octobre). Ils remontent également à l'époque où Berchère avait partagé avec Fromentin l'atelier parisien, rue de La Rochefoucauld, du peintre Gustave Moreau, pendant l'absence de celui-ci en Italie en 1858-59, tout comme Fromentin avait loué l'atelier de Berchère en 1849, lors du premier voyage au Moyen-Orient de ce dernier[36]. Moreau, bien que né en 1826 et donc le plus jeune du trio, fut néanmoins en quelque sorte le mentor des deux aînés (Berchère étant de 1819 et Fromentin de 1820). Habitant tous le même quartier de Paris, ils se voyaient souvent dans les années 1850 et au début des années 1860. Dès janvier 1858, Berchère est installé rue de Laval, à la cité Malesherbes, avec un atelier qui égale en grandeur celui qu'il avait occupé précédemment rue de Breda, mais le dépasse en largeur : « une bonne et heureuse trouvaille »[37]. Par ailleurs, Moreau avait dessiné en 1852 le meilleur portrait qui existe de Berchère (Étampes, Musée municipal), en y ajoutant une inscription : « à mon / vieil ami / Berchère / Gustave Moreau / 1852 ». En 1854, Berchère grave deux dessins exécutés par Moreau (*Le Roi Lear* et *Hamlet*). Un exemplaire du *Désert de Suez* est conservé à la bibliothèque du Musée Gustave Moreau (Inv. 14733), portant sur le frontispice la dédicace suivante : « À mon bien cher ami Gustave Moreau / son dévoué / Berchère ». En 1876, il fera une copie du tableau de Moreau, *Hercule et l'Hydre de Lerne*. Puis, en 1879, il exécutera une aquarelle, *La Fable du pâtre et du lion*, destinée à illustrer une collection des *Fables* de La Fontaine, dans le contexte d'une commande faite par un riche amateur de Marseille, Antony Roux[38], sur les conseils du peintre Élie Delaunay, mais où Moreau finira par constituer le principal artiste concerné. Après ses voyages au Moyen-Orient, Berchère prête à Moreau des objets susceptibles de meubler les tableaux de son ami[39], imprégné d'exotisme oriental sans s'être jamais rendu sur les lieux. À l'automne 1885, après le décès de sa mère l'année précédente, Moreau se replie, avec son amie Alexandrine Dureux, chez Berchère, 21 rue Basse de la Foulerie (actuelle rue Paul Doumer), à Étampes. En 1886 et 1887, Moreau dessine des paysages d'Étampes et de ses alentours, dont certains serviront pour des compositions ultérieures dans son atelier parisien[40].

Cependant, dans l'un comme dans l'autre cas, le temps semble avoir distendu les relations entre Moreau et ses deux vieux amis. Dans un carnet intime, Moreau inscrivit un commentaire fort désobligeant au sujet des *Maîtres d'autrefois*, ouvrage de Fromentin paru en 1876[41]. De même, en apprenant le décès de Berchère en 1891, il reprocha à ce dernier tout ce qu'il estimait y avoir de « factice » dans son caractère : « […] j'avais presque cessé de le voir […] il était devenu pour moi tout à fait un étranger. […] Tout était factice en lui, tout jusqu'à sa façon de se reposer sur un divan, un chapelet dans les mains »[42].

Toutefois, vers la fin des années 1850, Berchère et Moreau discutaient de tout et échangeaient des confidences sur l'état de leur santé et sur leur vie sentimentale. Le 11 janvier 1858, Berchère écrit à Moreau, alors à Rome. Il fait allusion à une déception sentimentale qu'il aurait éprouvée à la même époque que celle qui, dans le cas de Moreau, avait provoqué — au moins en partie — le départ de celui-ci en Italie. Dans une lettre antérieure, de 1854, Berchère avait taquiné Moreau, en lui interdisant de se marier « sans la permission de papa d'Étampes »[43]. En 1858, il se montre plus formel, conseillant à Moreau de ne jamais se marier, de ne pas se laisser prendre par les complications d'une famille et de s'adonner plutôt à l'art[44]. Il se rapproche par là de ce que Gustave Flaubert avait écrit à Louise Colet le 14 août 1853 : « Aimons-nous *en l'Art*, comme les mystiques s'aiment *en Dieu* ».

Ce célibat n'excluait pas, bien entendu, des liaisons. Berchère eut une fille naturelle, née en 1862, qu'il ne reconnut qu'à la veille du mariage de celle-ci avec Camille Manen, jeune homme que Berchère décrit comme « actif, travailleur, instruit ». « En un mot, mon ami », confie Berchère à Moreau, le 30 septembre 1880, dans une lettre demeurée inédite et conservée au Musée Gustave Moreau : « Je n'ai pas besoin de vous parler de ces liaisons, conséquences souvent de notre vie de célibataires, et qui parfois se traduisent par le fait en question. » Dans cette même lettre, Berchère demande à Moreau d'être son légataire universel — obligation qui ne durera que dix-huit mois, jusqu'à ce que la fille de Berchère atteigne sa majorité. Détail fascinant, concernant l'état-civil de Berchère : lui, qu'on avait toujours imaginé un célibataire endurci, est décrit comme le « veuf de Marie-Anne Bernheim » dans son acte de décès, conservé aux Archives nationales, dans le dossier de sa nomination à la Légion d'honneur. Toujours est-il que Berchère avait la réputation d'être mal à l'aise avec le monde. Selon le témoignage de Maxime Legrand, ce « travailleur inlassable » était « doux, modeste à l'excès, presque timide, un tant soit peu taciturne et renfermé, [...] toujours replié sur lui-même, toujours épris d'idéal et confiné dans un rêve sans fin »[45]. Il finit ses jours dans la solitude. Dans sa dernière maladie, cependant, il fut soigné par sa fille, chez qui il décéda, 3 rue Franklin à Asnières (Oise), le 20 septembre 1891.

Une lettre inédite de Berchère à Gustave Moreau, datée El-Guisr, 7 janvier 1862[46], apporte un précieux ajout au témoignage du voyageur dans l'isthme et vaut d'être citée ici en son intégralité :

> Depuis longtemps, mon cher ami, je me proposais de vous écrire pour avoir de vos nouvelles, de vous et de vos chers ; mais vous savez ce qu'est la vie de voyage, active par le déplacement, occupée par le travail, et laissant peu d'heures dont on puisse disposer. C'est donc mon excuse pour le silence où je vous ai tenu ; mais je sens un courrier qui va partir et je ne veux pas qu'il le fasse sans vous porter mes bonnes amitiés à vous et aux vôtres. Je regarde de temps en temps les quelques petits portraits que j'ai emportés, et je ne puis voir ces deux chères figures que j'aime sans me reporter à la rue de La Rochefoucauld et à l'amitié et aux sympathies qui m'y accueillent. Soyez donc satisfait, je suis fort bien portant, recueillant le bénéfice de mon opération[47], et voyant la maladie disparue à jamais, actif, faisant jusqu'à 46 kilomètres à cheval d'une journée et y remontant le lendemain. C'est un beau résultat et je travaille, je travaille, et je crois que ce que j'aurai vu et fait sera intéressant. Voici pour la première satisfaction de votre curiosité : le gros de ma vie est l'état où je suis. Au moment où j'allais monter à cheval tantôt pour aller au lac Timsah (au bel endroit) je recevais une lettre de ma mère où elle me disait qu'on avait grand froid. Je voudrais vous envoyer un peu de la température dont nous jouissons ; vous vous souvenez de ces belles journées de juin, dont une fraîche brise tempère l'ardeur ; pas un nuage au ciel, tout vous sourit, et l'on se sent heureux de vivre. Voici le temps que nous avons : ma promenade a été charmante jusque vers une partie où l'eau séjourne encore au milieu des joncs et des tamaris ; je suis descendu de ma bête pour cueillir une mignonne fleurette, la bruyère du lac dont les touffes roses contrastent avec le vert gris des tamaris et j'en envoie une brindille à votre mère ; c'est le souhait de bonne année du voyageur, et la réponse aux jolies roses qu'elle m'a envoyées quand j'étais au lit. C'est une staticée[48] — la *Italicosa semper florens*. Je suis rentré au soleil couchant ; le fond du désert était comme de l'or et du miel, et en approchant de ma demeure au crépuscule, je voyais s'allumer dans la plaine les feux des campements des Arabes. Ces instants où la nuit va succéder au jour m'émeuvent toujours ; et il y a dans la sérénité du ciel je ne sais quelle grandeur qui s'approche de l'infini. — Le désert n'est pas toujours aussi beau et nous avons ces terribles vents d'ouest qui nous battent comme dans une tourmente, et qui à Tel-el-Dafneh me forçait de rebrousser chemin au milieu de tourbillons de sable[49], véritable simoun d'hiver et dans le lac Menzaléh, cassait le mât de ma barque et me faisait presque chavirer. — J'ai fait d'abord une course à vol d'oiseau, traversant Alexandrie, Le Caire, Damiette pour entrer dans l'Isthme par Port-Saïd. Là, j'habitais près du flot bleu qui nous sépare de notre doux pays de France, et toutes les nuits je m'endormais au bruit de cette rude berceuse[50] : *dô, dô, l'enfant dô*. — De Port-Saïd, traversant le lac Menzaléh, je restais quelque temps à Kantará et au lac Ballah, pour arriver au seuil, El Guisr, d'où je vous écris et qui est le point central et culminant de l'Isthme ; c'est mon quartier général, et là où je resterai le plus longtemps, y ayant à faire et trouvant de nombreux sujets d'études de figures et d'animaux. — Je travaille ferme, et comme vous savez que je le fais. — J'ai des études de faites, peu de dessins pour moi, mais mon travail *particulier* est déjà porté tout à l'heure à 30 planches tant dessins, fusains qu'aquarelles, sans compter les plans. — Fini cela ira à 50 ou 55 — et j'ai lieu de croire que cela fera un album intéressant : allons, M. Moreau est-il prêt ; qu'il se dépêche et arrive avec son sac de nuit, car le 14 ou le 15 je pars avec M. de Lesseps[51] pour Tel-el-Kébir et la Ouaddie. Je le quitterai pour descendre jusqu'à Zagazig, et remontant le canal d'eau douce, passer par Ramsès, Bir-Abou-Ballah, Maxama et le puits de Néfich ; puis rentrer au seuil ; ce sera intéressant pour lui, car ce n'est rien moins que la terre de Gessen des Hébreux. De là nous filerons sur Suez : est-il prêt ? J'augure bien de ces dispositions de cet hiver et suppose que vous êtes bien en train. Certain Hésiode et certain Tyrtée[52] m'en sont le garant. Je n'ai jamais douté de vous, et chaque pas fait en avant me le prouvera. — Faites bien mes amitiés à Eugène et à sa femme, et dites-lui qu'en

revenant de la terre de Gessen, il aura une lettre de moi[53]. — Je suis tellement occupé que je ne puis guère écrire et c'est ce qui fait mon silence. Demandez-lui si, à propos de ma demande d'une commande, ce n'est pas l'instant de parler et s'il ne trouve pas à propos de voir Arago et M. de Courmont[54]. — J'ai écrit à Cazin[55], qui, je pense, a dû vous donner de mes nouvelles. Écrivez-moi, cher ami, je suis comme les Hébreux qui dans ce désert, attendaient la manne ; et la confirmation où je suis que vous allez tous bien sera la chose la plus agréable qui me puisse arriver de France. — Je fais mes bonnes amitiés et mes souvenirs à votre mère et votre père et suis bien à vous

Berchère.

Adresse
M. Béraud, chef des services maritimes. Alexandrie — Égypte — pour M. Berchère. Affranchir 0, 50 c. Souvenirs à Lacheurié, de Gas, Destouches[56] et le baron. Donnez de mes nouvelles à Pasini[57] auquel j'écrirai plus tard.

Cette lettre, comme on le verra, annonce de très près les points forts du récit de Berchère. Dans les toutes premières pages de celui-ci (p. 11), on entend les paroles d'Henri de Bourbon, comte de Chambord, qui, abordant à Port-Saïd en 1861, disait :

Messieurs, ce n'est pas seulement un actionnaire, mais aussi un Français qui vient visiter vos travaux, — tout nous parle éloquemment de la grandeur de l'entreprise, de l'influence que nos idées exercent, et de ce souffle généreux qui, parti de la France, vient féconder le désert et ces rivages muets jusqu'alors.

Il est clair que Berchère, lui aussi, ne pouvait guère se satisfaire d'une argumentation basée sur l'efficacité politique. Sa ferveur atteint son apogée à la vue de quatre modestes croix dans le désert, tombes sans nom de ceux qui donnèrent leur vie pour le projet en cours : « la route qu'ils ont ouverte se poursuit, […] le grain qu'ils ont semé se récoltera un jour » (p. 78). Dans son esprit, l'Égypte allait ressusciter et atteindre de nouveaux sommets. Cette vision saint-simonienne et utopiste du futur laisse croire qu'il y a un chemin à suivre et des fruits à cueillir. Le canal est ainsi associé à une voie métaphorique, menant à un brillant avenir.

Par une ironie du sort, Lesseps s'étant distancé de Prosper Enfantin et des Saint-Simoniens, qui avaient recommandé que le tracé du canal relie avec Alexandrie et le Nil, au lieu de constituer un canal maritime direct entre Port-Saïd et Suez, pensait « pouvoir jouer seul le rôle de chef d'orchestre »[58]. Voisin, d'autre part, cherchant surtout à réaliser le projet dans les meilleurs temps et les meilleures conditions possibles, se désintéressait totalement de toute idéologie. Il est vrai qu'à certains points de vue, ces groupes d'hommes, dirigés par des élites techniques, cherchant à réaliser un but commun — le percement de l'isthme de Suez — pouvaient correspondre au projet conçu en 1833 par Enfantin et ceux qui le suivirent en Égypte. L'organisation était leur mot d'ordre, ainsi que celui de Voisin. En revanche, Voisin ne fit jamais la moindre référence à la doctrine saint-simonienne. Par ailleurs, les rapports entre Européens et autochtones dans l'isthme étaient loin de constituer le « mariage de l'Orient et l'Occident » tellement souhaité.

3. Le Récit de Berchère

Le récit de Berchère se présente en trois parties.

Dans la première partie, l'auteur va de Damiette, où se trouvait alors le siège de la Compagnie, à El-Guisr, en passant par la ville nouvellement créée de Port-Saïd, le lac Menzaléh (avec un détour pour visiter les ruines de Sâne — l'antique Tanis), El-Kantará, les lacs Ballah et El-Ferdane.

La seconde partie est consacrée à El-Guisr et l'Ouady-Toumilat, ouady à l'est du Delta, qui est à l'origine de la création de la future ville d'Ismaïlia, car c'est à travers lui que le canal d'eau douce arrive depuis le Nil. Dans cette seconde partie, il y a également des échos de la visite, avec « une pompe tout asiatique » (p. 33), du chantier du Seuil d'El-Guisr en décembre 1861 par le vice-roi Mohammed-Saïd[59] et le souhait émis par celui-ci qu'on lui fasse élever une maison au bord du lac Timsah (pp. 33, 36). Par ailleurs, cette tournée vice-royale dans l'isthme aura des séquelles aussi positives qu'imprévues pour Lesseps. Dans une lettre du 26 décembre 1861, ce dernier dit avoir été « appelé par le télégraphe » auprès du vice-roi, lequel désirait lui faire assister « à une réunion intime, à l'occasion de sa naissance », et qui en profita pour faire connaître « presque publiquement » ses impressions, « en se proclamant aujourd'hui le principal exécuteur d'une œuvre qu'il avouait loyalement avoir été quelquefois forcé de contrarier »[60]. Si Lesseps avait prévu des rencontres avec Berchère dans l'isthme, il n'est donc guère étonnant qu'il ait été obligé de faire des entorses à son programme, d'autant plus qu'il y eut aussi, à cette époque, la visite du comte de Chambord, prétendant légitimiste au trône de France depuis la mort du duc d'Angoulême en 1844[61]. Le 1er janvier, Lesseps et Berchère assistent à la consécration de l'église d'El-Guisr par un moine franciscain, le Père Roger (p. 37). Le 2 janvier 1862, il y a une journée de fête dans le désert (p. 38), lors de l'arrivée des eaux de la Méditerranée à El-Ferdane par la rigole de service, nouvellement créée. Après quoi, Berchère est invité par le comte de S... (le comte Adolphe Sala), inspecteur général et principal négociateur de l'acquisition de l'Ouady[62], à y faire un bref séjour, à Tell-el-Kébir : ce sera le site d'une future bataille entre la Grande-Bretagne et l'Égypte, le 13 septembre 1882, mais à l'époque du passage de Berchère, c'est un lieu de verdure et de recueillement. L'autre guide de Berchère dans l'Ouady, c'est M. G. (Jules Guichard), qui dirigeait le service agricole, créé à la suite de l'achat du domaine de l'Ouady en mars 1861[63], jusqu'à la suppression de ce service après la revente de l'Ouady au gouvernement égyptien en 1866. Selon les termes de sa lettre du 7 janvier 1862 à Gustave Moreau, Berchère espérait faire le voyage dans l'Ouady avec Lesseps le 14 ou le 15 janvier, mais visiblement, en raison du programme chargé du président directeur, le comte Sala le remplaça à cette occasion. Enfin, ayant poussé une pointe à l'Ouest jusqu'à Zagazig, Berchère rentre sur Tell-el-Kébir et, le 31 janvier 1862, s'apprête à retrouver El-Guisr. Le 2 février est encore un jour de fête dans le désert, quand, pour la première fois, le Nil porte ses eaux jusqu'au lac Timsah, par l'intermédiaire du canal d'eau douce. Dans le discours qu'il prononce à cette occasion, Lesseps se vante de s'être embarqué en *dahabieh* à Boulac, « pour débarquer sans transbordement à Timsah »[64].

Dans la troisième partie de son récit, Berchère part en caravane d'El-Guisr à Suez, en passant par Toussoum le 27 février (avec un détour au tombeau du cheik Ennédec), le Sérapeum (décrit plus tard par Théophile Gautier comme « le renflement de terrain qui a empêché la mer Rouge de pénétrer plus avant dans l'isthme »[65]) et El-Amback, avant de camper, le 1er mars, au pied du Gebel-Geneffé et, le 2 mars, à Ammalachouch, pour arriver le lendemain à Suez.

Sur le chemin du retour, un seul témoignage est envoyé depuis Choubra, au bord du Nil, « fin d'avril », suivi d'une lettre composée à Paris un an plus tard, le 25 avril 1863, adressée à l'éditeur, Jules Hetzel, où Berchère rend compte des progrès effectués depuis son départ de l'isthme.

a. La « Mission » de Berchère

Berchère est pleinement conscient de la « mission » dont il est chargé, « en interprétant, dans un ensemble de dessins, les travaux qui s'exécutent » (p. 8). En cela, il reflète l'enthousiasme vigoureux de Lesseps, qui se dévouait avec un zèle « missionnaire » (p. 93) à la réalisation de cette grande artère. En effet, le canal de Suez est perçu, au dix-neuvième siècle, comme permettant un rapprochement de l'Est et de l'Ouest, une association unique entre l'Orient, voluptueux et exotique, et l'Occident, rationaliste et technocrate.

Comme l'écrit Edward Said, cet exploit d'ingénierie « avait fait fondre l'identité géographique de l'Orient en entraînant (presque littéralement) l'Orient vers l'Occident, et finalement en dissipant la menace de l'islam »[66]. Le canal est la manifestation physique de la poursuite par l'Europe du mythe du progrès. Au cœur de l'argument de Said se trouve l'idée que la notion même d'Orientalisme fut créée par l'Occident : à force de connaître les Orientaux, les Occidentaux finiront par les dominer et leur inventer une identité. En effet, la construction du canal de Suez constitue le meilleur exemple historique de la réunion des forces du savoir et du pouvoir, synergie conçue par Said comme étant à l'origine de l'Orientalisme après l'époque des Lumières. La construction du canal de Suez représente donc la victoire de la science sur la stérilité et le vide : c'est la trace ultime. Said fait remonter ce projet à l'expédition militaire de Bonaparte en Égypte, en 1798, qu'il conçoit comme « un modèle d'appropriation vraiment scientifique d'une culture par une autre apparemment plus forte »[67]. La stratégie de Bonaparte, selon Said, consistait à rassembler toutes les ressources en matières de connaissances spécialisées et ensuite de convaincre la population égyptienne qu'il n'était pas opposé à la civilisation musulmane, mais, qu'au contraire, il défendait l'islam. Après l'époque napoléonienne, le langage de l'Orientalisme se serait modifié : son réalisme descriptif aurait changé de fonction, devenant « non plus simplement un style de représentation, mais un langage, un moyen de *création* »[68], dont le symbole le plus évident était le canal de Suez.

Le projet était, en effet, gigantesque. La tâche, telle qu'elle est représentée par Berchère, est résumée dans la formule : « coloniser en même temps [que] canaliser » (p. 32). Elle eut pour effet de « modifier et transformer dans sa physionomie ce pays absolu et presque uniforme qu'on appelle le *désert* » (p. 7). Le vocabulaire de Berchère glisse imperceptiblement vers celui du possesseur, du promoteur, du colonisateur : « partir du néant pour tout organiser, tout créer » (p. 32).

La conquête symbolique de la barrière entre Orient et Occident par le canal constitue un mouvement métaphorique — non plus simplement physique, mais bien spirituel et providentiel. Comme un texte inscrit sur le désert, il va donner à l'Égypte, à l'Orient et au monde entier une nouvelle signification.

En cela, Berchère manifeste le fort élan missionnaire de Lesseps, glorifiant les ouvriers du canal en des termes militaires et religieux : « tous savent que l'œuvre à laquelle ils sont attachés, comme la guerre, a ses martyrs et ses victimes » (p. 79). Il est convaincu de la « noblesse » (p. 52) de la mission et du but qu'il faut atteindre. Lesseps, « mû par ce généreux esprit d'humanité dont il a donné tant de preuves » (p. 14), croit à la vertu régénératrice du travail et Berchère partage son avis là-dessus. Pour lui, le travail c'est le prince Chéri dans le conte d'enfants de Madame Leprince de Beaumont : « avec lui tout s'anime, tout ressuscite » (p. 65). Ayant dessiné une tranchée qui bourdonne, « comme une ruche en travail », il en fait un commentaire verbal, relatif au chantier n° 4, près d'El-Guisr, où il décrit « des chants, des rires, je ne sais quelle clameur joyeuse ». Plein d'un optimisme naïf, il évoque cette « fourmilière humaine qui se meut et s'agite », « une foule de petits points noirs en mouvement » (pp. 66-67). « Les commencements de l'occupation furent rudes », avoue-t-il, mais il enchaîne en disant que cette vie dure était « supportée avec énergie, avec entrain, tant le but était ardemment convoité » (p. 10). Convaincu, comme Lesseps, de la bonté naturelle de l'espèce, Berchère conclut : « Ce qui donne ici la mesure de l'œuvre, c'est la grandeur du moyen employé pour la réaliser, et cette armée de travailleurs, cette multitude, forment une scène véritablement grandiose et des plus émouvantes » (p. 67). Et plus tard, il poursuit :

> Il y a une leçon consolante et saine dans le spectacle qu'il m'a été donné de voir, dans cette marche vers les conquêtes pacifiques, dans l'abnégation et le courage dont tous font preuve, c'est l'exemple de ce que peuvent le travail, la foi en soi-même et la volonté. (p. 74)

Même si les mois passés par Berchère dans l'isthme de Suez devancèrent la phase pleinement mécanisée du chantier, le peintre-écrivain arrive à réunir des scènes arabes conventionnelles, avec flamants et roseaux, d'une part, et, d'autre part, des scènes, telles que la suivante, à Port-Saïd, digne de Jules Verne :

> L'air retentit des coups du marteau, du sifflement des machines, du chant des Arabes. Des wagons roulent vers les ateliers, poussés à main d'homme, sur des rails qui jettent leurs tronçons à travers les sables, enjambent les eaux et les atterrissements du lac ; des escouades de travailleurs passent se rendant aux chantiers, et d'énormes blocs de pierre, apportés par des *mahonnes,* oscillent un moment dans l'air, soulevés par des grues, puis disparaissent dans la mer qu'ils font jaillir en flots d'écume, allongeant chaque jour de quelques mètres la jetée que l'on est en train de construire. (p. 9)

Berchère arriva en Égypte pour décrire la progression du chantier du canal au moment où celui-ci entrait dans sa phase la plus difficile : El-Guisr était l'obstacle naturel le plus élevé que le canal devait franchir. Cependant, l'optimisme de Berchère quant à la solvabilité financière de l'entreprise est dénué de réalité, en vue des dettes encourues et qu'il fallut trente ans pour rembourser. Quant à la possibilité que le canal reste à l'écart des disputes politiques, l'idée est ironique, étant donné que la Grande-Bretagne, désireuse de protéger la nouvelle route maritime menant à sa principale colonie, l'Inde, finira par imposer sa protection à l'Égypte, qui jusque-là dépendait de l'Empire ottoman de Constantinople. Ayant acquis en 1875 des actions de la Compagnie du canal détenues par le khédive Ismaïl, la Grande-Bretagne deviendra sur ce terrain partenaire de la France. Ce condominium financier engendrera en Égypte une vive agitation nationaliste, qui débouchera en 1882 sur la révolte militaire conduite par Arabi pacha et sur le massacre d'une soixantaine d'Européens à Alexandrie. La flotte anglaise viendra alors bombarder Alexandrie et les forces britanniques disperseront à Tell-el-Kébir les troupes d'Arabi pacha. Dans le même temps, face à l'opposition de Clemenceau et des radicaux hostiles aux « aventures coloniales », le gouvernement français opte pour l'inaction et fournit ainsi à la Grande-Bretagne une occasion inespérée de prendre le contrôle financier et militaire de la zone du canal, qu'elle conservera jusqu'à la nationalisation imposée par Gamal Abdel Nasser en 1956.

Dans le cas de Berchère, l'itinéraire fut défini par le tracé du canal. Comme c'était le cas pour de nombreux voyageurs du dix-neuvième siècle, son but était d'enregistrer, verbalement ou visuellement, ce qu'il avait vécu. Mais son périple comporte un élément unique, le lien avec le canal de Suez. Ce projet immense et ambitieux était, dans une large mesure, un texte écrit par l'Occident sur le paysage égyptien. Bien qu'il soit déterminé par le cours du canal, le voyage de Berchère a pour thème principal la géographie et la société du pays qu'il traverse et dont il rend compte de la « transformation que lui aura fait subir le travail qui vient d'en prendre possession » (p. 18). L'auteur tente néanmoins de recréer une existence nomade dans ce nouveau cadre, voyant chez des « Arabes pasteurs » des analogies avec les « tribus d'Israël » (p. 58), mais il n'accorde que peu d'intérêt au triste sort des vrais nomades. Quand ceux-ci sont contraints d'aller s'installer dans une région nouvellement irriguée d'Égypte, il ne voit là aucune atteinte à leurs droits (p. 51). Il se pare des attributs supposés du nomade, tels qu'il les perçoit et prétend alors pouvoir comprendre le pays aussi bien qu'un indigène.

La ville et le désert existent dans une relation de contrepoint, un élément définissant l'autre. Berchère, le citadin, tout en trouvant le désert magnifique et « plein de grandeur » (p. 56), et tout en éprouvant une « secrète jouissance » (p. 80) dans la solitude, considère néanmoins que la caractéristique essentielle du désert est le vide. Il constate que l'œil n'y conserve plus « le sentiment des distances », et, faute de repère, il n'y juge plus des proportions ni de « la grandeur réelle des objets » (p. 64). Même s'il est sensible à la « solitude » et à la « physionomie primitive » (p. 77) de ces grands espaces, le vide du désert permet au chroniqueur de réfléchir à la signification de ses souvenirs. Berchère se sent libre de combler ce vide apparent. Il conçoit le canal comme l'imposition d'un sens sur l'insignifiance du désert. Son attitude vis-à-vis de Moïse et des Juifs retenus captifs en Égypte est fascinante par ses contradictions. Tout d'abord, il évoque (p. 45) la région proche de l'Ouady, le lieu où les Juifs étaient retenus en esclavage :

> L'Ouady dans ses limites forme ce qui s'appelait autrefois la terre de *Gessen* — la terre des pâturages — que les Hébreux vinrent occuper sous la conduite de Jacob, attirés par Joseph, et qu'ils quittèrent avec Moïse, vers le dix-septième siècle avant notre ère.

Berchère reconnaît à la terre, qui va être traversée par le canal, le statut qui lui revient. C'est une terre marquée par sa signification biblique. Mais lorsqu'il décrit la célébration de la messe dans le désert, Berchère remarque : « Cette cérémonie par laquelle la religion prenait, pour la première fois, possession du désert, a été touchante » (p. 38). Les Juifs ne sauraient mériter d'être pris en compte d'un point de vue religieux. Et le discrédit va plus loin encore : Berchère cite l'extrait suivant (p. 38), tiré du sermon du Nouvel An délivré par le Père Roger, en présence de Lesseps :

> Les Hébreux, guidés par Moïse, ont imprimé aussi leur pas dans ce désert où vous êtes, mais ils n'ont fait que le traverser, tandis que vous y restez pour le féconder par votre travail, votre volonté et votre énergie.

Puisqu'ils ne laissèrent pas d'empreinte significative, les Juifs, aux yeux de Berchère, ne sont pas dignes de l'attention que l'on accorde à un peuple civilisé. Même les pharaons égyptiens sont considérés plus favorablement que les Israélites, bien qu'ils appartiennent à une tradition religieuse plus lointaine :

> Croyez que ces bâtisseurs pour l'éternité qui, dans leurs monuments, avaient trouvé les formes les plus pures et les plus sublimes, avaient aussi en morale les idées les plus grandes et les plus hautes, et que chez eux l'homme était à la hauteur de l'artiste. (p. 16)

Il est évident que ces réactions opposées s'expliquent par la nature des traces laissées par chacune de ces civilisations qui, à leur tour, dépendaient directement des structures des sociétés en question. Les Juifs avaient beau être les ancêtres de notre tradition religieuse, ils étaient un peuple nomade et leur héritage n'est guère visible. En revanche, les Égyptiens laissèrent en guise de testament des exploits d'ingénierie considérables. Si l'on se souvient que l'un de ces succès était un canal encore existant à l'époque du voyage de Berchère en Égypte, on comprend encore mieux l'origine du respect de l'artiste pour leurs réalisations.

C'est là plus qu'ailleurs dans le texte de Berchère que se retrouve l'importance du canal de Suez et de l'idéologie qui avait présidé à sa construction. Une entreprise essentiellement économique est ici décrite en des termes qui évoquent les croisades. S'appuyant sur ses ingénieurs, pour l'exécution matérielle du projet, Lesseps devient le chevalier en armure rutilante livrant un combat glorieux contre une nature hostile. Et Berchère le suit dans sa mission. Il a beau prétendre partir « sans préjugés, sans idées préconçues » (p. 7). Sous la forme d'une série de lettres à caractère proprement personnel, Berchère se livre en fait à un petit exercice de propagande, dont il finira, lui aussi, par être dupe.

b. La Quête personnelle de Berchère

Outre son aspect de commande, le voyage de Berchère dans l'isthme de Suez revêt les proportions d'une quête personnelle.

C'est d'abord la rencontre de Berchère avec l'Autre. Son voyage imaginaire à travers le souvenir domine et contrôle le voyage matériel décrit dans le texte. Presque inéluctablement, ce périple tend à se mythifier, au sens barthien du terme : « le sens perd sa valeur, mais garde la vie, dont la forme du mythe va se nourrir »[69].

L'un des mythes les plus significatifs dans *Le Désert de Suez* est celui du peintre comme « sauvage ». Avant de se lancer dans une expédition de trois jours à travers le désert, Berchère s'imagine homme primitif (p. 77), prêt à partir courageusement à la découverte d'une terre sauvage et inhospitalière :

> Laissez donc pour les quelques jours de liberté qui lui restent encore le peintre ou le sauvage s'abandonner aux impressions que le désert lui offre […].

Berchère, bien sûr, est le peintre, et l'idée que « peintre » est en quelque sorte synonyme de « sauvage » repose sur la conviction que l'homme primitif est plus proche de la nature. Le « sauvage » du texte est privé de sa valeur par la stratégie textuelle qui consiste à le soumettre à la préconception selon laquelle « sauvage » signifie « perceptif ». On retrouve le « bon sauvage » de Rousseau. Le mot « sauvage » est apprivoisé, perd la richesse et la variété de ses sens, et c'est cette forme apprivoisée qui est, à son tour, assimilée au mot « peintre ».

Mais ceci n'est qu'un artifice : Berchère fait semblant. Il joue au « primitif », sous le prétexte plutôt léger d'une courte traversée du désert. Il avait avoué, plus tôt dans son récit (p. 43), être fatigué de la monotonie et de l'absence de verdure :

> Je suis un peu fatigué du désert, mes yeux aspirent à voir autre chose que du sable, j'ai soif de verdure, et je comprends, depuis quelques jours, le bonheur que l'on éprouve à contempler une touffe d'herbe.

Si, dans le texte, il aspire, ou imagine aspirer, à l'état de l'homme nomade ou primitif, c'est purement à cause de sa vision nostalgique d'un monde simple et naturel. C'est un monde qui existe dans le texte, mais non pas dans la réalité. Berchère recherche ce qu'il connaît et ce qu'il peut concevoir : la verdure, le contraste et la forme. Même le monde imaginé par son texte ne peut le détourner du besoin véritable et réel d'un retour vers la civilisation. Le « moi » de l'auteur contrôle le texte et lui permet systématiquement de tout absorber, de l'intérioriser dans son souvenir et ainsi, pour reprendre sa propre métaphore, de calmer sa soif de romantisme avec une gorgée de vin frais.

Pour Berchère, comme pour Chateaubriand, dans l'*Itinéraire de Paris à Jérusalem*, le voyage se prête idéalement au processus de mythification. S'étant investis de l'identité des habitants indigènes, tous deux s'emploient alors à remplacer l'absence de sens perceptible — ils font référence à l'ennui des paysages désertiques — par un sens historique et épistémologique.

Chateaubriand arrive dans la vallée du Jourdain, et, après sa déception initiale, lui prête la langue de la Bible :

> Des aspects extraordinaires décèlent de toutes parts une terre travaillée par des miracles : le soleil brûlant, l'aigle impétueux, le figuier stérile, toute la poésie, tous les tableaux de l'Écriture sont là[70].

Berchère lui non plus ne perçoit aucune signification propre à la terre d'Égypte, accordant ainsi valeur et signification à l'imagination ou à la mémoire du voyageur. Certes, la mémoire n'est pas uniquement individuelle : le plus souvent, elle véhicule les valeurs et les préconceptions de la culture d'origine. Dans son *Itinéraire de Paris à Jérusalem*, Chateaubriand se sert du terme « génie » pour décrire cette mémoire culturelle. La fonction du paysage avoisinant est d'inspirer l'imagination et la conscience du voyageur, et de permettre au voyage textuel de se poursuivre :

> Quand on voyage dans la Judée, d'abord un grand ennui saisit le cœur ; mais lorsque, passant de solitude en solitude, l'espace s'étend sans bornes devant vous, peu à peu l'ennui se dissipe, on éprouve une terreur secrète, qui, loin d'abaisser l'âme, donne du courage, et élève le génie[71].

Le génie dont parle Chateaubriand est ce qu'il appellera ailleurs « le génie du Christianisme ». C'est la mentalité de la civilisation occidentale, consciente de ses origines et de son histoire. En tant que surface, le désert peut sembler vaste et vide, « ce grand horizon uniforme », « cette mer fauve de sable qui se déroule à l'infini » (p. 19). Mais grâce à l'imagination, le génie de l'homme occidental va au-delà des apparences, échappe au temps présent, percevant dans la stérilité même du désert, le cadre de l'histoire ou de la Bible. Dans le texte de Berchère, l'Ouady, à l'encontre du désert, paraît tantôt comme « la terre de promission » (p. 44), tantôt comme « Éden sortant au premier jour des mains du Créateur » (p. 47). Comme dans la vie, on y est guidé par un « génie », qu'on perd quelquefois de vue, mais qui inspire aux uns de « grandes conquêtes », à d'autres des « études sur nos régénérations sociales », à tous « la nécessité de marcher et d'avancer toujours » (p. 62).

Aussi contradictoire que cela puisse paraître, l'absence de sens du désert, aux yeux du voyageur, lui permet d'inscrire plus efficacement son texte par-dessus la réalité de l'environnement réel. Moins les paysages et les gens semblent avoir de signification, plus il est facile pour l'écrivain de les marquer du sens qu'il souhaite imposer. La comparaison établie par Berchère entre la mer et le désert (p. 80) offre un exemple clair de ce procédé textuel :

> [...] ces grandes plaines uniformes, ces terrains arides, ce ciel immobile, éternel, parlent hautement à l'imagination, et, pour se manifester, n'empruntent jamais une voix plus éloquente que celle qui nous arrive sur les flots de ces deux immensités : le désert et la mer.

À l'évidence, la mer et le désert n'ont que peu en commun. Pourtant Berchère peut établir un parallèle entre eux car, dans le texte, cette similitude peut être rendue métaphoriquement. La nature métaphorique du texte est analogue au processus de mythification tel que le décrit Barthes. Comparer ces deux entités, la mer et le désert, revient à comparer des qualités essentielles : toutes deux sont immenses et indéchiffrables et, par là même, suggèrent l'éternité. Bien entendu, les qualités essentielles sélectionnées sont laissées entièrement à la discrétion de l'écrivain. Il aurait pu tout aussi bien comparer la mer et le ciel en choisissant d'autres qualités essentielles. Moins une entité est spécifique, plus elle laisse à l'écrivain de marge pour manipuler sa signification au niveau textuel.

c. Berchère peintre-écrivain

Si le récit de voyage de Berchère révèle une quête mythique, il ne faut pas oublier que ce voyageur est peintre. Il se déplace « avec un carton sous le bras » et passe des journées « à dessiner, à peindre » (p. 39). En tant que peintre orientaliste, Berchère exécuta de nombreux tableaux de l'Égypte. Rares, cependant, sont les tableaux à l'huile ayant un rapport direct avec ses « cinq mois dans l'isthme ». Une peinture récemment apparue sur le marché représente *Le Village de Tell-el-Kébir* (1862)[72], près du manoir bâti par Mohamed-Ali pour une de ses résidences, lorsqu'il avait entrepris de rendre à la culture la vallée de l'Ouady ; quand la Compagnie en devint propriétaire, le bâtiment fut désigné comme chef-lieu du service agricole. « Cette grande maison blanche », écrit Berchère, « encadrée par le bleu du ciel et la verdure des jardins, [...] les ombres bleues que portent les colonnes sur le mur, les groupes des figures debout ou couchés [...] forment un ensemble d'une tournure assez fière » (p. 46).

Berchère est un peintre qui écrit. Peintre-écrivain (le terme date seulement de la deuxième moitié du dix-neuvième siècle), comme Fromentin, Jules Breton, Odilon Redon, Paul Gauguin, pour n'en citer que les principaux. Un des lieux communs de la littérature de voyage est de décrire le neuf au moyen du familier, de chercher la vérité par l'analogie. Dans le cas de Berchère, les points de référence sont bien évidemment presque tous d'ordre visuel. Un groupe de femmes portant des cruches d'eau lui rappelle les cariatides du sculpteur grec Phidias (p. 16). Un lac sous un ciel chargé de nuages lui fait penser à une toile du peintre paysagiste hollandais Ruysdael (p. 17). Des nomades indigènes lui suggèrent l'image de la *Noce juive*, tableau d'Eugène Delacroix (p. 54). Un paysage est présenté carrément comme « un charmant tableau, une toile fine et délicate que Marilhat eût signée » : telle une peinture de Berchère lui-même, « une petite mare reflétait le ciel dans ses eaux brillantes » (pp. 47–48).

Mais les rapports visuels dans le texte de Berchère vont bien au-delà de ces simples références ponctuelles. À Tell-el-Kébir, il prend « possession », « longuement, avec une joie intime », du « calme paysage » (p. 44) qu'il a sous les yeux. S'il avait à le peindre, il ne voudrait rien changer à ce « tableau calme et reposé » (p. 45). Nombreuses sont les descriptions qui sont agencées comme des compositions de peintures, avec des premiers plans, des motifs, des arrière-fonds et des horizons lointains. La ville de Damiette est posée « entre le double azur du ciel et du fleuve » (p. 8). Port-Saïd est « une fort jolie marine » (p. 9). L'auteur s'essaie à faire la « physionomie » (p. 13) du lac Menzaléh. Dans le village arabe d'El-Guisr, le soleil « envoie un éclat d'or sur un groupe ou sur des fruits répandus à terre » (p. 34). Depuis le plateau qui domine le lac Timsah, s'étale un « tableau tranquille, simple, composé avec trois tons, le bleu, le rose et le vert » (p. 36). Cependant, au début du *Désert de Suez*, Berchère avertit le lecteur qu'il ne sera pas question de « pages purement descriptives », mais plutôt d'« impressions nouvelles » (p. 7). Il se déclare soucieux de faire de ces lettres le « miroir fidèle » des choses vues, des « impressions » éprouvées (p. 8). Or, il est très important de préciser le sens du mot « impressions », tel qu'il est utilisé par Berchère, en rendant compte de ses « appétits de flâneur » (p. 35). D'une part, il y a effectivement la synthèse des sensations physiques, impliquée dans tout exercice de « correspondance » ou de synesthésie, depuis Balzac et Baudelaire, appel à la participation du lecteur ou du spectateur qui se trouve au cœur du phénomène qu'à partir de 1874 on appellera « impressionnisme ». Que ce soit la résonance des chiens qui aboient, le « bruit d'ailes invisibles » (p. 19), ou l'odeur des fleurs que Berchère étudie en « herborisant » à la manière de Rousseau, c'est toujours la même préoccupation qui se fait sentir en vue de conjurer une expérience dans sa totalité sensorielle. La mémoire, « charmeresse », s'opère par l'intermédiaire d'« une page oubliée de voyage, un air entendu jadis, une sensation du cœur ou de l'âme » (p. 37). Un des points forts du récit de Berchère, c'est la scène nocturne sur eau, où il voit passer une barque, dont les rames « traçaient un sillon d'argent » : il entend chanter, sous un ciel étoilé, un air du *Désert* de Félicien David, avec accompagnement musical, qui lui fait penser aux barques processionnelles de l'ancienne Égypte et qui constitue pour lui « moins une réalité qu'une vision » (p. 56). Et Berchère ne manque pas, sans aller aussi loin que les frères Goncourt, de pratiquer, à sa manière, l'« écriture artiste », en employant des tournures nominales pour suggérer un enchaînement d'actions. Ainsi, par exemple, au lieu de parler des « mâchoires qui claquaient », il parle du « claquement des mâchoires » (p. 71) ; au lieu d'évoquer « ces convives hargneux qui miaulaient », il se réfère aux « miaulements de ces convives hargneux » (p. 71).

Par ailleurs, Berchère a un regard de peintre, reproduisant les différentes étapes dans la reconnaissance visuelle d'un phénomène, depuis la « masse confuse d'abord » d'une foule compacte, à l'entrée d'un Ksour (village fortifié), jusqu'à la perception des détails du « vêtement indigo des femmes », du turban rouge et de la robe brune des Fellahs et de « la couverture blanche dont se drapent les Bédouins » (p. 53). En approchant d'un village de pêcheurs au bord du lac Menzaléh, il entrevoit, « confusément dans l'ombre » (p. 8), huttes, barques, un embarcadère et une large nappe d'eau. L'on devine la station de Raz-el-Eich « au panache de fumée de ses dragues » (p. 17). En allant de l'Ouady vers le canal, le chroniqueur décrit l'« aspect fantastique » d'une scène de travail nocturne, où les figures en mouvement sont des « points lumineux semés dans l'espace », où apparaissent des « mains qui s'agitaient dans le vide », des gens « dont on ne devinait pas le corps » (p. 63). Au pied du Gebel-Geneffé, il décrit le spectacle devant ses yeux « comme une vision » (p. 80). Dans un paysage de « grands blocs bruns et rougeâtres » (p. 81), il dépeint les formes gigantesques et fantasques d'une manière qui fait pressentir, à certains points de vue, l'art de Cézanne :

> La couleur elle-même semblait s'être décomposée comme les rayons du prisme : à côté de plaques blanches, des tons bruns, fauves, presque noirs ; des sels colorés de rose mêlés à des sables dorés ; des verts arsénieux à côté de lichens gris et jaunes : c'était la réunion et le choc à la fois de tous les tons les plus disparates.

La conception de l'« impression » chez Berchère n'a rien à voir avec la peinture dite « impressionniste ». Selon Berchère, l'artiste se sert de l'« impression » pour poursuivre une recherche unifiée, quête dont le but est la Beauté. En cela, il se rapproche plutôt d'un autre peintre-écrivain, Jules Breton, lequel, dans son livre, *La Peinture*, définit l'« impression » comme « l'émotion, ce choc fécond qui fait vibrer l'âme des artistes au spectacle de la nature, et qui est aussi vieille que le monde »[73]. Ce vocabulaire n'est pas sans évoquer le « sublime », notion qui, de Hegel à Burke et à Bergson, en passant par Victor Hugo, consiste à cerner l'effet produit sur un spectateur par un événement, souvent esthétique, d'une grande puissance. Là où le « beau » reste statique, le « sublime » bouge, comme dans « la réunion et le choc » (p. 81) évoqués par Berchère, au sujet des roches corrodées et des falaises ravinées au pied du Gebel-Geneffé. Selon la définition de Baldine Saint Girons, le « sublime » se donne à nous, « non comme supplément gratuit du bonheur, telle l'heureuse surprise du beau, mais comme une sorte de vertige qui déstabilise l'environnement, nous désolidarise de notre point de vue habituel et nous rend sensibles à une causalité supérieure, au moment même où elle agit »[74].

Dans les tableaux de Berchère, les ciels, très atmosphériques, se reflètent souvent dans les eaux du Nil d'une manière étincelante, qui fait penser aux ciels de Fromentin. On en a un bon exemple dans son tableau conservé à Dublin (National Gallery of Ireland), *Retour du marché en Égypte*[75]. Les bateaux ont amarré, à gauche du tableau, et les passagers ont débarqué. Ils soulèvent l'ourlet de leurs vêtements et emportent, dans leurs bras, enfants et biens, y compris une énorme malle. Ils traversent une immense surface d'eau peu profonde, qui occupe environ la moitié du tableau. Au premier plan à droite se trouve un groupe d'Arabes qui semble accueillir les nouveaux venus. Ceux qui sont assis vendent soit de la volaille soit de l'eau potable, tandis que ceux qui sont à dos de chameaux proposent du commerce ou bien du transport. Les personnages qui partent au fond à droite sont probablement arrivés par un débarquement antérieur. Dans l'œuvre de Berchère, on trouve souvent des juxtapositions frappantes du Nil avec ses alentours désertiques, mises en valeur par des Arabes au dos de leurs grands chameaux. Dans ce tableau, avec les mâts de bateaux amarrés, les chameliers fournissent les seuls accents verticaux d'un paysage totalement horizontal. Ce qui compte ici pourtant, ce n'est pas l'élément narratif, mais la brume de chaleur qui semble descendre du ciel sur le fleuve, dominant la composition. D'une façon analogue, dans *Le Désert de Suez*, l'auteur du récit laisse deviner la marche du soleil à la « poussière lumineuse » (p. 44) dont il empourpre les palmes des dattiers, ou fait évoquer, dans le bleu du ciel, « des profondeurs infinies » (p. 45). À Tell-el-Kébir, le soleil dessine si bien, « dans une traînée lumineuse », les figures traversant les sentiers. « C'est un grand magicien que le soleil ! », s'exclame Berchère, « avec lui le haillon devient pourpre » (p. 45). Et l'artiste fait bien valoir « ces tons doux, chauds et lumineux particuliers au climat d'Égypte où l'atmosphère est incessamment rafraîchie par l'évaporation des eaux du Nil et de ses canaux » (p. 48).

Dans ses carnets de voyage en Égypte en 1869, Fromentin remarque « les pyramides lointaines dessinées en triangle et peintes en violet, sur la pourpre claire de l'Occident. » À lui d'ajouter : « Avec mon ami Berchère, nous causons de la difficulté de rendre de pareils spectacles, et de leur beauté »[76]. L'un comme l'autre de ces deux peintres-écrivains ont abordé l'écriture avec un regard de peintre. À l'époque, malgré la vogue des albums, tel le *Voyage en Grèce* de Théodore d'Aligny, que Fromentin lui-même s'était d'abord proposé comme modèle, l'idée de créer une œuvre hybride, mêlant mot et image, n'était guère appréciée. Le livre illustré continuait à faire son chemin, mais le texte ne manquait pas de tenir le haut du pavé. Ce n'est que depuis la Révolution française que la séparation des différents métiers, organisés en tant que corporations, avait cessé de régner. Dans son interprétation du *Laokoön*, W. J. T. Mitchell rend explicite ce que, selon lui, le grand esthéticien du dix-huitième siècle, Gotthold Ephraim Lessing, laisse entendre sans le dire en toutes lettres : à savoir, que les peintures, comme les femmes, doivent être de belles créatures silencieuses, conçues pour la gratification de l'œil, par contraste avec l'éloquence sublime appropriée à l'art viril de la poésie[77]. La tension entre le masculin et le féminin se ferait donc sentir dans les rapports entre mot et image au dix-neuvième siècle, aussi bien qu'entre Occident et Orient. La réussite de Berchère réside dans la réciprocité des supports de transmission dont il dispose. Le peintre a recours à des mots pour produire des effets qu'il n'arrive pas à rendre dans sa peinture, tout comme son livre vient compléter son album de dessins. L'évocation de l'Orient par Berchère dépasse la volonté colonialiste de « possession » pour rendre le « sublime » des effets de la nature. La phrase « créer et tracer » s'applique non seulement à la prodigieuse réalisation du canal de Suez, mais aussi à la création interdisciplinaire de ce dessinateur-écrivain, crayon en main.

¹ Narcisse Berchère, *Le Désert de Suez : cinq mois dans l'isthme* (Paris, Hetzel, 1863). Les références à cet ouvrage paraîtront entre parenthèses dans le corps de cette Introduction et renverront au texte qui suit, où il convient de noter que les noms de personnes et de lieux seront reproduits comme dans l'original, conservant les variations d'orthographe qui peuvent, de temps en temps, s'y présenter. Les récits algériens d'Eugène Fromentin ont tous deux été publiés à Paris chez Lévy, *Un été dans le Sahara* en 1857 et *Une année dans le Sahel* en 1859.

² Voir Jacques-Marie Lepère, *Mémoire sur la communication de la mer des Indes à la Méditerranée par la mer Rouge et l'isthme de Suez* (Paris, Imprimerie royale, 1815).

³ Discours de Lord Palmerston dans la Chambre des Communes, le 23 août 1860, cité dans Voisin-Bey, *Le Canal de Suez* (Paris, Vve Ch. Dunod, I, 1902, p. 175).

⁴ Dans ses *Lettres, Journal et documents pour servir à l'histoire du canal de Suez* (Paris, Didier, 1876, t. II, p. 92), Ferdinand de Lesseps cite les propos de Lord Palmerston au sujet du projet du canal de Suez, dans la séance du 7 juillet 1857, à Londres, dans la Chambre des Communes : « C'est une entreprise qui, je le crois, au point de vue commercial, peut être jugée comme étant au rang de ces nombreux projets d'attrape-nigauds qui de temps en temps sont tendus à la crédulité des capitalistes gobe-mouches. / Je pense qu'il est physiquement impraticable, si ce n'est par une dépense qui serait beaucoup trop grande pour garantir aucune espèce de rémunération ».

⁵ Voisin-Bey, *Le Canal de Suez, op. cit.*, p. 62. Voir aussi Caroline Piquet, « La Compagnie universelle du Canal maritime de Suez en Égypte : Concession rime-t-elle avec colonisation ou modernisation ? », *Entreprises et histoire*, 31, 4 (2002) pp. 38-53.

⁶ Dans une lettre adressée à Richard Cobden, parlementaire anglais, Ferdinand de Lesseps avait écrit : « Je viens, comme ami de la paix et de l'alliance anglo-française, vous apporter une nouvelle qui contribuera à réaliser cette parole : *Aperire terram gentibus* », Ferdinand de Lesseps, *Lettres, Journal et documents pour servir à l'histoire du canal de Suez, op. cit.* (1875), t. I, p. 52.

⁷ Édouard Driault, « La Renaissance de l'Égypte », *Revue des études napoléoniennes* (janvier-février 1925) p. 13.

⁸ Michel Chevalier, *Religion saint-simonienne : politique industrielle et système de la Méditerranée*, Paris, aux bureaux du « Globe » (20 janvier–12 février 1832), p. 126.

⁹ *Œuvres de Saint-Simon et d'Enfantin*, Paris, E. Dentu, IX (1866), pp. 57, 60.

¹⁰ En 1861, l'Académie française avait mis au concours du prix de poésie le *Canal de Suez* et Ferdinand de Lesseps cite des vers du lauréat, Henri de Bornier, dans ses *Lettres, Journal et documents pour servir à l'histoire du canal de Suez, op. cit.* (1879), t. IV, p. 93 : « Consacrons nos efforts, en chrétiens que nous sommes, / Pour les rendre meilleurs à rapprocher les hommes ; / Les enrichir, c'est bien ; les éclairer, c'est mieux ! »

¹¹ « That facility of intercourse creates commerce, and commerce carries with it civilisation, is an axiom founded on universal experience. / Where seeming exceptions to it are found, they may be traced to the blind selfishness of human legislation, counteracting the natural laws established by the all-wise and beneficent governor of the universe. / A project, therefore, which, by severing two continents, proposes to change the whole course of commerce and communication between the eastern and western worlds, and approximate by many thousand miles the knowledge and industry of the west to the ignorance and barbarism of the east, presents considerations of a nature to excite the imagination, and to awaken some of our best feelings in its favour. » (Arthur Anderson, *Observations on the Practicability and Utility of Opening a Communication between the Red Sea and the Mediterranean by a Ship Canal, Through the Isthmus of Suez ; with an Outline Map of the Isthmus and Lower Egypt, showing the Track of the Ancient as well as of the Proposed Canal ; also, Extracts from a Manuscript Memoir of a Survey of the Isthmus by M. Linant, of Cairo, Civil Engineer and Inspector-General of Roads and Bridges to His Highness the Pacha of Egypt*, London, Smith, Elder & Co., Cornhill, 1843, p. v). Tr. Barbara Wright.

¹² Ferdinand de Lesseps, *Lettres, Journal et documents pour servir à l'histoire du canal de Suez, op. cit.* (1875), t. I, p. 17.

¹³ *Ibid.*, p. 101.

¹⁴ Ferdinand de Lesseps qualifie cette entreprise comme « une œuvre de progrès » : « nous allons donner le premier coup de pioche sur le terrain qui ouvrira l'accès de l'Orient au commerce et à la civilisation de l'Occident », *Lettres, Journal et documents pour servir à l'histoire du canal de Suez, op. cit.* (1877), t. III, p. 90.

¹⁵ La mère de Ferdinand de Lesseps est la tante de la comtesse de Montijo, mère d'Eugénie.

¹⁶ *Discours de réception à l'Académie française prononcé par Anatole France*, élu en remplacement de Ferdinand de Lesseps, le 24 décembre 1896, Institut de France, Paris, Firmin-Didot (1896), 31, p. 22.

[17] Pour Lesseps, « notre ingénieur en chef, M. Voisin, est une perle » (*Lettres, Journal et documents pour servir à l'histoire du canal de Suez, op. cit.*, 1879, t. IV, p. 117).

[18] En revanche, dans le procès-verbal de la Séance du 22 avril 1863, le Registre de la Compagnie du Canal de Suez fait état de l'adoption d'une proposition par le comte de Sala relative à la « demande de M. Berchère tendant à obtenir que la Compagnie mette à sa disposition deux mille deux cents cartes de l'Isthme destinées à servir de complément à un ouvrage qu'il publie sur son voyage dans l'Isthme de Suez » (Registre du 8 janvier au 29 août 1863 : CAMT 2000 036651).

[19] La montée croissante de l'image, en tant qu'instrument de publicité, est attestée par la décision, notée dans les registres du Comité de direction de la Compagnie du canal de Suez détenus au CAMT, lors de la Séance du 6 juillet 1861, à s'abonner au journal *Le Monde illustré*, « vu la publication de gravures représentant les travaux du Canal qui a été faite gratuitement dans *Le Monde illustré* de juin dernier (1860) ».

[20] Théophile Gautier, *Les Beaux-Arts en Europe* (II, 1856, Paris, Michel Lévy), pp. 140-41.

[21] Paul de Saint-Victor, « Le Salon de 1859 », *La Presse* (25 juin 1859).

[22] Théophile Gautier, « Le Salon de 1861 », *Le Moniteur universel* (17 mai 1861).

[23] Bernard Prost, « Berchère (N.) », in *Dictionnaire illustré des Beaux-Arts, Bouguereau, Berchère, Tassaert : catalogue de leurs œuvres*, Paris, Librairie d'Art (1885), pp. 38-39.

[24] Paul Merruau, *L'Égypte contemporaine, 1840-1857, de Méhémet Ali à Saïd Pacha*, Paris, Didier (1858).

[25] D'après le procès-verbal de la Séance du 18 novembre 1862, le Comité de direction de la Compagnie du canal de Suez « décide que M. Merruau, Secrétaire Général de la Compagnie, se rende le plus promptement possible en Égypte, où sa présence est jugée utile. / Sa mission est essentiellement temporaire, et il reprendra son service à Paris dès que M. le Président autorisera son retour. [...] En son absence, le service du Secrétariat Général sera dirigé par M. Peltier, Chef de section » (Registre 1862, CAMT : 2000 036 650).

[26] Le premier de ces billets autographes est intitulé « Note sur Mr Berchère » et se lit comme suit : « Un de nos peintres les plus distingués Mr Berchère, déjà récompensé par plusieurs médailles aux expositions de peinture, est l'auteur d'une belle collection de dessins et peintures sur les travaux et les établissements de l'Isthme de Suez. / Cette collection a été offerte en original, par l'entremise de Mr le Duc de Bassano à S. M. l'Empereur qui a daigné l'accepter. / J'ai l'honneur de rappeler à Son Excellence Monsieur le Comte Walewski la recommandation verbale que j'ai pris la liberté de lui faire et je lui serai très reconnaissant s'il veut bien proposer Mr Berchère pour la décoration de la Légion d'honneur. / Paris juin 1862. / Ferd. de Lesseps. » Le deuxième billet prend la forme d'une lettre adressée à un destinataire anonyme : « Mon cher ami, / Je vous envoie la note que M. Walewski m'a autorisé à lui remettre. Je vous le recommande bien chaudement. Le succès dépend de vous. J'y tiens beaucoup. Le sujet en est digne. / Tout à vous, / Ferd. de Lesseps. / Paris le 19 juin 1862. / Mr Berchère demeure rue de Laval N° 20. »

[27] Le duc de Bassano avait la charge de grand chambellan à la Cour impériale. Toutes les personnes qui souhaitaient se faire présenter à Napoléon III ou obtenir une audience devaient s'adresser au grand chambellan, qui prenait alors les ordres de l'empereur.

[28] Alexandre Florian comte Colonna Walewski (1810-1868), fils de l'empereur Napoléon Ier et la comtesse Marie Walewska, a été ambassadeur de France en Grande-Bretagne (1850), ministre des Affaires étrangères (1855-60) et Président du Corps législatif (1865-67).

[29] Dans *L'Isthme de Suez : journal de l'union des deux mers* (n° 160, 15 février 1863), pp. 53-54, l'abbé H. Gibon, aumônier de la Compagnie et curé d'El-Guisr, a signé une lettre de remerciement concernant le tableau, *La Fuite en Égypte*, ornant l'autel de la chapelle du Seuil, construite sur les lieux mêmes où, selon la tradition, la Sainte Famille se serait arrêtée lorsqu'elle fuyait la persécution d'Hérode.

[30] Archives de la Compagnie universelle du Canal maritime de Suez, déposées au CAMT à Roubaix (1995060 879). Une note, de la main du Secrétaire Général, en haut à gauche de cette lettre autographe, se lit comme suit : « Cette demande me paraît de toute justice. Je crois même que l'administration égyptienne devrait quelques mots de remerciement à M. Berchère. En écrire à M. Voisin. Répondre à M. Berchère et préparer une note pour le *Journal*. » D'après une autre note, inscrite sur le brouillon de la lettre expédiée le 27 février 1863 à Berchère par le Vice-Président de la Compagnie, le Directeur Général des Travaux en Égypte, François-Philippe Voisin, ne manquera pas d'exprimer « les sentiments de gratitude avec lesquels l'administration de la Compagnie en Égypte a reçu le tableau [...] offert à l'Église d'El-Guisr » (CAMT, 1995060 879). Des annonces pour *Le Désert de Suez* seront insérées dans *L'Isthme de Suez : journal de l'union des deux mers*, dans les numéros 168, 171 et 172 (les 15 juin, 1er août et 15 août 1863), et mention sera faite de la sortie du livre (n° 166, 15 mai 1863, p. 167) et du don du tableau à l'Église d'El-Guisr (n° 160, 15 février 1863, pp. 53-54).

[31] Voir Eugène Fromentin, *Œuvres complètes*, éd. Guy Sagnes, Bibliothèque de la Pléiade, Paris, Gallimard (1984), p. 1077.

[32] Cité dans la biographie assurée par Bernard Prost, *op. cit.*, p. 32.

³³ Eugène Fromentin, *Œuvres complètes, op. cit.*, p. 1119.

³⁴ Eugène Fromentin, *Coup de vent dans les plaines d'alfa (Sahara)* (Salon de 1864).

³⁵ Paul de Saint-Victor, « Le Salon de 1864 », *La Presse* (26 juin 1864).

³⁶ Voir *Correspondance d'Eugène Fromentin*, éd. Barbara Wright, Paris/Oxford, CNRS Éditions/Universitas (1995), p. 766, n. 1.

³⁷ Luisa Capodieci, *Gustave Moreau, correspondance d'Italie*, Paris, Somogy (2002), p. 188.

³⁸ Voir Dominique Lobstein, « Antony Roux, Gustave Moreau et les *Fables* de La Fontaine », *Paragone / Arte* (n° 28 (597), novembre 1999), pp. 75-88.

³⁹ Une liste, non datée, de la main de Narcisse Berchère, a été conservée au Musée Gustave Moreau à Paris : « À Gustave une épée, un poignard nubien, un couteau d'ivoire, un pistolet et deux baguettes, une masse, une amulette, deux zarfs pour le café, une écharpe brodée, trois mouchoirs de tête bleu, noir et rosé, une *couffié* brun rouge, une *couffié* vert et or, un turban Syrie [?] blanc, une serviette brodée, une écharpe rouge de ceinture, une robe chinoise, une robe jaune » (cité in Cécile Rivière, « Narcisse Berchère et Gustave Moreau : quarante ans d'amitié », in *Les Cahiers d'Étampes-Histoire*, n° 6, 2004, p. 37).

⁴⁰ Voir Sylvain Duchêne, « Un Peintre à la campagne : les séjours de Gustave Moreau à Étampes », in *Les Cahiers d'Étampes-Histoire* (n° 6, 2004), pp. 40-48.

⁴¹ Voir *L'Assembleur de rêves : écrits complets de Gustave Moreau*, éd. Pierre-Louis Mathieu, Fontfroide, Bibliothèque artistique et littéraire (1984), pp. 211-15.

⁴² *Ibid.*, p. 219.

⁴³ Cité in Cécile Rivière, « Narcisse Berchère et Gustave Moreau : quarante ans d'amitié », *loc. cit.*, p. 34.

⁴⁴ Voir Luisa Capodieci, *op. cit.*, pp. 187-88.

⁴⁵ Maxime Legrand, « Narcisse Berchère intime : notes biographiques et bibliographiques », in *Conférence des sociétés savantes, littéraires et artistiques de Seine-et-Oise : compte rendu de la quatrième réunion*, Étampes, Flizot (1909), p. 146.

⁴⁶ Cette lettre, sur papier à lettres monogrammé « B », est conservée au Musée Gustave Moreau.

⁴⁷ On ignore les détails de l'intervention en question.

⁴⁸ Voir p. 36, *infra*.

⁴⁹ Voir pp. 20-21, *infra*.

⁵⁰ Voir p. 12, *infra*.

⁵¹ Selon le récit du *Désert de Suez*, c'est le comte Sala qui accompagne Berchère dans cette tournée, et non pas Ferdinand de Lesseps. Voir p. 43 et n.

⁵² La toile de Gustave Moreau, *Tyrtée chantant pendant le combat* (Paris, Musée Gustave Moreau) date de 1860. Sur un dessin du même artiste, dans la collection Seligman à New York, est inscrit, en haut à gauche : « Hésiode et la Muse ». Ce dessin paraît être plus ou moins contemporain de la toile, tous les deux formant ainsi des variantes sur le thème orphique dans l'œuvre de Gustave Moreau.

⁵³ Lettre demeurée sans trace.

⁵⁴ Alfred Arago et Henri Courmont furent tous les deux Directeur des Beaux-Arts sous le Second Empire.

⁵⁵ Jean-Charles Cazin, peintre connu surtout pour ses paysages et qui figurait dans l'entourage artistique de Gustave Moreau.

⁵⁶ Eugène Lacheurié (à la fois peintre et musicien de talent), Edgar Degas et Alexandre Destouches (fin lettré) figuraient tous dans l'entourage artistique de Gustave Moreau à l'époque.

[57] Alberto Pasini (1826-1899), peintre italien qui séjourna longtemps à Paris et qui se rendit par la suite à la cour du Chah de Perse. À son retour en Italie, il se spécialisa dans des peintures à thèmes orientaux.

[58] Nathalie Montel, *Le Chantier du canal de Suez (1859-1869) : une histoire de pratiques techniques,* Paris, Éditions In Forma, Presses de l'Ecole nationale des Ponts et chaussées (1998), p. 67.

[59] Berchère précise (p. 33) qu'il se trouvait à Port-Saïd lors de la visite du vice-roi Mohammed-Saïd. Le président directeur lui-même affirme que « le vice-roi a passé au chantier n° 5 du Seuil la soirée du 6, la journée du 7 et la matinée du 8 [décembre 1861] » (Ferdinand de Lesseps, *Lettres, Journal et documents pour servir à l'histoire du canal de Suez, op. cit.*, t. IV, p. 114). Ils firent une première halte sur le plateau où devait s'élever la ville de Timsah, une seconde halte au puits de Néfich et une troisième à Bir-Abou-Ballah, avant de faire leur entrée triomphale à Toussoum.

[60] Ferdinand de Lesseps, *Lettres, Journal et documents pour servir à l'histoire du canal de Suez, op. cit.*, t. IV, pp. 129-30.

[61] Pour tout autre détail sur cette visite, voir Comte de Chambord, *Voyage en Orient* (1861), Texte inédit, découvert, présenté et annoté par Arnaud Chaffanjon, Paris, Tallandier (1984).

[62] Voir p. 43, n. 1, *infra*.

[63] Voir p. 46, n. 4, *infra*.

[64] Ferdinand de Lesseps, *Lettres, Journal et documents pour servir à l'histoire du canal de Suez, op. cit.*, t. IV, p. 147.

[65] Théophile Gautier, « L'Isthme de Suez », *Le Moniteur universel* (3 août 1867).

[66] Edward Said, *L'Orientalisme : l'Orient créé par l'Occident*, tr. Catherine Malamoud, Paris, Seuil (1980), p. 111.

[67] *Ibid.*, p. 58.

[68] *Ibid.*, p. 106.

[69] Roland Barthes, *Mythologies*, Paris, Seuil (1957), p. 225.

[70] François-René de Chateaubriand, *Itinéraire de Paris à Jérusalem*, II, *Œuvres complètes*, Paris, Ladvocat, t. IX (1826), p. 150.

[71] *Id., ibid.*

[72] Voir la Planche qui paraît en couverture de ce livre. Huile sur panneau, 32 x 47,5 cm, situé et daté 1862 en bas à droite, dédicacé à Mr F. de Lesseps et signé en bas à gauche, ce tableau, passé en vente à Paris chez Tajan, le 23 novembre 2005, n° 90, se trouve actuellement dans une collection privée et paraît ici avec l'aimable autorisation du collectionneur.

[73] Jules Breton, *La Peinture*, Paris, Librairie de l'art ancien et moderne (1904), p. 3.

[74] Baldine Saint Girons, *Fiat lux : une philosophie du sublime*, Paris, Quai Voltaire (1993), p. 507.

[75] Tableau reproduit dans *La Peinture française du XIXe siècle : Collection Chester Beatty de la Galerie nationale d'Irlande*, Exposition aux musées des Beaux-Arts de Calais, Quimper et Poitiers (janvier-septembre 1989), éd. Kim-Mai Mooney, Paris, Association française d'Action artistique (1989), p. 43

[76] Eugène Fromentin, *Œuvres complètes, op. cit.*, p. 1103.

[77] « Paintings, like women, are ideally silent, beautiful creatures, designed for the gratification of the eye, in contrast to the sublime eloquence proper to the manly art of poetry » (W. J. T. Mitchell, *Iconology : Image, Text, Ideology*, Chicago & Londres, University of Chicago Press, 1986, p. 110).

LE DÉSERT DE SUEZ
CINQ MOIS DANS L'ISTHME

À MON AMI

EUGÈNE FROMENTIN

DE DAMIETTE À EL-GUISR

I.

DE DAMIETTE À EL-GUISR

Damiette, 24 novembre 1861.

Vous rappelez-vous, mon ami, dans un coin de nos tranquilles vallées, le moulin Baudon, envoyant son joyeux tic-tac aux échos d'alentour et se mirant dans la rivière qui court toute frissonnante à travers les joncs et les roseaux ? C'est là, qu'assis tous deux à l'ombre des saules et des trembles, pendant que les enfants couraient à travers la prairie à la recherche des papillons et des demoiselles, nous avons causé la dernière fois de mon voyage à l'isthme de Suez et des perspectives qu'il nous faisait entrevoir.

Retour à des pays aimés et déjà parcourus, attrait des choses nouvelles, enivrement de la vie de voyage, bonheur de l'imprévu, voilà ce qui occupait les heures qui précédaient nos adieux, et aujourd'hui, sur les bords du Nil, en revoyant les tranquilles campagnes de la basse Égypte, ses villages et les barques qui traversent le fleuve avec leurs grandes ailes blanches, j'éprouve un singulier attrait à évoquer le souvenir des derniers instants que nous avons passés ensemble, souvenir qui, pour moi, vivant encore, me rappelle mieux les charmes du foyer, les cœurs aimés et les mains pressées au départ.

Aussi disons-nous : vivent les bonnes, les vieilles affections ! Semblables à ces vins que l'on servait à la table de Mécènes, le massique[1] et le falerne[2], dont l'esprit généreux, sortant de l'amphore, pour avoir vingt ans, n'en était que meilleur, elles sont notre force, elles nous soutiennent, elles colorent le présent de toute la magie du passé. Gardons-les bien précieusement, mon ami ; — ne sont-elles pas souvent ce que nous avons de plus cher en nous-mêmes ?

À vous donc une part très-large dans la vie nouvelle du voyageur, la meilleure que mon cœur puisse vous faire : — c'est l'amitié qui vous la donne.

Que seront ces lettres écrites un peu au hasard, sous la tente, au pied des dunes ou sous le toit hospitalier des maisons de l'isthme, je ne sais. S'il s'agissait d'une simple relation de voyage, de pages purement descriptives, je me tairais ; mais ici, je m'attends à des impressions nouvelles, à tout un ordre de choses qui a dû modifier et transformer dans sa physionomie ce pays absolu et presque uniforme qu'on appelle le *désert*.

Dans ces grandes plaines où il n'y avait pas une tente, pas un abri, où se rencontraient parfois quelques nomades ou une caravane se perdant à l'horizon, je vais trouver des établissements et des hommes, la vie et l'activité. — Le pittoresque doit y perdre peut-être, mais il doit en ressortir aussi plus d'un enseignement, plus d'une observation curieuse.

Puis encore, — faut-il tout dire ? — je me sentais singulièrement impatienté de toutes les questions que je m'entendais adresser sur le canal de Suez, questions que je ne pouvais résoudre. Cet état d'Œdipe n'était pas tenable, et je suis heureux de l'occasion qui s'offre à moi de voir, de juger et de parler. J'en demande pardon à notre public incrédule ; mais il semble que tous les documents, tous les rapports publiés par les ingénieurs, les promoteurs de l'œuvre, par cela même qu'ils sont intéressés, absolus et techniques dans leurs détails, doivent exciter la défiance, — je n'ose pas dire l'ennui, — et que l'on sera tenté de s'adresser plutôt au curieux, au voyageur sans parti pris comme à un témoin d'une véracité plus grande. Je pars donc sans préjugés, sans idées préconçues,

---
[1] Horace parle d'« un bon vin de Massique » dans ses *Satires* (II, 4). Le Massique, mont de Campanie, est célèbre par ses vins.
[2] Falerne est une montagne de la Campanie auprès de Pouzzoles, où il croît d'excellents vins. Selon Tibulle (*Élégies*, Livre I), ce vin était « le principal souci du bon Bacchus » (*Élégie* X).

soucieux avant tout de faire de ces lettres le miroir fidèle des choses que j'aurai vues, des impressions que j'aurai éprouvées.

Si parfois je m'oublie dans la description des pays que je vais parcourir et des scènes qui passeront sous mes yeux, ne m'en faites pas un reproche, mon ami, car, tout en remplissant la mission dont je suis chargé, en interprétant, dans un ensemble de dessins, les travaux qui s'exécutent, j'ai le désir aussi de vous faire connaître cette grande entreprise que l'on nomme le *canal de Suez* ; et je ne l'oublierai pas.

Mon voyage jusqu'ici n'a été qu'une course à toute vapeur. Je traversais Alexandrie et le Caire, auxquels je jetais à peine un coup d'œil, pour arriver hier à Damiette, au siège de la compagnie du canal, situé sur les bords du Nil en aval de la ville. C'est un immense parallélogramme comprenant des maisons, des magasins, des entrepôts, des hangars, l'habitation de l'ingénieur en chef, les bureaux, le consulat, des logements pour les directeurs. Aux magasins se trouvent vivres, objets d'habillement, vins, cantines, vaisselle, tentes, tout ce dont peut avoir besoin au désert la population des travailleurs et des employés, l'utile, l'indispensable et même l'agréable, enfin le superflu dans le nécessaire. C'est un va-et-vient des bureaux aux magasins et au Nil, et des entrepôts à la ville. Je tombe au milieu d'une mission d'ingénieurs arrivant de l'isthme ; la maison est pleine, on mange comme l'on peut, et les bureaux, transformés en dortoirs, présentent à leurs angles des lits où l'on s'installe tant bien que mal, assistant, à travers la moustiquaire qui vous enveloppe, au travail des employés.

Cet établissement de Damiette remonte à l'organisation première des travaux du canal sur la Méditerranée. Mis en communication directe avec le Caire et Alexandrie par le Nil, et avec Port-Saïd par le lac Menzaléh, il peut facilement pourvoir à toutes les exigences et aux premiers besoins. — Jusqu'ici, à défaut de routes et de communications faciles par l'intérieur, tout se fait par lui, et c'est ce qui explique son développement, son importance, ainsi que l'activité et le mouvement qui y règnent. Il possède aujourd'hui deux petits bateaux à vapeur, l'un sur le lac, l'autre sur le Nil, et ce dernier fait un service régulier entre Damiette et Samanhoud qui est relié à Tantah et au Caire par une voie ferrée.

Damiette est toujours Damiette la jolie : mirant ses pieds dans le Nil, avec sa marine, ses barques, ses maisons de terre et de briques blanchies à la chaux, elle forme une ligne charmante qu'accidentent les minarets élancés et les coupoles bulbeuses de ses mosquées. Elle est là, posée entre le double azur du ciel et du fleuve, au milieu de sa ceinture de jardins, de ses campagnes verdoyantes, toutes gaies sous le soleil avec leurs rizières, leurs plantations de bananiers, de dattiers et de sycomores.

Elle offre l'image d'un calme et d'une sérénité inaltérables : aussi est-ce un séjour très-envié et quelque peu jalousé par les agents de la compagnie et de l'entreprise qui habitent le désert. Le sable fait la guerre à l'eau et à la verdure, et un jour ou l'autre, l'état des travaux pourra bien donner victoire au sable. Adieu le Nil et les habitations assises au milieu des campagnes ; adieu, Capoue, comme le disait un monsieur très-fort en histoire[1]. Le moment n'est pas éloigné où il faudra se transporter au désert, aux chantiers de la ville de Timsah, abandonnant Damiette aux seuls employés nécessaires aux communications avec Port-Saïd.

Je pars ce soir en compagnie de quelques personnes qui retournent au désert, et heureux d'arriver dans l'isthme. Un bateau nous attend au lac Menzaléh ; on vient prendre les bagages, et pendant que j'écris ces dernières lignes, j'entends charger les chevaux dans la cour ; au revoir, mon ami ; à Port-Saïd.

Port-Saïd, 1er décembre 1861.

Nous sommes partis à la nuit pour joindre le lac, chevauchant sur des levées au milieu des rizières et précédés de saïs[2] munis de lanternes.

Tout était calme ; le silence était profond sur les campagnes endormies, et Orion brillait dans l'est juste en face de nous. Les aboiements des chiens nous annonçaient l'approche d'un village de pêcheurs établis au bord du lac ; j'entrevoyais confusément dans l'ombre quelques huttes, des barques, un embarcadère et une large nappe

---
[1] Selon la tradition, le « repos » des soldats d'Hannibal à Capoue (215 av. J.-C.) leur fit perdre leur combativité.
[2] Valets à pied, venus la plupart d'Abyssinie.

d'eau[1]. Nous montions à bord d'un petit bateau à vapeur qui nous attendait, et quelques tours de roues nous éloignaient du rivage.

Je me réveillais au jour, curieux de voir l'aspect du lac ; sur l'eau qui nous entourait sans la moindre apparence de terre, se voyaient des barques sous voiles, des flottilles occupées à la pêche, et de nombreuses bandes d'oiseaux traversaient le ciel. Nous nous rapprochions de la mer dont nous étions séparés par le cordon de dunes qui règne depuis Damiette ; on apercevait la tour de Genil, des atterrissements, l'îlot Karpouthis sur lequel se promenaient quelques hérons ; puis devant nous, une longue file de constructions entre le ciel et l'eau. Le bateau s'engageait dans un chenal aux eaux rapides, — premier lit du canal maritime, — et nous arrivions au débarcadère de *Port-Saïd*.

Le premier aspect de la ville forme ce que l'on appellerait en peinture une fort jolie marine : un phare, quelques maisons blanches, des bateaux dont les longues antennes se détachent sur le ciel, une eau claire et bleue animée par des canots et par des voiles, la jetée dont on aperçoit les enrochements, puis au delà les vaisseaux mouillés en rade et la grande mer dont on entend la voix sonore, composent le tableau[2].

L'air retentit des coups du marteau, du sifflement des machines, du chant des Arabes. Des wagons roulent vers les ateliers, poussés à main d'homme, sur des rails qui jettent leurs tronçons à travers les sables, enjambent les eaux et les atterrissements du lac ; des escouades de travailleurs passent se rendant aux chantiers, et d'énormes blocs de pierre, apportés par des *mahonnes*[3], oscillent un moment dans l'air, soulevés par des grues, puis disparaissent dans la mer qu'ils font jaillir en flots d'écume, allongeant chaque jour de quelques mètres la jetée que l'on est en train de construire.

C'est sur la baie de Dibbéh, comprise dans le golfe de Péluse qui s'étend de la pointe de Damiette au cap Cassius, que s'élève la ville. Le long de la plage qui regarde le nord et sur la lagune, entre le lac et la mer, est une première rangée de maisons de bois continuées par chalets, puis deux ou trois autres rangées parallèles à la première et séparées par des espaces qui seront des rues plus tard ; vers le lac sont les fonderies, la scierie, les dragues[4], les ateliers, les forges ; sur le chenal les magasins, le phare, et vers la mer la jetée, les chantiers grecs et leur marine, les boucheries et le village arabe.

Maintenant que cette vue de la mer dont la vague vient se dérouler sur le sable doré, du lac qui s'étend jusqu'à l'horizon, ne vous fasse pas trop illusion. Rien de moins curieux que ces maisons à toit comme les nôtres, ces chalets qui rappellent la banlieue et, jurant quelque peu avec la nature du pays, font regretter la terrasse des maisons arabes. C'est une boîte de joujoux d'Allemagne ouverte par surprise ; hâtons-nous de la refermer.

Disons qu'il n'est pas un madrier, pas une planche servant à élever ces chalets et ces habitations, qu'il n'ait fallu faire venir d'Europe et amener à grands frais : alors ce premier rudiment d'une ville trouvera grâce à nos yeux, et son peu de pittoresque sera oublié, eu égard au résultat obtenu. Ici d'ailleurs ce qui excite l'intérêt, c'est l'entreprise même d'un tel travail, et ce qui frappe surtout, c'est la réalisation et l'ensemble de ces mêmes travaux.

Il faut se reporter à trois années de distance et penser à cette plage nue, solitaire, mince cordon de dunes que la mer venait battre sans fin ; il faut se rappeler les luttes à soutenir, les irrésolutions à décider, les obstacles à vaincre, les mauvais vouloirs à paralyser, si l'on veut juger de l'œuvre et comprendre ce qu'il a fallu de volonté, de courage et d'énergie pour l'accomplir. Rappelons-nous les conquêtes déjà faites, et rendons justice à la persévérance qui a créé ce qui existe aujourd'hui.

L'occupation sérieuse de la plage de Port-Saïd remonte à vingt mois environ. Il y eut bien, avant cette date, prise de possession ; mais, faite dans une mesure restreinte, elle tira son importance plus des circonstances que de l'occupation elle-même. — C'est l'historique de cette époque que je veux vous faire ; je crois qu'il n'est pas sans intérêt.

Après la constitution définitive de la société du Canal de Suez, des études de sondage furent exécutées sur tout le fond du golfe de Péluse, et M. Larousse, ingénieur hydrographe de la marine, qui en avait été chargé

---

[1] Voir Fig. 1, *Port-Saïd. Chantiers sur le bord du canal, à sa sortie du lac Menzaleh*, illustration à la p. 28 de l'étude de Paul Merruau, « Une excursion au canal de Suez », in *Le Tour du monde : nouveau journal des voyages*, Paris, Hachette (2ᵉ semestre, 1863).
[2] Voir Fig. 2, *Vue générale de Port-Saïd*, illustration à la p. 29 de l'étude de Paul Merruau, *op. cit.*
[3] Chalands, sans moyens propres de propulsion, utilisés pour transporter les marchandises à charger ou à décharger, entre le quai d'un port et les navires.
[4] Voir Fig. 3, *Dragues au montage*, illustration à la p. 32 de l'étude de Paul Merruau, *op. cit.*

sous la direction de M. Lieussou[1], eut mission de déterminer le point de la côte où devaient se trouver la tête du canal maritime et la ville que l'on prétendait y bâtir. Parti de Damiette, il arrivait par le lac Menzaléh sur la plage de Péluse, à la hauteur où se trouve la tour Saïd, commençait ses études et arrêtait l'emplacement de la ville future.

Pendant ce travail, à la fin de février 1859, une commission composée d'ingénieurs et présidée par M. de Lesseps partait de Benna sur le Nil, passait par Zagazig, et, reconnaissant tout le parcours projeté du canal, arrivait par le lac à l'emplacement arrêté et prenait possession de la plage.

M. Laroche, ingénieur des ponts et chaussées, fut adjoint à M. Larousse, et la commission partit, leur laissant une dizaine d'Arabes, un drogman et quelques tentes. Le premier coup de pioche sur l'emplacement du canal était donné le jour de Pâques de la même année, et ce coin de terre, placé sous le patronage du vice-roi d'Égypte, se nommait *Port-Saïd*.

Quelques Européens, employés, ouvriers constructeurs et charpentiers, furent envoyés de Damiette et l'on pourvut du mieux qu'il fut possible aux premiers besoins de la petite colonie. Les commencements de l'occupation furent rudes : les nuits humides, les tentes abattues par le vent, les tempêtes, les courses fatigantes de nuit et de jour en mer et sur le lac, rien ne fit, et chefs aussi bien qu'ouvriers ne s'épargnèrent point. Les vivres, l'eau douce, envoyés de Damiette sur des barques, arrivaient jusqu'à la tour de Gémiléh, et étaient amenés au camp, en suivant le bord de la mer, par les chameliers d'El-Arich et du désert que l'on avait pu engager[2]. C'était la vie dans des conditions un peu dures, mais supportée avec énergie, avec entrain, tant le but était ardemment convoité.

Certaines rumeurs cependant circulaient sur l'opposition du gouvernement local aux travaux qui s'exécutaient dans le golfe de Péluse. Des bédouins du désert en armes étaient, disait-on, prêts à fondre sur les travailleurs. La population du lac, d'abord bien disposée, devenait hostile, et le premier effet de ces bruits fut de supprimer tout envoi de Damiette, de rendre invisibles les barques de Mathariéh et de Menzaléh, et de faire disparaître du campement les Arabes et les chameaux pourvoyeurs.

La petite colonie était sous les armes, veillant chaque nuit et bien résolue à se défendre. Un navire venu d'Alexandrie apporta quelques vivres et des machines distillatoires que l'on put monter pour suppléer au manque d'eau douce ; puis on établit des fours, une cantine, quelques maisons, des baraques en planches. Le phare fut construit ; les bois apportés par les bâtiments étaient amenés à la côte, et chefs, ouvriers, matelots, charpentiers, enfonçaient les pieux, dressaient les madriers, travaillaient sans relâche. Il fallait se multiplier, tout faire avec les seules ressources dont on pût disposer.

Le nuage, qui un instant semblait devoir se dissiper, se changea en tempête, et des inquiétudes plus sérieuses encore vinrent menacer l'œuvre commune.

Pendant la guerre d'Italie, une politique étrangère, jugeant sans doute le moment favorable pour ses desseins, agissait sous main à Constantinople, et parvenait à faire déclarer nulle toute concession de terrains consentie au profit de la Compagnie du canal de Suez. Ordre donné par le Divan aux autorités égyptiennes d'avoir à faire cesser les travaux et à renvoyer le personnel qui avait pris possession du golfe de Péluse ; assemblée à Alexandrie des consuls généraux intimant à leurs nationaux d'avoir à quitter immédiatement Port-Saïd ; notification de notre consul général à M. Sourour, vice-consul à Damiette, portant qu'il eût à signifier à l'ingénieur, représentant la Compagnie, d'évacuer les travaux commencés, tout cela vint comme la foudre. La notification était datée du 10 novembre[3] et l'évacuation devait être entièrement effectuée le 25 : il y avait dans ces injonctions quelque chose de dérisoire, car il était matériellement impossible, alors qu'on eût cédé aux ordres du Divan, de pouvoir enlever, dans un laps de temps aussi court, tout le matériel installé, et le sauver d'une destruction complète. Autant eût valu le jeter à la mer.

---

[1] Aristide Lieussou (1815-1858), ingénieur hydrographe de la marine impériale de France et membre de la commission internationale pour le percement de l'isthme de Suez.
[2] Voir Fig. 4, *Groupe de chameliers près du canal de Suez*, illustration à la p. 12 de l'étude de Paul Merruau, *op. cit*.
[3] D'après le témoignage de François-Philippe Voisin, l'envoi à Félix Laroche, ingénieur des Ponts et chaussées et chef du service de la Compagnie à Port-Saïd, par le vice-consul de France à Damiette datait du 10 octobre 1859 : tous les Français ou protégés français employés au service de la Compagnie du canal devaient, à partir du 1er novembre, abandonner leurs travaux, s'ils ne voulaient point s'exposer à encourir les mesures de rigueur que l'autorité locale pouvait employer contre eux (Voisin-Bey, *Le Canal de Suez*, t. I, Paris, Vve Ch. Dunod, 1902, pp. 160-161).

La décision prise par les consuls généraux avait fait disparaître tous les ouvriers étrangers, Grecs, Maltais, Allemands et Italiens ; il ne restait au campement que les Français. M. Laroche les assemble, leur fait part de la notification reçue, et leur demande s'ils sont dans l'intention, quelque restreint que soit leur nombre, de rester avec lui, et de se défendre quand même sur la pointe de sable qu'on veut leur disputer. Tous concluent unanimement à la défense, et M. Laroche écrivit au vice-consul de Damiette pour protester contre la notification signifiée[1], déclarant qu'il resterait au poste que M. de Lesseps lui avait confié et ne le quitterait que sur les ordres précis et formels que ce dernier lui transmettrait.

M. de Lesseps, alors en France, en référait au conseil supérieur de l'administration du canal des événements qui se passaient en Égypte. Une illustre protectrice[2], que l'on trouve sur le chemin de toute misère à soulager comme de toute noble cause à défendre, intercédait pour la cause opprimée ; le gouvernement de l'Empereur agissait, et vingt-quatre heures avant le jour fixé pour l'interruption des travaux, une dépêche télégraphique arrivait à Alexandrie, enjoignant au représentant de la France d'avoir à empêcher toute manifestation hostile contre l'entreprise commencée. La paix de Villafranca[3] venait de se conclure, les espérances fondées, sans doute, sur des complications difficiles pour notre pays, rentraient dans l'ombre, et les travaux purent être continués.

Si j'avais à porter un jugement sur toute cette période que je viens de faire passer sous vos yeux, je dirais que toute œuvre grande et généreuse est féconde et ne peut périr. Entravée un instant, menacée dans ses débuts, elle résiste, elle triomphe. Si un homme l'a conçue, s'en est fait le propagateur ; s'il y a dépensé ses forces, sa vie entière, c'est qu'il a senti que cette œuvre, mûre pour le temps, répondait à tous les besoins, que, lancée dans le monde, elle ne pouvait disparaître et devait atteindre sûrement son but. Je n'en veux pour preuve que l'accueil qu'elle a reçue, les sympathies premières qui l'ont entourée. Pensez à cette plage solitaire il y a deux ans à peine, et voyez-la aujourd'hui telle que je vous l'ai décrite.

Cette ville qui s'élève, ce canal qui se poursuit, ce nombre de voyageurs, de curieux qui les visitent ; — hier des princes de la famille d'Orléans, aujourd'hui le comte de Chambord qui, abordant à Port-Saïd[4], disait : Messieurs, ce n'est pas seulement un actionnaire, mais aussi un Français qui vient visiter vos travaux, — tout nous parle éloquemment de la grandeur de l'entreprise, de l'influence que nos idées exercent, et de ce souffle généreux qui, parti de la France, vient féconder le désert et ces rivages muets jusqu'alors.

10 décembre.

J'habite, sur la plage même, une des premières maisons qui forment la ligne du quai ; l'hôte inconnu dont j'occupe la chambre est dans ce moment au désert, je prends possession de ses meubles et j'hérite également

---

[1] Selon François-Philippe Voisin, cette lettre de protestation date du 11 octobre 1859. Félix Laroche y fait valoir que la mesure en question porte le plus grand préjudice aux intérêts qui lui avaient été confiés et que le délai accordé est « illusoire », « quand il s'agit d'enlever un matériel aussi considérable et d'une aussi grande valeur que celui existant à Port-Saïd. » Raymond Sabatier, consul général de France au Caire, écrit le 17 octobre 1859 au consul général de France à Damiette : « Il n'est pas admissible, en effet, qu'un agent subalterne de la Compagnie proteste contre une décision du Gouvernement égyptien » (Voisin-Bey, *op. cit.*, p. 161). Ces mesures d'expulsion par la force ne furent pas mises à exécution. Un peu plus tard, le consul général de France, Raymond Sabatier, fut déplacé. Le 23 octobre 1859, l'empereur fit comprendre que la Compagnie pouvait compter sur sa protection.
[2] L'impératrice Eugénie.
[3] Préliminaire du Traité entre la France et l'Autriche, après la guerre de 1859, qui déjoua momentanément les agissements persistants de la diplomatie anglaise contre le canal de Suez.
[4] Un article signé MAC SHEELY, dans le périodique de la Compagnie du canal, rend compte de la visite du comte de Chambord à Port-Saïd, en précisant que, le 2 décembre 1861, il débarqua à Mansourah, gagnant le même jour Damiette, « et de là Port-Saïd sur le bateau à vapeur de la Compagnie de Suez. […] M. le comte de Chambord s'y est arrêté deux jours. » Sa visite fut sous la conduite de l'ingénieur en chef, M. Voisin. « Le chalet de l'ingénieur de Port-Saïd, M. Laroche, lui fournit une hospitalité qui avait un grand prix » (*L'Isthme de Suez : journal de l'union des deux mers*, n° 133, 1er janvier 1862, p. 8).

de son domestique, vieux soldat polonais, qui a dû brûler plus d'une cartouche dans les guerres de Bem et de Kossuth[1], et qui joint à ses fonctions de valet de chambre l'emploi de gardien du phare.

Sur cette plage où l'air salin arrive sans obstacle et comme parfumé d'âcres senteurs, la mer se déroule en toute liberté, et jusqu'à l'horizon s'étale la nappe bleue de ses eaux que bordent des flocons d'écume ; chaque soir je m'endors au bruit de cette rude berceuse[2], et le matin j'entrouvre mon rideau pour la saluer au réveil.

La plage déjà est animée : les goélands et les mouettes pêchent dans la vague, la jetée est couverte de travailleurs qui continuent les enrochements, enfoncent les pieux des pilotis ; les barques vont et viennent du port à la rade ; les Arabes roulent sur la côte les bois et les madriers, chargent dans des *couffes*[3] les sables qui servent à remblayer les maisons ; les idiomes les plus divers se croisent et s'échangent, les fardeaux se soulèvent, les wagons roulent, et la chanson du travail vole dans l'air alerte et joyeuse.

Port-Saïd est bien une ville : nous comptons 1,023 Européens et 1,578 Arabes, nous avons restaurants, cafés, laiterie, tailleur et cantines. Je lis au-dessus d'une porte : *Fabrique de limonade gazeuse et eau de Seltz*, puis sur le toit d'un gourbi[4] est l'enseigne suivante peinte en bleu de ciel : *Dizard, coiffeur*, et au-dessous dans une montre, deux figures en cire plus vraies que nature : un monsieur, cheveux en coup de vent, favoris à l'anglaise, et une dame bouche en cœur, bandeaux relevés, à l'instar de Paris. Vous voyez que rien ne manque : si la vareuse rouge domine, si les cheveux courts et la barbe entière sont en majorité, ce n'est pas faute d'artistes disposés à prêter les lumières de leur art, et la Salente[5] antique, au moment de son édification, n'a jamais à coup sûr contenu de pareils éléments de prospérité.

C'est entre le lac, la mer et le canal maritime, qu'est bâtie la ville. Du haut du phare et comme placés au centre d'un grand cercle, nous pouvons prendre connaissance du panorama qui se développe à nos pieds. Au nord, les groupes des maisons séparées par des rues, des gourbis, de nombreuses tentes blanches ; puis, reliés à la ville par des réseaux de chemin de fer, les ateliers, les forges, le bassin de carénage, les chantiers de construction et des dragues ; au sud, le chenal maritime qui vient se jeter dans la mer perpendiculairement à la côte ; les boucheries, le village arabe[6], les chantiers de la marine, communiquant avec la ville par un pont qui traverse le canal : puis de tous côtés une immense nappe d'eau : au nord et à l'est, la grande mer qui baigne nos rivages ; à l'ouest et au sud, le lac Menzaléh, vaste bassin de cinquante lieues de circonférence, que traversent quelques voiles et qui s'étend jusqu'à l'horizon.

Si j'avais mission d'ingénieur, quittant les bords de la mer et gagnant les atterrissements du lac, je vous ferais visiter les ateliers ; mais j'avoue mon ignorance en pareille matière, et je doute que vous ayez grand intérêt à une semblable visite. Sachez seulement que le bassin de carénage, que l'on est en train de creuser au moyen des dragues, aura 300 mètres de largeur, et qu'une drague, en service régulier, devra donner 20,000 mètres cubes de déblais par mois. Le port intérieur aura 400 mètres ; le petit chenal par lequel je suis arrivé, 200, et s'avancera dans la mer au moyen de deux jetées dont l'une, celle de l'ouest, opposée à la sortie du golfe, aura 3,500 mètres de longueur ; l'autre, celle de l'est, 2,800. En avant de la première jetée, l'on construit un îlot sur pieux en fonte pour augmenter son prolongement et pour faciliter le déchargement des navires, et j'ajouterai, pour compléter ces renseignements, que les enrochements de la jetée sont faits avec les pierres apportées par les navires, des carrières du Mex, situées près d'Alexandrie, et que ces enrochements seront continués avec les pierres du Gebel Geneffé, quand le canal maritime sera parvenu aux lacs Amers.

Bien des objections ont été faites sur l'établissement d'un port dans le golfe de Péluse. L'on a parlé des alluvions du Nil, des sables, du courant général de la Méditerranée, qui, longeant les côtes de l'ouest à l'est, devait entraîner dans le golfe les limons du fleuve et les sables qu'il charrie, de manière à boucher l'entrée du canal et à envaser le port.

Ces objections ont été l'objet d'une sérieuse réfutation. L'étude du régime des côtes de la Méditerranée et de l'Océan, et les observations faites à Rosette, à Damiette, ainsi qu'à l'embouchure du Nil, ont permis de constater

---

[1] Joseph Bem, qui s'était déjà fait un nom dans les combats de l'insurrection nationale polonaise de 1831, commanda des renforts militaires en Transylvanie, venus en aide, en 1849, à Lajos Kossuth, champion de l'indépendance hongroise vis-à-vis de l'Autriche.
[2] Voir la lettre de Narcisse Berchère à Gustave Moreau, en date du 7 janvier 1862 (Introduction, p. xviii, *supra*).
[3] Amples paniers.
[4] Habitation rudimentaire traditionnelle en Afrique du Nord.
[5] Port qui accueillit Télémaque et Mentor à un moment périlleux de leur aventure.
[6] Voir Fig. 5, *Village arabe près de Port-Saïd*, illustration à la p. 25 de l'étude de Paul Merruau, *op. cit.*

que les matières vaseuses, sous l'impulsion du courant du fleuve, sont rejetées à plus de dix lieues en mer. De plus, l'on est aujourd'hui certain que le grand courant méditerranéen n'entre pas dans le golfe de Péluse. Mais en supposant même que son action pût s'y faire sentir, il est hors de doute que la quantité de sable charrié viendrait s'arrêter à la grande jetée de l'ouest qu'elle ne ferait que consolider, et que par suite de l'élévation des eaux du lac Menzaléh au-dessus de la mer, le courant qui s'établira dans le canal maritime sera suffisant pour transporter au loin ou détruire la barre formée à l'origine des jetées par les lames de fond.

Telle est en quelques mots la théorie émise par M. le directeur général des travaux, Mougel Bey, dans son rapport sur le régime de la baie de Péluse ; je la note seulement pour mémoire, sans la discuter ou la juger, aimant mieux vous bailler quelque petite signifiance de la promenade que je viens de faire sur le lac Menzaléh, car je m'aperçois que, jusqu'ici, je ne vous en ai encore parlé que bien sommairement.

Il y a trois jours que je suis parti pour visiter les ruines de Sâne, — l'antique Tanis, — monté sur une des barques du pays, bien muni de matelas, de couvertures, et emportant force cartouches, sur la promesse que l'on nous fait, à mes deux compagnons et à moi, d'une chasse abondante.

Les bateaux du lac[1], gréés comme ceux du Nil, n'ont qu'une seule voile triangulaire dont le mât est placé vers l'arrière, aux deux tiers de leur longueur totale. Ils sont à fond plat, à cause du peu de profondeur des eaux, n'ont pas de pont, mais seulement à l'avant une cabane soit en bois, soit en sparteries[2], posant sur une perche transversale et appuyée sur les plats-bords. Plongeant de l'arrière à l'endroit du gouvernail, contrairement aux autres barques dont la poupe est plus relevée que la proue, et vus sur l'eau qu'ils dépassent à peine, ils présentent une forme tout à fait analogue à celle du poisson.

Notre équipage se compose de deux hommes et d'une petite fille en guenilles qui se tient au gouvernail ; c'est un laideron qui promet d'avoir un jour un assez joli visage.

Nous quittons Port-Saïd en nous dirigeant vers le sud-ouest. Pendant que nous dépassons des terres basses et quelques îlots, et que notre barque s'incline mollement sous le vent qui gonfle sa voile, je puis vous parler à loisir de la topographie du lac pour vider cette question.

Le lac Menzaléh s'étend depuis Damiette jusqu'aux ruines de l'ancienne Péluse ; séparé de la mer par un étroit cordon littoral ou *lido* composé de sable, il se développe sur une longueur de 52 kilomètres et une largeur moyenne de 30 à 40. Cinq bouches ou *boghaz* le mettent en communication avec la mer. En allant de l'est à l'ouest, on trouve au fond du golfe l'ancienne bouche Pélusiaque, aujourd'hui Bogahz de Tinéh, l'ancienne bouche Tanitique, Bogahz d'Oum Fareg, le chenal maritime actuel de Port-Saïd, la bouche de Gémiléh qui a une largeur de 385 mètres et une profondeur d'un mètre dans les basses eaux, et enfin la bouche de Dibbéh qui a donné son nom à la partie du golfe où se trouve bâti Port-Saïd, ancienne bouche Mendésienne, aujourd'hui supprimée.

La forme du lac est celle d'un triangle scalène qui aurait sa base appuyée à la mer et son sommet dans le désert sur El-Kantara. Malgré ses bas-fonds, laissés à sec pendant la saison d'été, il est navigable à peu près partout, excepté vers le fond du golfe, El Kantara et les ruines de Daphné.

Couvert de bancs et d'îlots sur lesquels on trouve les traces d'anciennes occupations, comme Tennis, Tounéh, Sethrum, il s'avance d'un côté vers les cultures depuis Menzaléh jusqu'à Damiette, de l'autre vers les terres basses de la plaine de Péluse formées de limon et couvertes par le Nil au moment de l'inondation. Les ruines de Péluse, près desquelles devait passer le canal maritime dans l'avant-projet, se trouvent à 3,000 mètres environ de la mer, en avant de hautes dunes se prolongeant jusqu'aux montagnes de Syrie, et dans une plaine basse qui, suivant la direction d'El-Arish, sépare le lac Menzaléh des lacs Sirbon et Baudoin.

La population du lac, composée en grande partie de pêcheurs, se groupe sur deux points principaux : Matharieh sur le lac et Menzaléh à quelque distance dans l'intérieur des terres.

Voilà dans son ensemble sa configuration générale ; maintenant faites-y voguer les flottilles de barques occupées nuit et jour à la pêche ; peuplez l'espace de longues files de flamants, de pélicans et de grues ; voyez ses eaux aujourd'hui calmes se creuser parfois en longues lames sous le souffle des vents, vous aurez sa physionomie.

---

[1] Voir Fig. 6, *Barques du lac Menzaleh*, illustration à la p. 24 de l'étude de Paul Merruau, *op. cit.* L'album de Berchère contient aussi une image au même intitulé (voir Annexe, n° 8 de l'inventaire Prost).
[2] Travail artisanal avec du sparte.

Le soleil vient de se coucher dans un beau ciel où flottent quelques nuées tachetées de pourpre et de violet ; à un court crépuscule succède une nuit tranquille, et le vent qui vient mourir dans la voile nous fait glisser sur l'eau unie comme un miroir. La petite fille qui se tenait au gouvernail vient de s'étendre en ramenant sur elle ses vêtements, comme un oiseau fatigué courbe la tête sous son aile, et nos hommes assis et enveloppés de leurs manteaux se mettent à chanter aux étoiles.

À l'aube, nous arrivons à Mathariéh. C'est ici que le prodige de la pêche miraculeuse se renouvelle chaque jour : les barques arrivent chargées de poisson. Dans le village, dans les maisons et sur les berges, c'est une odeur effroyable dont sol, gens, barques, tout s'imprègne : aussi, après un rapide coup d'œil à la mosquée et au bazar, nous éloignons-nous au plus vite.

C'est de Mathariéh et de Menzaléh que vient tout ce poisson saumuré et salé que l'on trouve sur les marchés de l'Égypte et qui sert de nourriture au bas peuple.

Les pêcheries du lac, dont le gouvernement tire de grands profits, sont entre les mains d'un fermier qui les exploite et en a le monopole. Aussi M. le président du canal, mû par ce généreux esprit d'humanité dont il a donné tant de preuves, a-t-il, dans l'intérêt des populations du lac, sollicité du vice-roi la liberté de la pêche et le paiement direct de l'impôt par chaque pêcheur. Si, comme nous l'espérons, cette répartition et nouvelle et meilleure est adoptée par son Altesse, ce ne sera pas un des moindres bienfaits qu'aura amenés notre présence au désert.

Chaque nuit les barques partent en flottille pour aller poser leurs filets dans les endroits les plus poissonneux du lac, laissent un homme commis à leur garde, et viennent le relever quand le jour commence à poindre. Nous rencontrons en route plusieurs de ces pêcheries, indiquées par de longues perches, des bouées flottantes et de petites plates-formes, peu élevées au-dessus de l'eau, tantôt artificielles, tantôt formées de roseaux. C'est là que le gardien se tient blotti, surveillant de l'œil ses filets dont la longue corde est attachée près de lui, guettant au passage et suivant du long canon de son fusil le gibier qui arrive à sa portée. Il n'est pas de langue de terre, pas de longue savane couverte de joncs et de roseaux, qui ne soit habitée par de nombreuses troupes d'oiseaux ; leur nom est légion ; l'air est plein de battements d'ailes ; mais, hélas ! sitôt que la barque s'approche, toute la gent emplumée s'envole pour aller se poser plus loin ; adieu la chasse : la poudre disparaît en fumée, le plomb et la balle vont on ne sait où. Je ne connais rien de plus farouche que ces maudits canards, et je pense avec regret à ces exploits de la basse Égypte, si nombreux que le mât transversal de la *dahabiéh*[1] présentait le coup d'œil appétissant de la devanture d'un rôtisseur à la veille de Noël bénie. Quels beaux trophées d'oiseaux pendus par les pattes, et quels beaux coups de fusil !

Nous entrons dans la branche tanitique. Le fleuve coule à pleins bords entre deux larges rives couvertes de prairies et de cultures. Les dourahs[2] (*sorghos*) sont coupés, mais la terre offre encore un riant tapis de verdure. Quelques villages se montrent entourés d'arbres, des buffles tournent une *sakieh*[3] (noria), des bœufs ruminent, des troupeaux de moutons sont à paître, et nous dépassons le barrage de Guslaï, où les barques vont chercher l'eau que l'on boit à Port-Saïd, pour arriver vers les deux heures à Sâne.

Le village est sur la rive, tandis que l'ancienne Tanis est plus en arrière sur de hauts monticules couverts de débris de poteries et de briques. L'enceinte de la ville devait être considérable et s'étendre jusqu'au bord du Nil, à en juger par les décombres répandus sur un grand espace.

Dans un cirque irrégulier formé par les collines, nous rencontrons d'abord un linteau de porte avec les pierres de sa base encore debout, et plusieurs obélisques brisés et couchés à terre, plus loin des fragments de colosses à la tête couverte du pchint[4] [sic], des sphinx portant un cartouche gravé sur l'épaule, des fûts et des chapiteaux de colonnes à fleur de lotus.

Nous tombons au milieu d'une escouade de travailleurs, s'escrimant avec la pelle et la pioche sous la direction d'un surveillant, grand diable de Barbarin qui s'acharne à notre poursuite et veut nous expliquer les antiques,

---

[1] Barque de grande taille, à voile triangulaire et à rames, transportant des voyageurs et des marchandises sur le Nil.
[2] Gros mil. Dans le tableau exposé par Berchère au Salon de 1863, *Enfants gardant les moissons de dourahs (Nubie)* (Orléans, Musée des Beaux-Arts), deux jeunes Nubiens, montés sur un échafaud formé par des troncs d'arbres et des branches liées entre elles, font le guet pour épouvanter les oiseaux d'un champ de sorghos.
[3] Machine hydraulique égyptienne servant à l'irrigation, composée d'une roue à godets, actionnée par des bœufs tournant en manège.
[4] Orthographe actuelle : « pschent ».

koïs, bono, bono, dans un baragouin, agréable mélange d'italien, de turc et d'arabe. Il crie, agite ses grands bras, secoue son bâton ; c'est un matassin échappé à la cérémonie du *Bourgeois gentilhomme*, c'est le dragon commis à la garde de ces ruines ; il nous surveille d'un œil jaloux, tant il lui semble que chaque regard que nous promenons sur un fragment d'obélisque, sur une figure, doive avoir la vertu de la faire passer dans notre poche, et je crois que le jour où l'on aura découvert la nécropole et les objets précieux que renferment les tombes, il ne dormira plus.

Pour lui échapper, nous montions au plus haut des collines d'où, tranquillement assis, nous pouvions embrasser l'ensemble du paysage. On apercevait le désert, le petit village de Sâne, où notre barque était amarrée, la bouche Tanitique qui se perdait à l'horizon au milieu des verdures, sous nos pieds les ruines et les fouilles, et dans le ciel un aigle et quelques oiseaux de grand vol qui planaient immobiles.

— Savez-vous, me dit un de mes compagnons, que nous sommes en présence de l'antiquité la plus respectable, et que nous avons affaire à une ville qui existait avant la venue d'Abraham en Égypte ? Ces fouilles de Tanis ont permis à M. Mariette[1] de faire plus d'une découverte importante. Un cartouche trouvé sur l'épaule d'un des sphinx a donné le nom du pharaon dont Joseph était le premier ministre. Les pharaons auraient alors habité Tanis tout aussi bien que Memphis, puisqu'il est dit dans la Bible que les Hébreux qui résidaient dans la terre de Gessen allaient en une journée de Rhamsès, — l'ancienne Pithoum, — à la résidence des Pharaons dans le sud du lac.

De plus, le type des colosses et des sphinx offre une complète ressemblance avec le type de la population actuelle du lac Menzaléh et s'éloigne de celui des habitants de la vallée du Nil, qui sont de race éthiopienne. Les habitants actuels seraient donc les descendants de cette race étrangère, probablement d'origine sémitique, qui, marchant à la conquête de la basse Égypte, aurait refoulé la race éthiopienne, et pris possession de toute la partie qui s'étend de la pointe du Delta à la mer.

— Je me rappelle avoir vu, lui dis-je, dans les tombes de Beni-Hassan (*spéos Artemidos*), qui datent de la douzième dynastie, des peintures représentant des personnages blancs, qui font contraste avec les figures éthiopiennes et égyptiennes peintes en rouge et en noir. On a cru reconnaître dans ces représentations d'hommes différents par le type des populations de l'Égypte, et accompagnés de bœufs et d'ânes portant des bagages, l'émigration des peuples pasteurs ou *Hyksos*, qui demandaient asile sur cette terre qu'ils devaient conquérir un jour, terre où nous les voyons sous la dix-septième dynastie, au moment du séjour de Joseph en Égypte, régner concurremment avec les Pharaons.

— Tanis, reprit mon interlocuteur, eût été alors occupé par eux de longue date, et en cela, nous sommes d'accord avec la Bible, puisque ces tombes dont vous parlez, et qui relatent leur venue en Égypte, remontent à la douzième dynastie, que l'arrivée d'Abraham eut lieu sous la seizième, celle de Jacob sous la dix-septième, et la sortie des Hébreux conduits par Moïse sous la dix-huitième. Maintenant, je vous livre ces commentaires pour ce qu'ils valent, attendant qu'une étude approfondie de M. Mariette ait éclairé ce point douteux des origines des peuples pasteurs.

— La science est, par ma foi, une belle chose, s'écria mon second compagnon, qui jusqu'ici avait gardé le silence, mais à voir les interprétations contradictoires auxquelles sont soumis et les papyrus et les hiéroglyphes par les déchiffreurs, abstracteurs de quintessence, comme les appellerait Rabelais[2], je m'en tiens à un sentiment purement plastique et me fie peu aux commentaires. En fait d'antiquités, j'aime mieux ces ruines qui couvrent la haute Égypte, et je me laisse aller à un vrai sentiment d'admiration en face des colonnades et des sculptures de ses palais et de ses temples, sans prendre au sérieux la mythologie fantastique, la morale douteuse, et les dieux à tête de chacal, de loup, d'ibis ou d'épervier, des Égyptiens d'autrefois.

— Avec vous, lui dis-je, le champ des investigations serait réduit à bien peu de chose, et je ne puis être de votre avis. Mais votre indifférence a ceci de grave, qu'elle vous fait tomber dans une erreur commune à bien des gens. Si l'on a ri de ces dieux à tête difforme, et de leurs incarnations successives, c'est que l'on a confondu le fait

---

[1] La ville de Tanis, capitale d'une Égypte divisée sous la XXIe dynastie, resta une métropole importante jusqu'à la fin de l'Époque ptolémaïque. Auguste Mariette est le premier à y réaliser des fouilles de grande envergure, entre 1860 et 1868. Voir Georges Goyon, *La Découverte des trésors de Tanis*, Paris, Pygmalion (2004) ; *Des Dieux, des tombeaux, un savant : en Égypte sur les pas de Mariette Pacha*, Catalogue de l'exposition du même nom à Boulogne-sur-Mer, éd. Marc Desti, Paris, Somogy (2004).
[2] C'est par allusion à la prétendue dignité de l'appellation que se donnaient les alchimistes que Rabelais, à la tête de son *Gargantua*, prend le titre d'« abstracteur de quintessence ».

avec le symbole, l'idée avec le signe représentatif qui l'exprime et le traduit. Les animaux desquels vous parlez étaient adorés non comme divinités, mais comme images de la divinité elle-même. Si le scarabée passait pour le symbole de la vie qui succède à la mort, c'est parce qu'il était, dit-on, le premier insecte qui se montrait sur la terre après l'inondation. O père de toute vie ! viens, je t'en conjure par tes rives, dit la chanson du *fellah* en parlant du Nil, qui arrive tranquille et pacifique, apportant avec ses eaux gonflées, la richesse et la fécondité. Un chant de bonheur l'accueille aujourd'hui, et la sculpture antique, toujours grave, l'avait personnifié par un dieu portant de riants génies dans ses bras.

Rien n'était ridicule dans cette théogonie antique, et tout y avait un sens, une signification, tout y était beau, grand, dans les arts, les sciences, aussi bien que dans cette morale qu'il vous plaît d'appeler douteuse, à cause peut-être de certains rites sur la génération dont vous ne voulez pas pénétrer l'idée. Rappelez-vous ces belles paroles d'un rituel funéraire trouvé à Thèbes aux tombeaux des rois :

« Je n'ai pas blasphémé, s'écrie le mort, je n'ai pas commis de fautes, je n'ai pas retiré le lait de la bouche des nourrissons, j'ai donné à manger à celui qui avait faim, j'ai donné à boire à celui qui avait soif, j'ai fourni des vêtements à celui qui était nu. »

Voilà ce que faisaient dire à leurs rois ceux dont l'âme, après la mort, voyageait aux régions de l'*Amenti*, qui considéraient les habitations des vivants comme des hôtelleries, et nommaient les sépulcres des demeures éternelles. Croyez que ces bâtisseurs pour l'éternité qui, dans leurs monuments, avaient trouvé les formes les plus pures et les plus sublimes, avaient aussi en morale les idées les plus grandes et les plus hautes, et que chez eux l'homme était à la hauteur de l'artiste.

Nous restâmes quelque temps en silence à contempler les horizons lointains et les ruines qui, déjà se couvrant d'ombre, semblaient disparaître comme le passé que nous avions évoqué ; puis, laissant la colline, nous redescendîmes au village de Sâne, que nous quittions au coucher du soleil pour entrer au matin à Port-Saïd, en même temps que les barques qui, chaque jour, amènent l'eau douce de Damiette et du barrage de la branche tanitique.

L'eau ici joue un grand rôle, et en attendant que Port-Saïd ait de l'eau qui lui appartienne, ce qui ne peut manquer un jour ou l'autre, car déjà l'on s'occupe des moyens de l'y faire arriver[1], l'on vit sur celle des barques ou de la machine distillatoire.

Voici venir du village arabe une longue file de femmes avec la cruche renversée sur la tête, et des petites filles portant dans leurs mains des gargoulettes. Rangées le long du chenal, au pied du grand réservoir, elles forment un groupe pittoresque, et ce peuple de noirs fantômes est d'une grande tournure, s'enlevant par une silhouette vigoureuse sur le fond du ciel, les voiles des barques, les objets brillants et lumineux qui l'entourent. La distribution de l'eau commence : la cruche pleine passe des mains sur la tête où elle oscille un instant, et, pareilles à des cariatides, les femmes s'éloignent, le corps rejeté en arrière avec cette cambrure de reins qui fait saillir la poitrine, enveloppées dans la robe aux longs plis droits, le voile flottant sur la tête, le tout dans une ligne si sculpturale, qu'elle fait penser aux bas-reliefs de Phidias.

Encore un regard jeté sur cette ville nouvelle, sur les transformations qu'elle subit chaque jour, et je quitte cette mer au flot bleu qui me sépare du doux pays de France : au revoir, mon ami ; maintenant au désert.

✻

El-Kantará, 12 décembre.

Je suis arrivé hier au soir au campement d'El-Kantará, par une nuit triste, sous un ciel morne où des nuages bas, chassés par le vent, masquaient et découvraient tour à tour le champ des étoiles, et donnaient à ce qui m'entourait l'aspect d'une chose plutôt rêvée que vue.

---

[1] NOTE DE L'AUTEUR : Au mois d'août 1862, la Compagnie a passé avec M. Lasseron, ingénieur civil à Alexandrie, un traité par lequel ce dernier s'engage à faire, depuis El-Guisr jusqu'à Port-Saïd, et le long du canal maritime, une conduite d'eau qui, partant du canal d'eau douce, et munie de huit maisons de garde avec châteaux d'eau et fontaines, alimentera les stations échelonnées sur son parcours.

La nuit qui précéda mon départ, le vent était passé au Nord-Ouest ; j'entendais son sifflement aigu et la plainte de la mer qui, plus sonore et plus forte, venait battre le rivage. Le matin, le lac étendait ses eaux jaunes et grises sous un ciel couvert de nuages. C'était une toile de Ruysdaël substituée au tableau calme et plein du soleil des jours précédents : des mouettes rasant la terre, un temps sombre et chargé de grains, par instants une trouée dans l'azur douteux, un rayon de soleil tombant sur une partie du lac qu'il emplissait de lumière, pendant que les autres plans demeuraient plongés dans l'ombre. Un frisson d'hiver arrivait comme porté sur l'aile du vent. Mon canot, monté par deux hommes, dansait sur la lame qui venait du large au sortir des passes ; à la hauteur de l'îlot de Cheik-Karpouty, je pouvais faire mettre la voile : Port-Saïd se perdait à l'horizon, et, emportés comme une plume, nous filions rapidement dans la direction du sud, pour arriver bientôt au campement de Raz-el-Eich, en suivant le chenal maritime que nous indiquaient les dragues stationnées sur son parcours.

Raz-el-Eich, appelé aussi *essig* (rencontre de deux eaux), et *Dahabiéh* par les Arabes, à cause d'une barque qui fut amenée du Nil pour servir d'habitation aux ingénieurs et aux employés, alors qu'aucun établissement n'existait encore à terre, est une station intermédiaire entre Kantará et Port-Saïd. Éloignée de ce dernier point de quinze kilomètres environ, assise sur un îlot et composée de quelques tentes et de quelques maisons, elle aide au travail des dragues, à leur approvisionnement et à l'entretien de la ligne du canal.

La rigole maritime qui traverse le lac Mensaléh sur une longueur de quarante kilomètres a quinze mètres de largeur sur deux mètres de profondeur[1]. Elle a été creusée à la drague sur une longueur de dix kilomètres à partir de Port-Saïd, et à main d'homme de Raz-el-Eich jusqu'à El-Kantará, travail facilité par l'absence des eaux, pendant l'été, sur tout ce dernier parcours[2]. De Kantará on a élevé le bourrelet définitif du canal à grande section de cinquante mètres, dans le but de mettre la levée du petit chenal à l'abri des vents du large.

Je quittai la station pour continuer ma route. Le vent, dans ses brusques changements, ne permettant plus de se servir de la voile, nous cheminions lentement à la remonte. Vous connaissez ce mode de traction pratiqué sur tous les cours d'eau. Un homme reste au gouvernail pour diriger la barque, et tout l'équipage saute à terre, halant une longue corde attachée au mât. Le branle est donné, la barque glisse maintenue au fil de l'eau par la barre, et les hommes marchent sur la berge, la corde passée autour de la poitrine et sur les reins.

Vers le coucher du soleil, le temps devint plus froid ; je mis pied à terre, et, tout en marchant pour me réchauffer, je me pris à contempler le pays que j'avais sous les yeux. Le spectacle ne manquait pas d'une certaine grandeur. La ligne du canal avec ses deux berges s'en allait, rigide et droite, se perdre à l'horizon, se confondant, par la perspective, en un point unique sur la station de Raz-el-Eich, que l'on devinait au panache de fumée de ses dragues. Le soleil se couchait tout sanglant à travers les nuées mal essuyées de la pluie ; d'innombrables bataillons d'oiseaux volaient dans le ciel qu'ils rayaient de leurs triangles ; on apercevait, à droite du canal, une longue lagune, mer de boue, avec des flaques d'eau toute grise, qui paraissait se prolonger jusqu'au désert, et à son extrémité quelques taches noires et la crête accentuée d'une montagne dans la direction de la Syrie.

Rien d'apparent que la barque glissant tranquille sur l'eau, qu'une voile paraissant venir sur nous ; rien de vivant que l'homme qui traînait le canot à la remorque, et dont la silhouette s'enlevait sur le ciel par une tache forte et vigoureuse.

La nuit était venue sombre et triste, le vent continuait à souffler, nous passions devant le campement de Ghezir ; des falots qui se promènent dans l'obscurité, une voix qui nous hèle, des chiens qui aboient, puis de hautes berges, et nous arrivions à l'extrémité du canal au campement d'El-Kantará.

Cette journée m'avait paru longue, sérieuse ; cet horizon morne, ce ciel rayé par la pluie, ce vent qui m'avait battu sans relâche, étaient-ce des avant-coureurs de la mauvaise saison, et allais-je trouver l'hiver installé au désert ? J'étais fatigué, grelottant, et je fus heureux de trouver une chambre bien close, un lit chaud sur lequel je me jetai, tout entier au bien-être de l'heure présente.

---
[1] Voir *Première Rigole du canal maritime de Suez dans le lac Menzaléh*, dessin de Berchère in *L'Orient des Provençaux dans l'histoire*, Exposition, Marseille (Archives départementales, Chambre de commerce et d'industrie, Archives de la ville), novembre 1982-février 1983, Marseille, Imprimerie municipale (1982), Fig. 40, p. 443.
[2] L'album de Berchère contient une image de la *Rigole maritime entre Raz-el-Eich et Kantara* (voir Annexe, n° 15 de l'inventaire Prost).

13 décembre.

Une larme entre deux sourires ! Aujourd'hui le ciel est bleu, le soleil se montre, il darde de joyeux rayons ; je retrouve cette température qui jusqu'ici ne m'avait pas fait défaut ; puis le désert que j'appelais, je l'ai là sous mes yeux, et pour de longs mois sans doute. Familier déjà avec toute la région qui, du Mokattan, va jusqu'au Sinaï et à l'Accaba, je ne connais pas encore celle où je viens d'arriver, et je suis curieux de l'étudier et de voir la transformation que lui aura fait subir le travail qui vient d'en prendre possession.

Vous pourriez, cher ami, me demander à bon droit pourquoi, suivant une logique rigoureuse, je ne vous ai pas donné jusqu'ici un aperçu, même succinct, du pays que j'étais appelé à parcourir, et je vois se dresser d'avance une foule de questions sur l'isthme, le canal, son parcours et ses modes d'exécution. Mais prenez patience et permettez-moi de voir, de juger par moi-même, et surtout de ne pas faire montre d'une érudition que je serais allé puiser dans les livres, et que vous pourriez y trouver tout aussi bien que moi. En fait de science, soyons modestes ; mon but est de vous parler le plus élémentairement possible des choses qui doivent vous intéresser, et qu'il est nécessaire que vous connaissiez pour me suivre ; de vous écrire enfin à propos de l'isthme, et bientôt, je l'espère, je pourrai contenter votre curiosité bien légitime. Ces réserves faites, je continue mon récit.

La station d'El-Kantará, — le pont, — se nomme ainsi de Kantará el Khàzneh, *le pont du trésor*[1], qui, placé à l'extrémité du lac Menzaléh, sur une branche se perdant à travers les sables, dessert la grande route de Syrie, et donne passage aux caravanes qui, du Caire, vont, par Belbeis et Salaièh, sur Gaza et El-Arish.

Le campement est situé à un kilomètre du canal, au bout du lac Menzaléh, et au commencement des lacs Ballah, sur un plateau dominant le désert et au milieu des dunes de sable. Dirigé de l'ouest à l'est, perpendiculairement à la rigole qui va du sud au nord, il se compose d'une grande rue à deux rangs de maisons, de magasins, d'un hôpital à la partie la plus élevée de son plateau, d'écuries, de parcs à bœufs, d'un puits surmonté d'une *sakiéh* (roue à godets), muni d'un grand réservoir où s'abreuvent les caravanes. Dans l'est la vue s'étend sur le désert, dont quelques ondulations et des dunes dessinent la forme ; dans l'ouest, sur les fonds des lacs Ballah et le lac Menzaléh dont on aperçoit les eaux.

Des plaques fauves de sable sous un ciel un peu pâle, où se promènent quelques nuages ; dans une grande vallée vers l'est, une végétation sombre et continue, qui ferait croire à une forêt ; des poussières rousses balayées par le vent ; un horizon que l'éloignement fait perdre dans le bleu de l'air ; le sommet de quelques tentes dans le lointain, vers la route de Syrie, des Arabes qui passent le manteau relevé sur l'épaule, le fusil en bandoulière, des chameaux chargés qui allongent le cou pour saisir une touffe d'herbe oubliée ; un silence profond contrastant avec le bruit de la mer qui me berçait naguères ; voilà pour moi le premier aspect du désert.

L'impression est bonne et assez franchement caractérisée, même au pied de cette maison européenne qui sert d'hôpital, et auprès de laquelle j'ai dressé mon observatoire. C'est un lieu où je reviendrai plus d'une fois.

Cet hôpital est un mythe, une maison de plaisance située en bon air, et dont je demanderais bien à être le locataire. Je viens d'y entrer ; des malades, je n'en ai point vu, et le docteur du lieu, — heureux homme, — occupe ses loisirs à faire des fouilles dans les ruines qui nous entourent, et à rassembler en ordre poteries, urnes, vases, statuettes, médailles, tous les débris du passé : pour enseigne deux sarcophages en pierre, où brille une goutte d'eau pour les oiseaux du ciel, pour lancette, une pioche, et un brevet de l'Académie des inscriptions à côté du diplôme de médecin, *artibus et medicinae*.

15 décembre.

Cette après-midi, je suis sorti à cheval pour aller visiter le lac Ballah et suivre le tracé de la rigole maritime que l'on achève, et qui bientôt ira jusqu'aux dunes d'El-Ferdane.

---

[1] L'album de Berchère contient une image intitulée *Pont du Trésor, sur la grande route d'Égypte en Syrie* (voir Annexe, n° 19 de l'inventaire Prost). Voir aussi Fig. 7, *Kantara. – Pont sur la route de Syrie*, illustration à la p. 23 de l'étude de Paul Merruau, *op. cit.*

La navigation du canal s'arrête aujourd'hui à El-Kantará, et canots, trains de marchandises, caisses à eau, stationnent dans un petit port autour duquel se dressent des magasins et des tentes qui abritent les voyageurs de passage.

Quand les travaux s'organisèrent dans l'intérieur de l'isthme, il fut de toute nécessité de pousser le plus activement possible le canal maritime, et d'en faire l'artère de tout ce que l'on pouvait tirer de Damiette et de la mer. Avant qu'il pût être praticable, voyageurs et marchandises étaient obligés d'arriver en barque jusqu'à Sâne par la branche Tanitique, de venir à dos de bête, par Salaiéh, retrouver la grande route de Syrie, et de là joindre la station de Kantará. C'était un trajet de quatre jours, quelquefois plus, tandis qu'aujourd'hui l'on vient facilement en une journée de Port-Saïd. Un chiffre vous fera sentir mieux encore l'importance du chenal ouvert. Le transport de la tonne marchande (mille kilos), qui, par cette route, coûtait 80 francs, ne revient plus aujourd'hui, par le canal, qu'à 3 francs 12 centimes. Aussi le creusement du chenal poursuit-il activement son cours, et en nous éloignant du campement nous pouvons déjà apercevoir la tranchée que l'on est en train d'ouvrir, et les travailleurs qui l'occupent.

Répartis en plusieurs chantiers, divisés en travailleurs libres et en travailleurs fellahs envoyés par les provinces, ils forment des groupes massés sur les parties du canal à ouvrir, et se déplacent à mesure qu'une portion du trajet est achevée. Des piqueurs, des conducteurs européens assignent les tâches, tracent les directions à suivre, et transmettent les ordres aux cheiks, sous l'autorité desquels sont placés les Arabes occupés aux travaux.

Dirigé en ligne droite, sauf quelques courbes peu sensibles nécessitées par la nature du terrain, le canal présente à l'œil une longue tranchée composée d'un plafond, d'un talus sur lequel est ménagée une large banquette, et d'un autre talus élevé sur le côté qui regarde la Syrie, et au sommet duquel on transporte les déblais. L'on voit au milieu de la poussière s'agiter une foule de petits points noirs et gris ; en approchant, la forme se précise : ce point devient un homme qui va, vient, monte, descend, portant une couffe, traînant une brouette, ou se servant de la pelle et de la pioche.

Le long du canal et près des chantiers sont les campements des Arabes, gourbis improvisés en quelques heures avec des perches et des branches de tamaris, dont les dunes du lac sont abondamment pourvues : l'aspect de ces villages de verdure, au milieu desquels se dressent les tentes blanches des cheiks, est pittoresque, surtout vers le soir, quand les feux s'allument, et que les fumées se dégagent des branchages et montent vers le ciel. Voici l'heure qui annonce la fin du travail : les hommes gagnent en courant le bord des talus, se poussent vers les gourbis, et l'on entend dans l'air comme une clameur joyeuse d'écoliers et d'enfants échappés de la classe.

J'aurai occasion de vous parler plus tard du mode des travaux, de la façon dont ils sont répartis et réglés, du sort des travailleurs occupés dans l'isthme ; ce coup d'œil jeté sur des contingents peu nombreux serait insuffisant pour traiter une pareille matière aujourd'hui, et nous y reviendrons. Je constate seulement que cette tranchée du lac Ballah marche activement, que la majeure partie du canal y est faite, et que bientôt elle sera mise en communication directe avec Port-Saïd et la mer.

18 décembre.

Les jours se passent, oublieux que je suis de leur fuite rapide, tout entier à ce qui m'entoure, à ce grand horizon uniforme, à cette mer fauve de sable qui se déroule à l'infini, à ce ciel mobile traversé par de grands vols d'oiseaux ou des nuées en voyage.

Le soleil se couche splendide, tantôt à travers des nuages qu'il teint de pourpre et d'or, tantôt dans un ciel pur et tranquille. Je cours vite à mon observatoire, au pied de l'hôpital : les eaux du lac Menzaléh se colorent d'outremer et d'azur ; la lune apparaît, grandie et toute dorée sur le fond bleu du ciel ; la terre est blonde et éclairée encore : ce n'est plus le jour, et cependant ce n'est pas la nuit ; dans le crépuscule on voit briller les feux des campements allumés dans la plaine ; puis à ce court instant de repos qui suit le coucher du soleil succède un léger murmure, comme un bruit d'ailes invisibles : c'est le vent qui se lève et rase la plaine pour venir mourir sur le point élevé où je suis.

Heureux de retrouver la mobilité, le mouvement, je multiplie mes courses, mes promenades, dans le lac Ballah, au milieu des travailleurs, ou vers le pont de la route de Syrie, quelquefois dans les parties boisées, ou les ravines que s'était creusées le lac Menzaléh, ravines aujourd'hui à sec, depuis que l'on a construit un barrage en aval du pont pour les travaux du canal.

Ces jours-ci, je suis allé jusqu'au puits d'El-Chenan[1], situé à deux heures d'El-Kantará vers l'est, dans une large dépression de terrains formée par les dunes, et au-dessus des bas-fonds du lac Ballah, couverts en cet endroit d'alfas et de tamaris et fréquentés par de nombreux troupeaux de gazelles.

Le puits, dont le niveau est de 6 mètres au-dessus d'El-Kantará, entouré d'une cage en bois, et surmonté d'une pompe pour avoir un plus facile débit, se trouve à fleur de terre. Son eau est limpide, légèrement saumâtre, mais fort potable : c'est elle que boivent les travailleurs échelonnés sur la rigole, et elle est assez abondante pour fournir par jour la charge de cent trente-cinq chameaux.

Une source au désert, c'est un don de la Providence. Elle est le rendez-vous de la caravane, qui vient s'y reposer de ses longues journées de marche ; pas un de ceux dont elle a apaisé la soif ne l'oublie, et l'on s'explique difficilement qu'elle puisse disparaître. C'est cependant ce qui est arrivé à celle d'El-Chenan.

Hag-Salem, le chef des chameliers d'El-Kantará, vint un jour trouver l'ingénieur du campement et lui dit :
— J'ai souvenir d'avoir, dans mon enfance, mené boire mes troupeaux à un puits dont je n'ai plus trouvé trace. Bien des années se sont passées pour moi dans d'autres parties du désert ; mais mon souvenir est vif encore et doit m'aider à retrouver la source disparue. — Des hommes lui furent donnés, et après trois jours de recherches, bien des fois inutiles et sans résultat, dans un entonnoir formé par les dunes, en affouillant le sol, l'on vit briller l'eau, l'œil, 'ayn[2], comme dit l'Arabe : le puits d'El-Chenan était retrouvé. Doutez-vous de mon récit ? Le puits existe, j'ai bu de son eau, et j'y ai vu stationner de nombreuses caravanes, et pour Hag-Salem, si, dans le silence de la nuit, vous entendez retentir le bruit d'une arme à feu, levez-vous vite, et gagnez les ravines du lac, vous y trouverez notre homme à l'affût près d'une hyène qu'il vient d'abattre, et il vous contera son histoire.

20 décembre.

La température est variable, assez fraîche dans la matinée et après le coucher du soleil : ce sont tantôt des journées calmes et chaudes, tantôt des temps couverts, alternés de lumière et d'ombre, suivant les courants qui agitent l'atmosphère et promènent les nuages.

Hier la journée promettait d'être belle, et nous en profitâmes pour aller à Tell-Defféneh, à l'embouchure de la branche Tanitique, et malgré un vent d'ouest assez piquant et assez froid, l'on montait joyeusement à cheval et l'on se mettait en route.

Il y avait une heure que nous étions en marche, quand le ciel, jusqu'alors très-pur, se couvrit d'une brume semblable à celle qui se lève sur nos campagnes dans les journées d'automne. La brume grandit sensiblement et s'étendit bientôt sur tout le ciel, répandant sur la terre une teinte assombrie et presque livide. Le disque du soleil devint tout pâle, et disparut bientôt sous une couche de vapeurs rousses où ne filtrait plus aucune lumière. Le vent qui soufflait par intermittences dégénéra en véritable tempête, et se mit à soulever d'épais tourbillons de sable. C'était une confusion complète, les eaux du lac mugissaient, les arbres pliaient secoués par la rafale, les graviers et le sable nous fouettaient la figure, et l'on ne pouvait voir à dix pas devant soi.

À un tiers de la route, force fut de renoncer à aller plus avant, et il fallut reprendre le chemin d'El-Kantará. Nous croisons une caravane qui passe comme à l'état de fantôme ; à travers l'épais rideau de sable, l'on entrevoit confusément des troupeaux de moutons, une longue file de chameaux et des Arabes, un pan du manteau ramené sur la tête et accrochés au bât de leurs bêtes.

---

[1] L'album de Berchère contient une image avec l'intitulé suivant: *Puits d'El-Chenan, débitant par jour, en eau douce, la charge de 125 chameaux* (voir Annexe, n° 18 de l'inventaire Prost).
[2] L'« aïn », le mauvais œil.

Courbé sur ma selle, le voile sur la figure, les mains occupées à retenir mes vêtements, je me laissais guider par mon cheval, et nous atteignîmes le pont du Trésor pour rentrer au campement, aveuglés et surtout transis.

J'avais déjà rencontré le simoun et senti son haleine brûlante au désert d'El-Tor, il me restait à connaître le kamsin en hiver. Je l'ai trouvé bien plus pénible[1] ; les langues de feu s'étaient changées en aiguillons de froid ; et si j'avais à manifester une préférence, mieux me plairait encore être rôti que gelé et morfondu.

La tempête a duré jusqu'au soir ; étendu sur mon lit, j'entendais les assauts qu'elle livrait à la porte et aux fenêtres ; la meute aboyait précipitée, impétueuse ; un instant elle a fait irruption dans la chambre, soulevant papiers, dessins, livres épars sur la table, et les couvrant de sable. Plusieurs tentes ont été enlevées, et le chef d'un des campements du lac arrive partager notre dîner, muni d'un gigot de gazelle qu'il a pu sauver du naufrage de sa cuisine, emporté dans le désert par un tourbillon de vent.

✳
✳ ✳

22 décembre.

Revanche complète ! Hier l'horizon se dégageait dans le pied du vent, et le temps presque calme m'a permis de faire une longue promenade jusqu'aux ruines de Magdolum (l'ancienne Migdol), situées assez avant dans l'est.

Nos établissements ont donné au désert une sécurité précieuse, et l'on peut aujourd'hui aller seul et au loin, sans avoir à redouter la rencontre de quelque rôdeur, ou d'une troupe de ces bédouins écumeurs du désert qu'attirait jadis autour d'El-Kantará le passage des nombreuses caravanes qui s'en allaient en Syrie.

Ce matin nous avons repris la route de Tell-Deffenéh, où nous comptons bien arriver cette fois. Le pont du Trésor franchi, pont en dos d'âne et bâti sur deux arches, nous prenons une longue chaussée bordée à notre droite par les eaux du lac, et appuyée à notre gauche sur un rempart de dunes rougeâtres très-hautes, couvertes de grands tamaris, et dans l'intervalle desquelles nous apercevons le désert qui se dessine par des ondulations de sable et des collines. Parfois nous nous approchons du lac jusqu'à toucher ses eaux, et sa nappe tranquille nous apparaît couverte de bandes de pélicans et de flamants roses, si nombreux qu'ils semblent une côte basse dorée par le soleil. Des tourterelles et des colombes qui voltigent sur les arbres nous annoncent l'approche de l'eau douce, et un affaissement de terrain nous laisse voir deux collines rougeâtres couvertes de briques et de pierres, au pied desquelles coule la branche pélusiaque du Nil qui, traversant le lac, va se perdre dans les basfonds de Péluse.

Il faut remonter encore l'espace de 2 kilomètres jusqu'au barrage que l'on vient d'établir, pour trouver un volume d'eau important, d'eau douce surtout, car plus bas les eaux du lac viennent se mêler à celles du Nil qu'elles imprègnent de sel. Leur saturation est considérable. De deux degrés et demi pendant l'hiver, elle monte pendant l'été jusqu'à dix, par suite de l'évaporation que cause le soleil sur cette masse d'eau qui n'a pas moins de cinquante lieues de circonférence.

Nous trouvons au barrage le campement dont nous avions rencontré la caravane l'avant-veille ; il est établi sous ses tentes, et les hommes sont occupés à faire le bourrelet d'un petit canal qui, passant sur les bas-fonds du lac à sec pendant l'été, ira porter les eaux du Nil à El-Kantará. La branche pélusiaque, qui a 100 mètres environ de largeur et coule entre deux rives toutes vertes, se perd vers le sud dans la direction de Salaiéh, le pays des dattes et des cultures ; elle fait de nombreux méandres, enceignant, dans son parcours, de petits îlots couverts de joncs, de butomes et de lotus, où se jouent et se poursuivent des ramiers bleus et des bandes de petits oiseaux blancs et gris.

La ville de Daphné (Tell-Deffenéh) était bâtie sur ces collines rougeâtres que nous apercevions en arrivant. Des briques, des fragments de poteries et de verre, des pierres marquant des enceintes, sont semés sur un large espace. On a trouvé, dit-on, beaucoup de médailles et de petites statuettes en terre vernissée. Le Nil coulait entre la ville et la nécropole qui s'élève sur la colline qui lui fait face.

---

[1] Voir la lettre de Narcisse Berchère à Gustave Moreau, en date du 7 janvier 1862, où il raconte cette expérience du khamsin du côté de Tell-Deffenéh (Introduction, p. xviii, *supra*).

Pour arriver jusqu'aux ruines, nous avons traversé un terrain couvert d'efflorescences salines où le pied des chevaux s'enfonçait profondément, et qui a dû être occupé par des cultures, grâce au fleuve et à des irrigations bien ménagées. La nature du sol l'indique, et l'on sent que, par le travail des bras et des lavages faits par le Nil, cette terre pourrait produire encore, et qu'un jour peut-être une colonie nouvelle viendra relever les ruines de l'antique Daphné. À Kantará, le désir vole déjà au-devant des temps promis. De par le Nil, l'on croit voir des jardins, des fleurs, des légumes : éternel rêve des pays qui ont soif, une goutte d'eau et un brin d'herbe. Du haut des collines, j'embrassai dans leur ensemble le désert, le fleuve silencieux, les eaux bleues du lac, et nous reprîmes le chemin d'El-Kantará où nous arrivions au coucher du soleil.

Au revoir, ami, il se fait tard, et il faut songer aux préparatifs du départ. Demain je traverse les lacs Ballah pour aller à El-Guisr.

∗∗

El-Guisr, 24 décembre.

Je laissai aujourd'hui le cheval, et, prenant pour faire ma route un dromadaire, je quittai le campement d'El-Kantará aux premières heures de la matinée. Un dernier regard au lac, des mains que l'on presse en se disant au revoir, et en marche. Un Arabe, enfant d'une douzaine d'années, m'accompagne. Il est juché sur le dos de la bête qui porte le bagage, les pieds pendants, se laissant aller au mouvement cadencé de l'animal. Dort-il ? Je le croirais presque à voir sa tête aller de l'arrière à l'avant, si je n'entendais sa voix qui excite le pas de sa monture et son chant, mélopée bizarre, qui m'arrive apporté par le vent.

Je dépasse les gourbis, les divers campements, le tracé du canal, toujours occupé par les travailleurs, et je me trouve au milieu des lacs Ballah.

Ces lacs, dont la circonférence est de dix-huit à vingt lieues, sont dirigés du sud-est au nord-ouest et séparés du lac Menzaléh par un cordon de dunes et par le désert. Le fond n'en est pas uniforme ; de 65 centimètres au-dessous du niveau de la mer, parsemé de coquilles, et offrant de vastes gisements de plâtre, il comporte plusieurs bassins divisés entre eux par des exhaussements de sable et semés de buissons de tamaris.

À droite la vue est bornée par des dunes à arêtes vives ; à gauche, au delà du canal, elle s'étend sur des parties boisées d'un vert sombre où se forment constamment des mirages.

Je n'ai aperçu sur ma route que quelques tentes et un petit convoi de chameaux se dirigeant sur El-Kantará. Le temps était chaud, la solitude profonde ; on n'entendait d'autre bruit que le susurrement des insectes tapis dans les touffes des hautes graminées, et la note vibrante de l'alouette qui chantait invisible dans le bleu de l'éther.

El-Ferdane, où j'arrivais après trois heures de marche, est un campement de quelques maisons, assis à un kilomètre du canal, au pied du seuil d'El-Guisr dont il forme une des sections. Adossé à de hautes dunes boisées, il s'ouvre sur la longue plaine des lacs Ballah que je venais de traverser, et du petit plateau où ses maisons sont construites l'on domine un vaste horizon.

Un déjeuner préparé par l'attention bienveillante de mes futurs hôtes d'El-Guisr venus à ma rencontre m'attendait chez le chef du campement, et, en descendant de dromadaire, j'étais entouré de visages empressés et souriants. Une hospitalité cordiale accueillait l'étranger qu'amenaient les hasards du voyage, et sur cette terre nouvelle je n'avais rien à regretter de la France.

Un hôte est un ami qu'Allah vous envoie, dit le proverbe arabe ; donne-lui ton pain et ton sel, dit-il encore. Les maisons de la compagnie du canal de Suez n'ont point oublié les traditions de la tente.

Vers trois heures nous prenions le chemin d'El-Guisr, côtoyant à droite de hautes dunes qui présentent un rempart régulier d'une courbe toute géométrique. Leur crête seule me paraît se mouvoir et se déplacer sous la direction du vent[1], car à leur pied est un large bas-fond de terre brune sans la moindre apparence de coulée de sable.

---
[1] L'album de Berchère contient une image avec l'intitulé suivant : *Dunes à crêtes mobiles d'El-Ferdane (2,500 mètres de longueur)* (voir Annexe n° 25 de l'inventaire Prost). Voir aussi Fig. 8, *Dunes d'El-Ferdane*, illustration à la p. 22 de l'étude de Paul Merruau, *op. cit.*

— Voilà El-Guisr, me dit un de mes compagnons, comme nous arrivions au sommet d'un plateau ; et j'aperçus une ligne de montagnes, puis une rangée de maisons s'élevant sur un terrain tout plat. C'était la station du Seuil que quatre heures de bonne marche séparent d'El-Kantará.

J'ouvre malles, cartons, je m'installe pour longtemps, je l'espère. À bientôt les détails sur ma résidence nouvelle.

EL-GUISR

ET L'OUADY

II

EL-GUISR ET L'OUADY

El-Guisr, décembre.

Mes lettres, cher ami, vous ont conduit au milieu de l'isthme, et, sauf quelques mots sur le lac Menzaléh et les lacs Ballah, vous ne savez rien encore de sa configuration générale. Il est grand temps de combler cette lacune. Aujourd'hui que j'ai atteint la partie la plus élevée du désert, et que je puis déjà apercevoir les montagnes au pied desquelles commence l'isthme ; aidé de la carte et de ce que j'ai sous les yeux, je puis vous en parler, sauf à compléter mes renseignements à mesure que je poursuivrai mon itinéraire. Nous y gagnerons tous deux : vous, de pouvoir plus facilement me suivre, et moi, de ne plus vous sembler comme le singe de la fable[1], avoir oublié d'allumer ma lanterne.

El-Guisr, en arabe, signifie *élévation* et correspond à peu près à notre mot *seuil* : il faudrait dire le seuil simplement ou El-Guisr ; mais nous n'en sommes pas à un pléonasme près, et nous disons avec une bonne foi entière le pont d'*El-Kantará*, la montagne du *Gebel*, le pont du pont, la montagne de la montagne, le seuil du seuil. L'important est, après tout, de se comprendre, et, cette petite explication de pédant étant donnée, je poursuis.

El-Guisr est situé sur un des points culminants ou plateaux d'une large dépression de terrains, — *thalweg*[2] de vallée, — qui, partant du fond de la mer Rouge, va jusqu'à la Méditerranée du sud au nord. Cette dépression, d'une longueur de 150 kilomètres, et qui paraît avoir été occupée par la mer avant les âges historiques, comme le prouvent les nombreux coquillages que l'on y trouve, est celle que suit le tracé du canal.

Formée par l'abaissement en pente douce de deux plaines partant, l'une de l'Égypte, l'autre des premières collines de la Syrie, elle offre sur son parcours quatre bassins importants : les bassins du lac Menzaléh et des lacs Ballah que nous avons déjà vus, et ceux du lac Timsah et des lacs Amers.

Le bassin du lac Timsah est au pied même du Seuil vers le sud, et j'ai aperçu dans l'ouest, au-dessus du lac, l'entrée d'une longue vallée qui mène à l'Ouady-Toumilat et paraît être comme une bifurcation du thalweg dont nous avons parlé plus haut. Cette dépression, dont le fond est presque partout au niveau de la mer, est occupée dans son milieu par deux plateaux ou *seuils* : celui du Sérapœum[3] vers Suez, et celui d'El-Guisr où je suis maintenant.

Telle est la nature de terrains que le canal avait à traverser, — terrains de formation tertiaire ; — telle est aussi la position d'El-Guisr : un plateau de douze kilomètres de long sur deux de large, s'en allant, par de longues ondulations très-douces, aux lacs Ballah, interrompu brusquement par la coupure du lac Timsah, appuyé dans l'est au désert de Syrie, et regardant dans l'ouest l'Égypte et l'Ouady-Toumilat. Sa hauteur est de dix-neuf mètres au-dessus du niveau de la mer, au point culminant, car vers El-Ferdane le sol incliné visiblement ne donne plus qu'une hauteur de sept mètres.

Ce plateau est formé de grands dépôts de sable, puis de couches d'argile, de sulfate de chaux, de quelques bancs de pierres, et vers le lac Timsah le sable disparaît pour faire place à des couches de graviers et de silex.

Maintenant que ce court précis a pu vous donner une idée de la configuration de l'isthme, disons une fois pour toutes, le plus modestement et le plus succinctement possible, ce qu'est le canal qui doit le traverser.

---

[1] « Le Singe qui montre la lanterne magique », fable de Jean-Pierre Claris de Florian (1792).
[2] « Thalweg » (« chemin de la vallée », en allemand). Il signifie « ligne de la collecte des eaux ».
[3] Monticule ainsi nommé à cause des vestiges d'un temple de Sérapis qui s'y trouvent.

Comme vous le savez, cher ami, ma première étape au désert m'a montré le point de départ du canal à Port-Saïd, et le trajet que je viens de faire et celui que je ferai pour me rendre à Suez vous indiqueront exactement et le tracé effectué jusqu'à El-Ferdane et le tracé futur qui, d'El-Guisr, doit aller à Suez.

Notons d'abord ici, et pour mémoire, une objection que les sceptiques bourgeois ne manquent jamais de faire quand il s'agit de la grandiose mais très-réalisable entreprise du percement direct de l'isthme ; je veux parler d'une question depuis longtemps résolue par les ingénieurs : la différence de niveau des deux mers, différence qui n'existe pas, puisque l'on sait aujourd'hui que les deux mers sont sensiblement de niveau, sauf l'élévation diverse des marées.

Les anciens avaient toujours pensé que la mer Rouge était plus haute que la terre d'Égypte, et une tradition remontant, tout au moins, au temps d'Aristote, prétendait que Sésostris[1] ayant commencé un canal, dut le cesser dans la crainte que la mer Rouge, venant à se mêler au fleuve, n'en changeât complètement le cours. Ces différences de niveau n'ont pas dû cependant être jugées bien sérieuses, puisque nous voyons, au temps des Pharaons, un canal mettre la mer Rouge en communication avec le Nil ; et nous devons croire que, si ces princes ne l'établirent pas d'une mer à l'autre, ce fut parce que les relations avec l'occident étaient nulles, sans intérêt pour eux, et que leur but était surtout d'ouvrir une communication entre l'Égypte et l'Arabie au moyen de la dérivation de la branche pélusiaque du Nil, dont les eaux s'épanchaient naturellement à travers l'Ouady-Toumilat jusqu'au lac Timsah et ensuite vers Suez.

Le préjugé populaire dont je parlais plus haut prit sa source surtout dans le résultat obtenu par les opérations de nivellement faites dans l'isthme, en 1799, pendant la campagne d'Égypte. Ce nivellement dirigé par M. Lepère[2] donna, pour la mer Rouge, à la haute mer à Suez, une surélévation de neuf mètres neuf cent huit millimètres au-dessus de la basse mer dans la Méditerranée. Mais il faut dire que ces opérations, faites au milieu de difficultés de toutes sortes, au milieu d'alertes continuelles suscitées par la guerre et l'état du pays, ne purent être conduites avec le soin qu'elles exigeaient, et que leur contrôle et leur vérification, par suite de péripéties diverses, ne purent avoir lieu comme le demandait lui-même M. Lepère. Si étrange que fût le résultat de l'opération et bien que contesté par quelques esprits sérieux comme Fourier et Laplace, il fut cependant accepté, et aucun nouveau travail ne fut repris jusqu'en 1846, où des nivellements nouveaux faits par MM. Linant-Bey, Gabolde et Fromont, M. Bourdaloue et en dernier lieu par Salam-Effendi, sous la direction de M. Linant et pour la compagnie de l'isthme, permirent de constater d'une façon complète le niveau parfait des deux mers.

Ce résultat donnait une consécration sans conteste au projet de percement direct mis en avant et sanctionné par la compagnie du canal de Suez, dont le but était d'ouvrir une communication libre entre l'Europe, les Indes et la Chine, et le faisait prévaloir sur les projets de MM. Barrault[3] et Talabot[4], projets ayant l'un et l'autre l'inconvénient de faire passer le canal par les terres cultivées de l'Égypte, et de lui faire traverser les deux branches du Nil pour aboutir à Alexandrie, au risque de déranger tout le régime hydraulique du fleuve.

Une fois le percement direct adopté, l'entreprise était donc d'ouvrir, dans toute sa longueur, par la voie la plus courte et au mieux des intérêts que l'on avait pour but de satisfaire, une étendue de terrains de cent cinquante kilomètres, allant de la mer Rouge à la Méditerranée, en profitant du thalweg de vallée qui sépare ces deux mers.

Sur le parcours de cette vallée, existent, comme je vous l'ai déjà dit, quatre larges bassins qui semblent, par une donnée providentielle, être placés là pour favoriser toute tentative de percement direct : ce sont les lacs Menzaléh et Ballah, les lacs Timsah et Amers, au sud d'El-Guisr et dans la direction de Suez. De ces lacs, le

---

[1] Il est probable que le canal des Pharaons fut creusé durant la XIIe dynastie par le pharaon Sésostris III.
[2] Jacques-Marie Lepère (1763-1841), ingénieur, fit partie du corps de savants dont le général Bonaparte se fit accompagner en Égypte. Il eut pour mission d'étudier la vallée du Nil, en vue d'une éventuelle communication entre la Méditerranée et la mer Rouge. Le résultat de son travail se trouve consigné dans un mémoire inséré au t. II (*États modernes*) de la *Description de l'Égypte* (1809-1828).
[3] Alexis Barrault, ingénieur et créateur du Palais de l'Industrie à Paris (1855). Il coopéra aux tentatives de colonisation africaine que préconisait son frère Émile, y compris les problèmes relatifs au creusement du canal de Suez. Ensemble, ils signèrent *Politique du canal de Suez, questions techniques et économiques*, Paris, Claye (1856).
[4] Paulin Talabot, ingénieur et constructeur des premières lignes de chemin de fer dans le S.E. de la France et de nombreuses voies ferrées en Italie, en Algérie et au Portugal. Il fut directeur du réseau Paris-Lyon-Méditerranée (PLM) de 1862 à 1882. Saint-Simonien, ainsi que les frères Alexis et Émile Barrault, il avait, comme eux, des contre-projets pour le canal, envisageant un tracé « indirect », reliant Suez et Alexandrie en passant par le Caire, avec un pont-canal sur le Nil. Ce projet effraya les spéculateurs, tant à cause de la longueur du tracé que du pont-canal à établir pour enjamber le Nil. En ce qui concerne le vice-roi aussi, ce projet fut dissuasif et, du coup, fit avorter les projets saint-simoniens pour le canal.

premier seul contient de l'eau, et les deux derniers, dont le fond est en moyenne de sept à huit mètres au-dessous du niveau de la mer, serviront de port et de bassin de décharge et de retenue pour les eaux au moment où le canal sera livré à la navigation.

La longueur totale de ces lacs est de quatre-vingt-quatorze kilomètres répartis ainsi : lac Menzaléh, trente-sept ; lac Ballah, neuf ; lac Timsah, huit ; lacs Amers, quarante. Or, nous avons vu que la longueur totale de l'isthme est de cent cinquante kilomètres ; en défalquant les quatre-vingt-quatorze que comprennent les lacs, il nous reste cinquante-six kilomètres à subdiviser de la façon suivante : entre les lacs Ballah et Timsah, pour les dunes d'El-Ferdane, sept ; pour El-Guisr, douze ; entre le lac Timsah et les lacs Amers, pour le seuil du Sérapœum, douze ; et enfin pour la plaine de Suez, qui va des lacs Amers à la mer Rouge, douze ; en tout cinquante-six kilomètres.

Nous n'avons donc de déblais un peu considérables à faire que sur trois points : aux dunes d'El-Ferdane et d'El-Guisr dont je vous ai indiqué les hauteurs ; au seuil du Sérapœum dont la hauteur moyenne est de neuf mètres, et enfin dans la plaine de Suez, dont la hauteur est en moyenne de deux mètres au-dessus du niveau de la mer ; travail des plus simples, puisqu'il consiste dans une tranchée allant d'une mer à l'autre, à ouverture libre, sans portes ni écluses, sans autres travaux d'art que des jetées à ses deux extrémités, sans autres difficultés que de porter là où il y a le plus de déblais à faire le plus grand nombre de travailleurs possible.

Le canal maritime, parti du fond du golfe de Suez, traversera donc les lacs Amers et le lac Timsah ; puis, franchissant le seuil d'El-Guisr et s'ouvrant une route au milieu des lacs Ballah et Menzaléh, il viendra rejoindre la mer Méditerranée, tandis qu'un canal d'eau douce qui, pour le moment, a sa prise d'eau à Zagazig sur la branche pélusiaque du Nil, traverse l'Ouady-Toumilat et Rhamsès pour venir retrouver, à angle droit, le canal maritime aux dunes de Timsah. De là, suivant parallèlement le canal maritime, il doit contourner les lacs, et l'accompagner dans tout son parcours pour aller donner de l'eau douce à Suez.

— Deux canaux, deux vallées. — Le canal maritime qui prend la vallée ouverte du sud au nord, le canal d'eau douce qui prend à Timsah une bifurcation de cette même vallée ouverte de l'est à l'ouest et allant rejoindre le bassin du Nil.

Quelques mots maintenant me restent à vous dire sur l'organisation de la Compagnie du canal de Suez et sur les premiers établissements créés dans l'isthme.

Ce fut le 30 novembre 1854 que M. Ferdinand de Lesseps obtint de Son Altesse Mohammed-Saïd, vice-roi d'Égypte, la concession pour l'entreprise et l'exploitation du grand canal maritime de l'isthme de Suez et de ses dépendances.

Cette concession, dont la durée était de quatre-vingt-dix-neuf ans, donnait pouvoir à M. de Lesseps de constituer une Compagnie universelle dont il aurait la direction. Les travaux devaient être exécutés aux frais exclusifs de la Compagnie, à laquelle tous les terrains nécessaires n'appartenant pas à des particuliers seraient concédés à titre gratuit.

Aussitôt que le canal serait livré à la navigation, le gouvernement égyptien devait recevoir annuellement de la Compagnie quinze pour cent des bénéfices nets résultant du bilan de la société, et le reste des bénéfices nets devait être réparti ainsi qu'il suit : soixante-quinze pour cent au profit de la Compagnie, dix pour cent au profit des membres fondateurs.

Dans le cas où la Compagnie jugerait nécessaire de rattacher par une voie navigable le Nil au passage direct de l'isthme, le gouvernement égyptien abandonnerait à la Compagnie les terrains du domaine public, aujourd'hui incultes, qui seraient arrosés et cultivés à ses frais ou par ses soins. La Compagnie pourrait jouir sans impôts desdits terrains pendant dix ans, à partir de l'ouverture du canal, et payerait la dîme jusqu'à l'expiration de la concession pendant les quatre-vingt-neuf ans qui resteraient à courir.

Deux ingénieurs du vice-roi, MM. Linant-Bey et Mougel-Bey, furent désignés pour compléter, par un nouvel examen du terrain, les études déjà faites. Ils se prononcèrent pour le tracé direct, et achevèrent au mois de mars 1855 leur avant-projet, où étaient discutées et résolues toutes les questions qui leur avaient été proposées.

De plus, une commission internationale, composée d'ingénieurs anglais, hollandais, prussiens, autrichiens, italiens et français, fut appelée à donner son avis sur l'avant-projet de MM. Linant-Bey et Mougel-Bey, et, dans le rapport qu'elle fit, elle confirma les évaluations des deux ingénieurs du vice-roi, et déclara que la dépense du canal maritime et de tous les travaux qui s'y rattachent ne dépasserait pas 200 millions.

Les dépenses évaluées se résument dans les chiffres suivants[1] :

Terrassements	72,000,000
Travaux d'art	84,233,000
Frais d'administration, à raison de deux pour cent du capital annuellement employé	3,906,030
	160,139,030
Ajouter pour travaux imprévus	2,410,970
Pour intérêts à cinq pour cent à fournir au capital, à mesure des versements jusqu'à l'achèvement du travail	22,450,000
	185,000,000

Voici comment ont procédé les auteurs de l'avant-projet dans l'évaluation des revenus assurés à la Compagnie :

Droit de passage sur 3 millions de tonneaux, à 10 fr. par tonne	30,000,000
Droit d'ancrage, à 1 fr. par tonne, pour les navires qui s'arrêteront au port intérieur (la moitié de 3 millions, ou 1,500,000 tonnes)	1,500,000
Droit de péage sur le canal de communication avec le Nil	1,560,000
Produit des terrains cultivés	6,996,000
	40,056,000

Le capital social, 200 millions de francs, se souscrivait au commencement de l'année 1859, et, à la date du 14 février de la même année, un traité fut passé avec M. Hardon, pour l'entreprise des travaux du canal. Par ce traité, M. Hardon se chargeait de l'ensemble des travaux à exécuter par la Compagnie universelle, et les prix unitaires de cette entreprise étaient ceux portés aux devis, tels qu'ils avaient été arrêtés par la commission internationale.

La Compagnie universelle, par ce mode de contrat qui la dotait d'un entrepreneur lui assurant l'exécution du travail pour un chiffre déterminé, se dégageait de tout embarras de formation, et divisait pour ainsi dire en deux parts ses services.

La Compagnie avait la direction générale des travaux comprenant les études, le contrôle de toutes les opérations, enfin le service proprement dit des ingénieurs.

L'entreprise comprenait l'exécution des travaux, les opérations nécessaires aux approvisionnements. Il lui appartenait aussi d'indiquer les points où il lui semblait le plus avantageux et le plus économique de commencer

---

[1] NOTE DE L'AUTEUR : Ces chiffres ne sont pas absolus, ils ont dû recevoir et recevront plus d'une modification dans leur détail : je les donne cependant pour que vous puissiez connaître les bases sur lesquelles les évaluations avaient été faites dans le principe.

les travaux. Ces divisions indiquées, voici comment fonctionne à peu près chacun de ces services unis pour concourir à l'œuvre commune.

Pour la Compagnie, la direction des travaux fortement organisée, sous les ordres d'un ingénieur directeur général, comprend quatre divisions importantes : Port-Saïd, El-Guisr, le canal d'eau douce et Suez, dirigées par un ingénieur relevant du directeur général, qui seul est en rapport avec le conseil et l'administration supérieure.

L'entreprise, qui a seulement affaire à la direction générale et à ses agents, a divisé son action en un certain nombre de services indépendants les uns des autres, et relevant de l'autorité de chefs responsables chargés d'appliquer la pensée directrice de l'entrepreneur général et de son délégué.

Placés sous les ordres d'un ingénieur chargé de l'ensemble des services, ils sont répartis ainsi qu'il suit :

Service central.

Service des travaux appelé à pourvoir à l'exécution des terrassements, à la construction des jetées, des bassins, des maisons d'habitation.

Ce service fonctionne directement et par groupes divisionnaires, sous l'autorité de l'ingénieur en chef.

Service du matériel et des ateliers placé sous les ordres d'un ingénieur mécanicien.

Service de l'intendance et de l'approvisionnement des chantiers, placé sous les ordres d'un intendant général.

Service maritime sous les ordres d'un capitaine de port.

La pensée qui, dans ce traité, guidait la Compagnie générale, était évidemment le désir de s'adjoindre des forces vives et directement intéressées comme elle à l'œuvre commune : en effet, sur la part de quatre-vingts pour cent attribuée à la Compagnie dans les bénéfices que pourrait procurer l'exécution, vingt pour cent appartenaient à l'entreprise générale, et dans cette part était fait réserve d'un quart destiné à être partagé entre tous les employés.

C'est là une idée heureuse qui, si elle est rigoureusement suivie et bien comprise, doit amener le bon accord de tous, et assurer la réussite économique de ce vaste travail. Tel est à peu près l'ensemble de l'organisation de la Compagnie.

Maintenant, pour bien se rendre compte de la situation de l'œuvre, il faut ne pas perdre de vue les phases successives par lesquelles elle a passée. Rappelez-vous tout d'abord les embarras politiques dont je vous ai parlé à propos de la première période d'installation, la sécurité matérielle elle-même, proverbiale en Égypte, supprimée pour tous les sujets français qui prenaient part aux travaux.

Malgré les difficultés d'une semblable situation, au commencement de 1860 les travaux s'inauguraient par l'achat du premier matériel nécessaire à l'installation des premiers chantiers.

C'est alors que se construisirent les maisons de Port-Saïd, que s'élevèrent à El-Kantará, à Toussoum et au Gebel Geneffé, des établissements qui étaient tout à la fois une prise de possession effective, et comme un témoignage solennel de l'énergique volonté de tous ceux qui avaient prêté leur concours à la réalisation de l'œuvre.

Peu après le campement d'El-Guisr[1] s'organisait, groupant au cœur même de la seule difficulté du travail des moyens d'action destinés à le dominer ; enfin, comme complément de ces opérations, une première centralisation des services venait enlever aux efforts leur caractère individuel, si précieux au début, mais si dangereux peut-être, du moment où l'on entrait dans une phase régulière.

Ce fut sous l'auspice de cette première organisation que, dès le commencement de 1861, les approvisionnements en vivres, en ustensiles et en matériel, affluèrent dans les magasins, et que des ateliers métallurgiques de premier ordre commencèrent à s'édifier à Port-Saïd, pour se compléter rapidement, tout en procédant, nonobstant leur état de formation, au montage des dragues, des machines à vapeur, des appareils excavateurs pour les déblais.

Ce fut également dans cette période que les premiers ouvriers égyptiens commencèrent à prendre part aux travaux du désert, que les tranchées s'ouvrirent sur plusieurs points, que les campements se multiplièrent, et que l'on put entrevoir enfin avec une certaine sécurité le but vers lequel l'on tendait.

---

[1] Voir Fig. 9, *Campement à El-Guisr*, illustration à la p. 17 de l'étude de Paul Merruau, *op. cit.*

Une des plus grandes difficultés de l'entreprise et une de celles qui témoignent le plus de son énergie a donc été de faire arriver dans le désert, sans routes, sans canaux au principe, et au milieu d'obstacles de toutes sortes, les instruments nécessaires aux premiers travaux, d'amasser des vivres, de créer des magasins, des ateliers, avant même de penser aux travailleurs.

Sur trente lieues de trajet, il n'y eut donc de point habitable, à l'origine des travaux, que l'extrémité du canal à Port-Saïd. — N'oubliez pas, cher ami, qu'il a fallu commencer les établissements en même temps que l'on donnait le premier coup de pioche, faire des bivouacs qui, plus tard, deviendraient des centres, en un mot, que l'on eut à coloniser en même temps qu'à canaliser.

Le problème était — et je crois que la Compagnie l'a victorieusement résolu — de faire vivre et de loger en plein désert une armée de travailleurs et d'employés, tantôt colonnes mobiles portées sur de grands centres, tantôt escouades détachées sur des points isolés. Il a fallu assurer les communications, réunir des masses d'hommes, pourvoir à leurs besoins, partir du néant pour tout organiser, tout créer ; il a fallu tout apporter, depuis l'eau jusqu'au bois et à la pierre, depuis l'outil du travailleur jusqu'au pain et à la viande qui le nourrissent.

Ces précédents serviront à vous expliquer la nécessité où l'on fut de commencer logiquement les travaux au plus près de la Méditerranée et à la tête du canal, afin de se trouver en communication directe avec l'Europe, Damiette et Alexandrie par la mer, le Nil et le lac Menzaléh, qui offraient une route toute tracée et établie.

L'on dut se contenter également d'ouvrir le canal sur une largeur de quinze mètres et une profondeur de deux mètres et demi, afin de profiter au plus vite des parties qu'il était possible de rendre navigables. Je vous ai montré, par des chiffres, la différence du prix de revient de la tonne marchande entre Port-Saïd et El-Kantará par la route de terre ou par la voie du canal. Si vous ajoutez qu'un chameau ne porte pas plus de deux cents kilogrammes, et qu'il lui faut trois jours en moyenne pour arriver au centre des travaux, vous apprécierez facilement l'énorme somme de travail préparatoire qu'il a fallu avant d'être prêt à enlever un simple mètre cube de terre sur le tracé du canal. Mais à côté de la question d'économie, il y avait aussi celle de la facilité et de la célérité des transports, qui a son importance, quand il s'agit de faire arriver au plus vite et dans un temps donné les vivres, les outils et le matériel nécessaires aux travaux des chantiers. Les parties navigables du canal maritime et du canal d'eau douce actuellement en activité ont déjà, depuis qu'elles existent, rendu d'immenses services, et, bien que la circulation n'y ait été établie que depuis peu de temps, chaque jour elles sont appelées à en rendre encore.

Voici donc aujourd'hui de grands centres de ravitaillement installés à Damiette et à Boulac sur le Nil, une intendance générale établie au Caire, des transports qui ont lieu par bateaux sur le lac Menzaléh, sur le canal d'eau douce qui traverse l'Ouady Toumilat ; un service journalier des postes qui se fait sur toute l'étendue du désert par des barques, des dromadaires et des piétons. Voici des grues, des dragues, des machines à vapeur qu'il a fallu monter, outiller sur place ; voici des ambulances, des ateliers, des fours, des boucheries, des villes enfin ; et c'est l'ensemble de cette œuvre si remarquable et si extraordinaire dans sa réalisation pour le milieu où elle avait à se produire, que cette longue lettre avait pour but de vous montrer.

Sur ma route, je ne me suis point demandé si ce serait à force de bras et de *couffes*, ou bien par le moyen de machines et d'outils perfectionnés, que l'on creuserait le canal. Quel que soit le mode que l'on adopte, j'ai foi et confiance pour mener tout à bien dans la sagacité des ingénieurs et des travailleurs. Mon attention a été sollicitée surtout par la marche suivie jusqu'à ce jour pour créer, au milieu des difficultés que je vous ai fait voir, les grands centres de Port-Saïd, d'El-Guisr, et les stations que j'ai traversées.

En même temps que j'avais à vous donner idée de la configuration de l'isthme, j'ai essayé de vous peindre la marche ainsi que l'organisation des travaux. J'aurai occasion plus tard de vous parler du canal d'eau douce, des ouvriers arabes, de leur mode de vie sur les chantiers, traitant de ces questions le côté qu'il vous intéresse de connaître.

✻✻✻

Décembre.

À l'heure où je vous écris, les travaux sont nuls ; les ouvriers dont on pouvait disposer ont été envoyés aux lacs Ballah et sur le canal d'eau douce que l'on creuse depuis le lac Timsah jusqu'à l'Ouady. Mais l'on se prépare pour une campagne active, et tous les soins se concentrent sur l'organisation des chantiers, leur outillage et leur installation complète, en prévision de l'arrivée prochaine des contingents de travailleurs.

La visite du vice-roi, qui a eu lieu pendant que j'étais à Port-Saïd, et dont tout le monde me parle, a produit les meilleurs résultats pour l'entreprise du canal[1]. La promenade de Son Altesse à travers le désert était d'une pompe tout asiatique : armée en marche, troupe de dromadaires caparaçonnés d'or et de soie, fantasias, courses au djerid, nombreuse escorte d'officiers et de serviteurs de sa maison, cheiks du désert faisant cortège, tout le personnel de l'isthme accouru, telles sont les splendeurs que l'on fait passer sous mes yeux.

Cette excursion a été pour Mohamed-Saïd une brillante ovation, et mieux encore une vive surprise. Il a pu juger par lui-même de ce que la Compagnie avait pu faire, presque avec ses seules ressources ; il a vu des villages, des maisons sortir des sables, des ateliers, des machines fonctionner et être en pleine activité. S'associant à ce que l'œuvre offrait d'avenir à son pays, il a promis son entier concours, et donné des ordres pour faire venir tous les hommes nécessaires à l'enlèvement des seuils ; puis, désireux de suivre lui-même les grands travaux qui vont avoir lieu, il a demandé qu'on lui fît élever une maison sur les bords du lac Timsah[2].

Si donc les berges du canal sont aujourd'hui abandonnées, bientôt, on l'espère, elles vont être couvertes d'une armée nombreuse de travailleurs.

En attendant cette heure promise, placés sur les hauts déblais de la tranchée que déjà l'on a commencé d'ouvrir, nous pouvons prendre un aperçu de la ville.

À cent mètres en avant du canal, et dirigées de l'est à l'ouest, perpendiculairement à son tracé, sont trois rangées de maisons parallèles ayant à leur extrémité pour perspective l'église et les bâtiments de l'hôpital ; vers le sud, le parc des chameaux, des bêtes de somme et des chevaux, vaste espace entouré de clayonnages et que l'on nomme le *transport* ; plus loin le village arabe, agglomération de tentes et de maisons basses en briques crues, surmontées d'une mosquée en construction. Au delà de ces divers groupes, l'on aperçoit la ligne du désert droite, sans ondulations, d'un ton fauve et brun, seulement relevée par quelques dunes vers El-Ferdane, et dans le sud interrompue par un affaissement de terrain au delà duquel se profile le massif des montagnes de Suez.

Les maisons de la ville ressemblent à celles de Port-Saïd, ce n'est ni beau, ni laid, c'est un toit qui vous abrite, voilà tout. Mais elles contiennent une colonie intéressante de travailleurs, mais elles s'élèvent au milieu des sables hantés naguère par les lézards, les scorpions et les vipères à cornes ; elles sont bâties sur ce plateau, il y a deux ans, nu et solitaire, et pour humbles qu'elles soient, quand, après de longues courses, je les vois se dessiner sur le désert, et que je vois apparaître la petite église d'El-Guisr, je songe avec plaisir à mon chez moi et aux visages qui là me rappellent la patrie.

Je suis installé dans la plus belle maison de la ville, maison de la Compagnie occupée par l'ingénieur, chef de la division d'El-Guisr et de Timsah ; et comme il y a intérim pour l'instant, l'on veut bien me donner l'appartement qui lui est affecté. Cette maison, construite en pierres et couverte en terrasse, est traversée, dans toute sa longueur, par un corridor qui sépare l'appartement que j'occupe des chambres des hôtes, du président de la Compagnie, et du médecin en chef[3]. De mes fenêtres, qui s'ouvrent au nord, la vue s'étend sur la route qui mène à El-Kantará, et sur de grands terrains mi-partie sable et mi-partie gravier où poussent des absinthes et des buissons d'un vert pâle. Tout le jour je vois aller et venir des Arabes, passer des convois de chameaux ; parfois le ciel est traversé par un vol de vautours en chasse ; des chiens dorment au soleil ; à cent mètres de mes fenêtres est la tente d'un gardien du campement (rafir) qui repose et fait son *kief* à l'ombre, et la nuit, au milieu

---

[1] « Une dépêche télégraphique d'Alexandrie publiée dès hier par les journaux du soir, annonce que S. A. Mohammed-Saïd pacha, vice-roi d'Égypte, vient de partir pour visiter l'isthme de Suez. [...] Son Altesse a passé par Zagazig et Tel-el-Kébir où elle était attendue par le président de la Compagnie universelle, M. Ferdinand de Lesseps, qui devait avoir l'honneur de l'accompagner. Nos avis d'Alexandrie nous apprennent que l'illustre voyageur était arrivé le 5 décembre au Seuil d'El-Guisr » (« Chronique de l'Isthme, 14 décembre », tenue par Ernest Desplaces, in *L'Isthme de Suez : journal de l'union des deux mers*, n° 132, 15 décembre 1861, p. 386).
[2] L'album de Berchère contient une image intitulée : *Chalet de S. A. Mohamed-Saïd, élevé par ses ordres sur un emplacement choisi par ce prince le 17 décembre 1862* (voir Annexe, n° 42 de l'inventaire Prost).
[3] Le docteur Louis Aubert-Roche.

du silence, j'entends son appel répété par les autres rafirs, comme le cri vigilant des grand'gardes autour d'un camp militaire.

Pour la vie intérieure de la colonie, il y a des cantines, des restaurants, une pâtisserie, voire un café et des boutiques de luxe où s'étalent l'article Paris, les confections, et même la curiosité représentée par deux potiches de chine, un vieux sabre, un bouclier, des lances et des flèches assez rébarbatives. Il est question de former un cercle, et nous avons une société artistique, littéraire, archéologique et numismatique, avec président, vice-président et secrétaire[1]. Cette société tient des séances régulières dans lesquelles se lisent des mémoires, ou s'étudient les questions qui peuvent intéresser sur la géographie et la géologie de l'isthme ; elle a rassemblé les éléments d'un petit musée, elle possède un fonds de bibliothèque, fonctionne enfin, entretenant l'émulation et l'éveil de l'esprit si nécessaires dans l'isolement où parfois l'on est obligé de vivre.

Pour moi, cher ami, les tendances, les allures et les mœurs de cette vie toute nouvelle sont pleines d'intérêt : j'observe, j'étudie, je me recueille, attendant un travail actif qui se produira quand les contingents de travailleurs, qui déjà sont en marche, arriveront à El-Guisr.

∗∗

Décembre.

Je suis allé ce matin faire une visite au village arabe[2], et le pittoresque qui fait défaut à El-Guisr s'y trouve amplement et de reste. Près du quartier français le bazar arabe, comme dans l'Inde, à côté de la résidence et des contingents le village natif. Une place, une rue avec des maisons basses dans lesquelles on se glisse plutôt que l'on n'entre, des tentes, des gourbis en branchages[3], une mosquée, une cour où j'entends des éclats de rire, et où j'aperçois quelques femmes accroupies à l'ombre, puis une grande fille assise au soleil, les yeux avivés par l'antimoine, et vêtue d'habits de couleurs claires et brillantes, voilà ce que je saisis d'abord dans un fouillis pittoresque d'habitations exemptes de toute préoccupation de lois de l'édilité et de la rectitude.

Sur un côté de la place, les échoppes tenues par les Grecs, et qui, à l'heure de midi, se peuplent et s'emplissent de bruits et de chants, forment contraste avec la tranquillité des cafés arabes qui leur font face, et sont occupés par des figures graves et calmes, drapées dans le mach'las ou la couverture de laine. Dans la rue est le bazar ; des marchandises de toute sorte occupent les gourbis et s'étalent à terre jusque sous les pieds des passants : des couffes de grains, de maïs, de caroubes, du savon, des peignes, des miroirs, de l'amadou, du tabac, puis des armes, des vêtements, tout est là.

C'est un pêle-mêle des plus amusants, riche de crasse et de guenilles, un tohu-bohu de gens accroupis le long des murs, de baudets roulés dans la poussière, de poules et de chèvres : l'on vend, l'on achète, l'on commerce, l'on cause. La tête grave d'un chameau dépasse la crête d'un mur, et un baudet en belle humeur se frotte et se gratte aux toiles d'une tente, malgré les cris de ceux qui l'occupent.

Voyez cet assemblage divers sous un ciel plein de gaieté, avec un soleil qui pique, çà et là, une lumière vive sur un costume, une figure, envoie un éclat d'or sur un groupe ou sur des fruits répandus à terre, et vous vous ferez une idée du village arabe d'El-Guisr.

En sortant du bazar, je me suis arrêté devant une tente assez grande soutenue par deux bâtons, et contenant une véritable friperie. Des vêtements, des fusils, des étoffes empilées dans de grands coffres rouges et verts,

---

[1] La création de cet organisme fut annoncée dans le journal de la Compagnie : « Une société vient de se former dans le centre de l'isthme sous le titre de *Société artistique de l'isthme de Suez*. Son siège est à El-Guisr […] elle a pour objet d'établir des écoles de dessin, etc., et de s'occuper des recherches qui, dans sa sphère d'action, peuvent intéresser l'histoire naturelle, l'archéologie et la science en général » (*L'Isthme de Suez : journal de l'union des deux mers*, n° 133, 1er janvier 1862, pp. 2-3). Cet article est suivi d'une annonce pour la nouvelle Société, adressée à M. Ernest Desplaces, gérant du *Journal*, et signée A. Guiter (directeur), Sautereau (sous-directeur), Kolbi (secrétaire), Sanson (membre du conseil).

[2] L'album de Berchère contient une image du *Village arabe d'El-Guisr, au sud du campement* (voir Annexe, n° 33 de l'inventaire Prost).

[3] Les masses sombres dans un dessin exécuté par Berchère, *El-Guisr* (Tours, Musée des Beaux-Arts), permettent de visualiser l'effet produit par ces « gourbis en branchage », en contraste avec les masses claires des tentes. Reproduit dans le catalogue de l'exposition *L'Orientalisme dans les collections des Musées de Tours*, 3 avril–8 juin 1980, Tours, Imprimerie E. Vincent, Fig. 45, p. 48.

ornés de lames de cuivre découpé, se laissaient deviner dans l'ombre, et le maître du lieu, vieil Arabe à barbe grise, à figure longue et mince, était occupé a faire passer sous les yeux d'un bédouin un mach'las noir et une de ces longues pièces d'étoffe grise et bleue en coton rayé que l'on appelle milaiéh. Lequel choisir ? Telle était la question embarrassante qui se lisait dans les yeux de l'acheteur. Le mach'las est noble, mais le milaiéh fait de si beaux plis et se drape si bien sur l'épaule ! et les mains allaient sur la trame de l'étoffe, les yeux ne quittaient l'une des pièces que pour se fixer sur l'autre, pendant que l'acheteur semblait se dire : que ne peut-on les garder toutes deux ? Le marchand me semblait assez indifférent au choix, pourvu qu'on lui prît l'un des deux objets convoités, et je dois avouer que, comme l'impartiale Thémis[1], il tenait d'une main égale les deux plateaux de la balance. Je laissais mon homme hésitant sur ce choix difficile pour courir après un de mes hôtes que j'apercevais à quelques pas.

— De grâce, lui dis-je, donnez-moi l'explication d'une chose qui me préoccupe depuis que je suis ici. Je viens de voir mon problème accroché dans le bazar arabe, et je le vois encore passer devant moi sur le dos de ce grand nègre qui s'en va chemise au vent.

— Ceci ? mais c'est une veste de hussard.

— Parfaitement, je le vois bien, mais comment cette veste se rencontre-t-elle ici ? À côté de la sévère régularité de costume d'Hassan-Aga, que vous avez affecté au service de mon appartement, et qui, grave comme un Albanais sous ses longues moustaches, accomplit sans sourciller ses fonctions de valet de chambre, je vois Achmet nous servant à table, vêtu d'une veste capucine, puis à travers le campement, j'en vois bien d'autres, des rouges, des vertes, des roses. Tenons-nous garnison, ou avez-vous déconfit quelque bataillon s'en allant en guerre, et vous êtes-vous emparés de ses dépouilles ? Allons, vite la solution de mon problème.

— Tout État bien pensant, me dit mon hôte, porte sa sollicitude sur son armée, et tend à l'améliorer sans cesse. Chez nous ont paru tour à tour les boutons de guêtres, les casques en cuir bouilli, et bien des modifications dont je vous ferai grâce ; en Égypte, par souvenir de nos guerres et de nos victoires, les turcos, les zouaves, sont venus à la mode, et comme ces derniers ont la faiblesse de ne pas monter à cheval, on a transformé les hussards de Son Altesse en chasseurs d'Afrique, et nous avons hérité de leurs dépouilles. Un juif avait pris à l'encan toute cette défroque, et a eu l'idée, n'en sachant que faire, de l'apporter au désert. L'idée était bonne et lui a réussi. Le premier qui s'est trouvé habillé de la sorte a fait habiller les autres ; l'exemple, vous le savez, est contagieux ; puis cette veste vous donne un petit air martial qui ne messied pas ; c'est bien doublé, et il paraît que c'est très-chaud, pour la poitrine surtout. Des employés, la veste est passée sur le dos des Arabes, des saïs, des domestiques, et c'est pourquoi Achmet nous sert habillé en soldat. Tout est donc bien…

— Qui finit bien, ajoutai-je.

Je suis tranquille maintenant et suffisamment renseigné, et si mon domestique a froid cet hiver, je le mettrai en hussard.

Toutes les gradations de costume, du reste, se trouvent ici, depuis la blouse bleue, la casquette et le bourgeron, jusqu'à l'habit noir. Si le tarbouch (le fez rouge) est bien porté, l'on ne dédaigne pas le chapeau en feutre entouré d'un turban, non plus que le casque gris ou jaune de l'Inde qui vous fait ressembler à un pompier en petite tenue ; à côté du paletot noir il y a la casaque grise ; la veste de velours fraternise avec l'habit, et les élégants mettent pour monter à cheval la grande botte noire ou jaune, et l'abbaieh rayé roux et blanc : une tenue uniforme n'est pas de rigueur, au désert surtout, et chacun se drape du mieux qu'il peut et comme il lui convient.

Nous voici loin du village arabe, mais nous y reviendrons plus d'une fois, j'ai trouvé là une mine intéressante pour mes appétits de flâneur, et je ne l'oublierai pas.

※

---

[1] L'une des Titanides, personnification de la justice et de l'ordre établi. Symbolisant l'impartialité de la justice, on la représente souvent les yeux bandés, tenant balance et épée dans les mains.

Décembre.

Depuis quelques jours je me sentais attiré par l'horizon bleu des montagnes que nous avons au sud, et je suis allé, avant déjeuner, jusqu'au plateau qui domine le lac Timsah. Quatre kilomètres seulement nous en séparent, et la route, passant par le village arabe, traverse un ravin et vient aboutir à un grand chantier qui porte le n° 6, établi sur le plateau même.

En avant du chantier se trouve la maison que l'on est en train de construire pour le vice-roi. Elle est assise sur le bord du talus descendant au lac, dans un site bien choisi qui fait honneur au goût de Son Altesse, et le panorama que l'on embrasse de la maison même est des plus beaux.

Le temps était pur et le soleil, encore un peu bas, baignait dans une lumière douce le paysage que j'avais sous les yeux[1]. À mes pieds s'étendait le lac couvert d'une végétation sombre qui se perdait dans des tons violets jusqu'à un cordon de falaises dorées régnant sur toute son étendue. Vers l'extrémité, un peu dans l'ouest et au milieu d'une végétation plus touffue, plus verte, j'apercevais de longs filets d'eau qui, frappés par les rayons du soleil, brillaient comme un miroir ; au-dessus des sables des dunes se développaient les montagnes de Suez, et ces montagnes étaient d'un bleu tendre, délicat, où le rose se mêlait à l'améthyste, et d'un ton si fondu que quelques arêtes un peu plus accentuées en laissaient seules deviner les divers plans. Au milieu du lac quelques fumées minces, légères, montaient droit dans le ciel, et dans l'ouest, au pied des falaises, des taches brunes laissaient deviner un campement.

Tout était lumière, dans ce tableau tranquille, simple, composé avec trois tons, le bleu, le rose et le vert, depuis le zénith où le ciel passait par toutes les gradations de l'azur pour venir se fondre en tons d'argent derrière les montagnes, jusqu'aux premiers plans tachés de verdure et dorés par les sables.

Je suis descendu dans le bassin du lac et me suis mis à errer au milieu des tamaris, des arbres et touffes de joncs épineux, prenant au hasard les premiers sentiers qui s'ouvraient devant moi.

— Le silence était profond, le soleil gagnait paisiblement les hauteurs du ciel, le vent faisait à peine entendre un léger murmure ; et par delà ces hautes dunes, vers ces montagnes qui, baignant la mer Rouge, reportaient mon esprit vers des pays parcourus jadis, je revoyais les caravanes en marche, les migrations du peuple de Dieu, les fontaines de Moïse et ce beau désert du Sinaï dont ma mémoire avait gardé le souvenir.

— Où allez-vous donc, vous enfonçant ainsi dans le lac ? me cria quelqu'un à une dizaine de pas derrière moi.

Je me retournai et reconnus le médecin d'El-Guisr que, dans ma rêverie, je n'avais pas entendu s'avancer.

— Venez-vous avec moi, monseigneur ? Je vais déjeuner à Toussoum.

— Impossible, docteur, il faut que je regagne le plateau, l'on m'attend au chantier 6.

— Bonjour, donc.

— Au revoir, docteur ; à ce soir ma visite et une leçon de botanique, lui dis-je en lui montrant une grosse touffe de plantes que j'avais à la main.

— Donnez, que je puisse voir.

— Non, non, pas maintenant, à ce soir une tasse de café et la Flore.

— Ce sont de staticées, des crucifères, de liliacées, des… et la voix se perdit dans l'éloignement.

Je continuai ma promenade et, tout en herborisant encore, je repris le chemin du chantier.

La staticée[2] (*staticæa semper florens*) est une charmante petite plante dont le port rappelle celui de la bruyère ; elle est en ce moment tout en fleur, et ses touffes roses tapissent le fond du lac. J'en ai cueilli un énorme bouquet, et au moment où je vous écris, il est là sur ma table, charmant souvenir de ma promenade de la matinée.

---

[1] L'album de Berchère contient une image avec l'intitulé suivant : *Vue du lac Timsah, prise du plateau du chantier n° 6* (voir Annexe, n° 41 de l'inventaire Prost). Voir aussi Fig. 10, *Vue prise près du lac Timsah*, illustration à la p. 16 de l'étude de Paul Merruau, *op. cit.*

[2] Voir la lettre de Narcisse Berchère à Gustave Moreau, en date du 7 janvier 1862, où la staticée se range parmi ses souvenirs les plus marquants (Introduction, p. xviii, *supra*).

En retournant à El-Guisr, j'ai fait la rencontre d'une singulière voiture. Figurez-vous un char-à-bancs à six places[1], à larges roues faites en fonte pour moins enfoncer dans le sable, mené par six dromadaires montés chacun d'un Arabe, qui portent le mach'las et dont la tête est enveloppée de la couffiéh. Les dromadaires sont de couleur jaune et café au lait, assez beaux, très-grands, et couverts d'une selle en maroquin rouge, à laquelle se rattachent la dossière et les traits. Deux sont au timon, trois de front ensuite, un seul en tête ; le tout mené en courrier par un Arabe marchant à quelque distance en avant. Tout cet attelage était assez étrange et imprévu surtout.

— Qu'est-ce là ? dis-je à la personne qui m'accompagnait, en lui désignant le char-à-bancs.

— Cela, ne le savez-vous pas ? C'est la voiture du président. M. de Lesseps a quitté ce matin Tell-el-Kébir pour arriver ce soir à El-Guisr, et sa voiture va le chercher à Makfar, au canal d'eau douce. Ne savez-vous pas non plus que c'est demain le premier janvier ?

— Le premier janvier ! comment, déjà ! ma foi ! je l'avais oublié, répondis-je.

El-Guisr, 1er janvier 1862.

C'est donc aujourd'hui l'année prochaine, comme disait, je ne sais quel personnage. Bon jour, bon an, mon ami ! Je n'ai point à vous donner, comme au temps de la vieille Rome, le gâteau nommé *Jannual*[2], ni les dattes, ni les figues, ni le miel, ni ces rameaux verts que l'on suspendait au foyer domestique, mais je vous envoie le souvenir du voyageur et les meilleurs souhaits que mon cœur puisse former pour vous.

Cette date de l'année qui fuit et s'efface dans le passé m'a surpris hier : je marchais oublieux du présent, du temps qui s'écoule, et aujourd'hui je jette un regard sur la route parcourue, regard où il se mêle toujours et un peu de tristesse et aussi de regrets de ce qui nous fuit. — Mais où sont les neiges d'antan, — dit le poète Villon, et ce retour que je faisais hier, dans le lac, vers des années de voyage, m'annonçait-il que l'heure nouvelle allait sonner et en était-ce le pressentiment !

Aux jours de la jeunesse nous sommes partis insoucieux, portant en nous les dons les plus riches : nous avions le cortège joyeux des espérances, la foi en nous-mêmes, les croyances que rien n'avait renversées. Hélas ! de ces fleurs qui nous formaient au front une couronne, combien ont jonché notre route, et combien celles qui nous restent encore doivent nous être précieuses, et comme nous devons aimer à en respirer le parfum…

Oui, je le crois, mon ami, nous devons vivre beaucoup par le souvenir, et telle heure maussade ou triste du présent nous paraîtra plus légère à porter, si nous pouvons évoquer une phase lumineuse de notre vie d'autrefois, une page oubliée de voyage, un air entendu jadis, une sensation du cœur ou de l'âme. La mémoire est une charmeresse ; quelquefois, sur une ruine, elle étend un manteau d'éternelle verdure où viennent encore chanter les oiseaux du ciel.

Je vous écris de ma chambre où j'entends les joyeux échos du bal, car dans ce benoît jour nous avons eu visites, dîners, sérénades, soirée, violons et inauguration de la petite église d'El-Guisr — église bâtie dans le style roman, et placée sous les patronages de sainte Marie et de saint Maurice[3].

Un moine de l'ordre des Franciscains du Caire, le Père Roger, était venu avec M. de Lesseps pour la consacrer au culte et y dire la première messe. À dix heures, la petite chapelle contenait la colonie en habits de fête, les musiciens étaient dans la tribune et la messe a commencé. Le sermon du Père Roger, tout à fait approprié à la circonstance, était inspiré par ce texte du prophète Isaïe[4] : « *Lætabitur deserta et invia* : Le désert aride et sans

---

[1] Voir Fig. 11, *Voiture de la Compagnie du canal de Suez*, illustration à la p. 6 de l'étude de Paul Merruau, op. cit. Curieusement, l'inventaire Prost de l'album de Berchère ne contient aucune allusion au sujet de cette illustration.

[2] Gâteau, ou « libum », servi avec du miel, offert aux Dieux pour marquer des anniversaires de naissance. Le « Jannual », en l'occurrence, était offert à Janus début janvier.

[3] L'album Berchère contient une image intitulée *Église d'El-Guisr, inaugurée le 1er janvier 1862* (voir Annexe, n° 29 de l'inventaire Prost).

[4] *Isaïe*, XXXV, 2.

voies se réjouira, la solitude sera dans l'allégresse, elle fleurira comme le lis : la gloire du Liban lui sera donnée, elle aura la beauté du Carmel et du Sâron. »

Passant en revue les travaux qui se font dans l'isthme, le prêtre terminait ainsi : « Si quelques-uns d'entre vous perdaient courage et pensaient avec regret à leur patrie qu'ils appellent leur belle France, rappelez-vous, mes amis, que la France est belle surtout parce qu'elle répand à travers le monde les idées nouvelles, les progrès, l'intelligence par ses missionnaires, ses hommes de science et ses travailleurs dont vous faites partie. Les Hébreux, guidés par Moïse, ont imprimé aussi leur pas dans ce désert où vous êtes, mais ils n'ont fait que le traverser, tandis que vous y restez pour le féconder par votre travail, votre volonté et votre énergie. »

Cette cérémonie par laquelle la religion prenait, pour la première fois, possession du désert, a été touchante[1]. Tous se sont sentis faire partie de la famille commune à la voix du prêtre qui leur montrait si bien le chemin ouvert devant eux.

*
**

2 janvier.

Le frappement du rocher a eu lieu, l'eau de la Méditerranée arrive au pied du seuil ; dans un mois l'eau douce sera dans le lac Timsah : le nouvel an sera fertile en miracles.

Cette tranchée que j'ai vu ouvrir dans les lacs Ballah est aujourd'hui terminée, et ce matin l'on s'est porté en masse aux dunes d'El-Ferdane, pour voir l'eau courir dans le canal[2]. Elle arrive doucement d'abord, mouillant à peine le sable qu'elle pénètre, baignant le barrage qui lui fait obstacle et que l'on ne détruit que lentement et petit à petit ; elle monte, s'étale et couvre enfin les deux rives, saluée par les vivats de toute la foule groupée sur les talus et la pente des dunes.

C'était encore une journée de fête, et de fête bien permise : aussi me suis-je donné le plaisir du *kief*, et le soleil couchant me trouvait au village arabe.

J'aime ces heures du soir qui font descendre le calme et le repos et répandent sur la terre des ombres mystérieuses. Les feux des gourbis s'allument, une lumière tremblote dans une tente, et telle forme misérable au soleil, grandie par le crépuscule, tranche sur le fond du ciel par une silhouette pleine de hardiesse et d'imprévu. Les chameaux regagnent les campements, et, vus sur la ligne du désert qui surmonte les maisons très-basses du village, ils ont l'air de marcher sur les terrasses au mépris de toute loi d'équilibre possible et prennent je ne sais quelle allure de bêtes fantastiques et étranges à laquelle leur tournure prête assez.

*
**

Janvier.

Je laisse courir ma plume au caprice des scènes parfois si différentes qui se déroulent sous mes yeux : attendez-vous donc, cher ami, à des modes bien divers dans la façon de les exprimer ; mais il en est ainsi dans la vie de voyage, les impressions se succèdent, se pressent et se mêlent sans grand respect pour les transitions habilement ménagées. Le voyageur est moins heureux que la Sibylle[3] dont les feuilles d'or s'envolaient et se rejoignaient au

---

[1] Après avoir inauguré l'église d'El-Guisr le 1er janvier 1862, le Père Roger allait inaugurer, le 5 janvier 1862, la chapelle à Port-Saïd placée sous l'invocation de Sainte-Eugénie, patronne de l'impératrice. Des fragments du sermon prononcé à cette occasion paraissent dans *L'Isthme de Suez : journal de l'union des deux mers* (n° 135, 1er février 1862), pp. 39-40. Un écrit supplémentaire par le Père Roger, suivant la double inauguration, fut publié dans le *Journal des villes et des campagnes* les 19 et 21 février 1862, et transcrit dans *L'Isthme de Suez : journal de l'union des deux mers* (n° 137, 1er mars 1862), pp. 77-80 et n° 138, 15 mars 1862, pp. 93-96.

[2] « La rigole de service est désormais pleinement établie entre Port-Saïd et Ferdane » (« Chronique de l'Isthme », tenue par Ernest Desplaces, in *L'Isthme de Suez : journal de l'union des deux mers*, n° 134, 15 janvier 1862, p. 17). L'album de Berchère contient une image intitulée *Le Canal maritime au pied des dunes d'El-Ferdane* (voir Annexe, n° 23 de l'inventaire Prost).

[3] La Sibylle de Cumes écrivait ses vers magiques sur les feuilles d'un arbre. Un vent violent faisait de temps en temps tomber et se mélanger ces feuilles, formant ainsi des phrases inintelligibles pour les profanes et accessibles seulement aux hommes à conscience

gré du vent, acceptées religieusement pour les oracles qu'elles dictaient : les rassembler en ordre n'était nullement son affaire. — Mais si mon rôle est moins facile, dites-vous que je n'ai nulle prétention de faire un livre, et que ces lettres ne veulent et ne peuvent être que le reflet sincère du pays que je parcours, et des sensations qu'il me fait éprouver.

Si le village arabe est pour moi l'occasion d'études intéressantes, j'ai trouvé aussi le sujet de bien des heures de travail dans ce vaste enclos que je vous ai dit se nommer le *Transport*.

Le Transport est le *post-office*, le rendez-vous de tout ce qui court, vole et marche, depuis les ânes, les chevaux, les bœufs et les chameaux, jusqu'au piéton qui porte une lettre, au courrier qui transmet un ordre.

Il se compose d'une grande cour carrée toute palissadée et entourée de gourbis en branchages. D'un côté sont les bureaux, et de l'autre les écuries, les parcs où sont entravés, sur une longue corde et devant des auges en terre battue, les chameaux et les dromadaires. Tenant à la fois des khans d'Égypte et des fonducks de l'Algérie, le Transport est très-vivant, très-animé par le mouvement des caravanes qui vont aux campements porter l'eau, les vivres ; par la foule des Arabes qui y entrent et en sortent à chaque instant. Je suis devenu un des familiers de l'endroit, et il n'est guère de jour où l'on ne me rencontre dans une des rues d'El-Guisr, avec un carton sous le bras, et me dirigeant vers le Transport, où il semble que toute l'activité du moment se soit réfugiée.

Je passe des journées entières au parc à dessiner, à peindre. Sauf quelques bêtes assez belles, il n'y a pas, à proprement parler, de dromadaires, mais seulement des chameaux plus fins, plus développés en jambes et que l'on appelle des chameaux coureurs. Les bêtes de somme appartiennent à la race que l'on trouve par toute l'Égypte, grande, forte, un peu lourde. Quelques-unes viennent des races asiatiques et maugrebines[1], et sont reconnaissables à leur cou et à leurs épaules couvertes de longs poils. En somme, les bêtes que j'ai sous les yeux sont loin d'être aussi gracieuses que celles du désert du Sinaï, race arabe plus petite, moins forte, mais dont la tête fine et bien attachée ressemble à celle de la gazelle.

Je suis bien un peu dérangé par mes modèles : l'un se couche, l'autre se lève ou me tourne le derrière quand je le dessine de côté ; parfois une razzia m'enlève toute une file de mes bêtes ; alors, quand les besoins du service ont par trop fait le vide dans mes sujets, je me rebats sur leurs maîtres que je trouve dans la grande cour, couchés sous les gourbis, causant à la porte des tentes ou cherchant l'ombre qui rase les murs.

Je rencontre là à peu près toute la population du désert : Arabes Fellahs, noirs amenés par les travaux du canal, Arabes nomades, Souëlets, Aiaïdés d'El-Arish, des plateaux de la Syrie et des tribus de l'Ouady.

Le costume est presque le même pour tous et ne varie que dans quelques détails. C'est la longue chemise à manches pendantes, quelquefois bleue, le plus souvent blanche ; une ceinture en cuir ou simplement une corde ; pour armes des pistolets, un fusil ou un sabre ; pour coiffure tantôt le turban, tantôt la couffiéh, mouchoir en soie, brun ou à raies jaunes et rouges fixé sur la tête par une corde en poil de chameau, et dont les coins flottent, ou, ramenés autour du visage jusqu'à la bouche, ne laissent apercevoir qu'un masque sombre qu'illuminent deux yeux noirs. Le vêtement de dessus se compose du mach'las noir ou rayé, ou de la grande couverture brune en laine, qui, posée sur l'épaule, entoure le corps et va retomber sur les reins avec de beaux plis à la façon des toges romaines.

Quant au visage des hommes qui se meuvent sous ces costumes, je serais assez embarrassé d'en fixer le type, tant le mélange des sangs et des races l'a sans doute altéré : à côté d'un nez droit se trouve un nez camard ; à côté d'une bouche finement dessinée, une bouche lippue. Mais ce qui rapproche toutes ces figures, c'est la couleur du teint passant du brun aux teintes les plus colorées, ce sont les pommettes généralement saillantes, les dents blanches et les yeux, qui sont tous grands et beaux.

J'ai devant moi trois personnages aux âges différents de la vie, dont les traits résument la physionomie des nomades de cette partie du désert : un grand vieillard à barbe blanche, chef chamelier d'El-Arish, habillé d'une longue robe verte et d'un manteau noir ; sa figure est longue et maigre, et son nez en bec d'aigle le fait beaucoup ressembler à un Arabe saharien ; un chef chamelier de M. de Lesseps, dont le type iduméen[2], les yeux bien fendus et doux, le nez droit, la bouche souriante, rappellent la figure que les peintres ont donnée au Christ ;

éveillée.
[1] Orthographe actuelle : « maghrébines ».
[2] L'Idumée (*Idumæa*) est une région au sud de la Palestine, que les Israélites devaient traverser pour commercer avec l'Égypte et l'Arabie.

enfin un enfant de sept ans amené par son père, frais, rose, sous une peau un peu brune, et qui tient autant de la jeune fille que du garçon.

Ce que je puis dire, c'est que, drapés, nus ou couverts, ils sont intéressants, qu'ils ont cette franchise d'allure, cette souplesse du mouvement que donne seule la libre habitude du corps.

Je vis beaucoup au milieu d'eux, j'y suis en pays de connaissance et ils se prêtent complaisamment à mes études, grâce un peu à la rencontre d'un domestique que j'avais eu chez moi, et que j'ai retrouvé chez le chef directeur du Transport comme garçon de bureau.

Hassan est de la haute Égypte. Qu'a-t-il fait depuis six ans que je l'ai quitté, et par suite de quelles circonstances se trouve-t-il au milieu du désert ? Quels pays a-t-il parcourus ? En Nubie il voulait me quitter pour aller du côté de l'Abyssinie à la recherche de sa mère, — recherches à travers des pays sans nom, sur des indications bien vagues, ce dont je l'avais détourné. — Je crois comprendre qu'il a remonté le Nil jusqu'à Kartoum, qu'il est allé en Syrie, puis revenu en Égypte, qu'il s'est trouvé engagé par des Européens employés au désert. Il a toujours sa même figure un peu triste, son rire silencieux ; je ne sais si dans ses longues pérégrinations il a ramassé un pécule ; en tout cas il ne porte pas la veste capucine de hussard.

Singulière existence que celle de tous ces émigrants à la recherche d'une position sociale et… domestique ! Il y aurait, en les faisant causer, plus d'une observation à recueillir, plus d'une Odyssée curieuse à entendre.

Il me souvient d'avoir vu chez mon ami B¹., consul à Suez, un Barbarin dont l'histoire était assez singulière ; laissez-moi vous la raconter : Emmené du fleuve Blanc par des Allemands qui étaient venus y recruter une ménagerie, ce Barbarin les avait suivis à travers toute la Russie et l'Allemagne, montreur de bêtes et peut-être montré à son tour. Arrivé en France et possesseur de quelque argent, il avait quitté la ménagerie, emportant comme résultat de ses voyages deux choses : la connaissance de notre langue prononcée à l'allemande et une étude faite aux savonneries de Marseille où il était resté quelque temps pour subvenir aux frais de sa traversée. Là, expérimentant les savons, une idée bizarre avait germé dans sa cervelle : il avait rêvé de devenir fabricant à son tour. Il va sans dire qu'en Égypte ses projets n'avaient pas réussi, écrasé qu'il fut par la concurrence que lui faisaient sur la place les savons de Jérusalem. Je le trouvai donc à Suez, dominant de sa science des voyages tous les domestiques d'alentour, tenant parfaitement le ménage de mon ami, serviteur précieux dans les excursions, mais n'aimant à marcher qu'à sa guise, et nous disant fort bien, à l'heure du dîner quand nous mourrions de faim : *Allez fous, che ne suis bas brêt.* De temps à autre il mettait la clef sous la porte, quand le consul était au Caire, pour aller faire un tour au pays, si bien qu'un jour il y est resté et que mon ami ne l'a plus revu.

✱✱✱

Janvier.

Depuis mon arrivée à El-Guisr, le temps est assez égal, le thermomètre se tient en moyenne entre 12 et 18 degrés centigrades, et si ce n'était les vents d'ouest qui, sur ce plateau, nous arrivent sans obstacle, il ferait une température délicieuse semblable à celle de nos printemps. Ces vents heureusement sont intermittents, et à quelques jours de bourrasques succèdent des semaines de repos pendant lesquelles on éprouve un réel bien-être.

Les contingents nous arrivent. Ceux du lac Ballah ont été portés, partie sur Tell-Deffeneh, partie sur le Seuil, et, de mes fenêtres, j'ai vu ce matin une nombreuse caravane traverser le désert. Les travailleurs se suivaient à la file, et leurs premiers groupes avaient disparu que le défilé durait encore. C'étaient des *fellahs* se rendant aux chantiers qu'on leur a ménagés entre El-Guisr et El-Ferdane.

---

[1] Louis Batissier (1813-1882), médecin et archéologue, qui fut également vice-consul de France à Suez. Il fut inspecteur de monuments historiques de l'Allier avant d'être chargé de mission en Grèce, Syrie, et Asie Mineure. Il publia des travaux de recherches archéologiques (par exemple, *Le Mont Dore et ses environs*, 1840), des mémoires relatifs à l'ancien Bourbonnais et *Le Nouveau Cabinet des fées* (1864), contes choisis, précédés d'une notice sur les fées et les génies. *Bazar de Suez*, tableau de Narcisse Berchère conservé à Moulins, au musée Anne-de-Beaujeu, porte la dédicace : « à Batissier ».

Je faisais hier une course jusqu'à l'emplacement de la future ville de Timsah dans l'ouest du lac. Au moment où, prêt à monter à cheval, j'allais quitter mon appartement, je vis entrer chez moi un conducteur de travaux de l'entreprise que j'avais eu souvent l'occasion de voir à El-Kantará.

— Et comment êtes-vous ici ? lui dis-je en lui pressant la main. Seriez-vous par hasard aujourd'hui des nôtres ?

— Oui, me répondit-il, je vais occuper le chantier n° 6 ; nos travaux au lac Ballah sont finis, et je viens prendre possession de ma nouvelle demeure. Mais vous étiez prêt à sortir ; si vous allez au lac, je vous accompagne, et nous causerons chemin faisant.

— Volontiers, mais à la condition d'un léger changement dans votre itinéraire : je vais à Timsah par la route des dunes, curieux que je suis d'étudier le mouvement des sables : venez d'abord avec moi, je vous ramènerai ensuite à votre chantier.

— Au fait, dit-il en consultant sa montre, j'ai quelques heures devant moi, et mes bagages ne doivent arriver qu'à la nuit.

Nous sortîmes et nous eûmes bientôt dépassé les maisons d'El-Guisr et le village arabe.

— Monsieur est un savant ? me dit mon compagnon en allumant une cigarette.

— Non, mon cher, je suis un ignorant ; mais je vois, je regarde, et j'aime à me rendre compte des choses qui me frappent. Attendez-vous donc à subir un interrogatoire en règle, et à répondre aux questions que je pourrais vous adresser.

— À votre aise ; je suis tout à vous.

Des premiers arrivés au désert et ne l'ayant pas quitté depuis, grand, bronzé comme un Arabe, actif, énergique, mon compagnon était l'homme qu'il me fallait pour compléter ce que je savais déjà des commencements de l'entreprise. À la vie de Port-Saïd il me restait à ajouter la vie du désert.

— Puisque je désire m'instruire, lui dis-je, initiez-moi, je vous prie, au genre d'existence que vous avez menée depuis que vous êtes ici. Parlez-moi de vos premiers travaux, c'est ce que je suis curieux de connaître.

— Nos débuts ont été entravés par bien des difficultés, me dit mon compagnon. Sentinelles avancées, jetés sur les points que le canal devait parcourir, nous avons dû, presque seuls, étudier le terrain, faire les tracés au milieu d'un pays qui nous était inconnu. La lutte était de chaque jour, contre tout et contre tous. Si nous étudiions la ligne que devait suivre le canal, souvent le piquet que nous avions planté pour nous servir de jalon avait disparu, arraché par l'Arabe qui le prenait pour consolider le bât de sa monture ou entretenir le feu de sa halte.

Les premiers ouvriers qui nous arrivèrent, levés sur les villages par ordre du vice-roi, croyaient à des corvées exigées par le gouvernement. Pensant qu'on ne leur fournirait pas de vivres, qu'on ne les payerait pas, ils se refusaient à travailler, et par des nuits obscures désertaient en masse. Que de fois n'a-t-il pas fallu courir après eux, prier, commander, décupler ses forces morales pour parvenir à les ramener ? Une nuit, me précipitant au-devant de mes hommes qui fuyaient, j'ai été renversé de cheval par un coup de gargoulette, foulé aux pieds, et cependant je suis parvenu à les maintenir et à les ramener au campement. Et que de choses s'ajoutaient encore à ces premières difficultés ! Les faiblesses, les craintes, les maladies, les nuits froides d'hiver, les vivres n'arrivant pas, le biscuit, l'eau saumâtre, les caravanes apportant ce qu'il nous fallait pour vivre, arrêtées en route.

Il y a trois ans que je vis sous la tente, et pour la première fois ce soir je vais dormir sous un toit. Souvent je me suis égaré dans le désert, et, dans l'impossibilité de me guider dans la nuit et de retrouver ma route, j'ôtais la couverture de mon cheval, et m'en enveloppais pour m'étendre sur le sable, attendant ainsi les premières lueurs de l'aube.

Cette vie a été âpre, sévère, souvent pleine d'anxiétés ; je ne veux pas nous faire meilleurs que nous sommes, mais croyez qu'il a fallu à quelques-uns d'entre nous une abnégation, une force et une énergie peu communes.

Pour vous, pour le voyageur qui passe, le désert se présente avec tout son imprévu, sa poésie grandiose, ses mirages et ses reflets changeants ; il ne vous en reste, rentrés chez vous, qu'un souvenir plein de charmes ; mais songez à ceux qui doivent y vivre, ayant éternellement le même horizon, les mêmes aspects sous les yeux ; à ceux pour lesquels la vie d'hier est celle d'aujourd'hui et sera celle de demain, et vous jugerez alors que notre vie obscure et toute au travail n'a pas été sans quelque mérite.

On nous a accusés de tâtonnements, de lenteur et de paresse. Notre existence aux débuts de l'œuvre, vous en pouvez juger, et le meilleur argument à produire en sa faveur est de montrer ce qu'elle est aujourd'hui, facile, commode et largement pourvue. Vous avez vu nos campements, nos villages, et nous voici sur le plateau de Timsah, plateau nu sur lequel s'élèvera bientôt une ville.

Nous avions dépassé les dunes que j'avais pris soin d'étudier, et nous arrivions en effet sur le plateau de Timsah qui se trouve à l'extrémité de la courbe que le lac décrit dans l'ouest. Trois maisons sont élevées à l'extrême gauche, et la ville future, partant de ces constructions premières, arrivera jusqu'au bord du lac par un quai qui aura cinquante mètres de largeur et se développera devant le grand port intérieur de l'isthme, dominant tout le lac et les dunes en regard des montagnes de Suez. L'on se propose, sitôt l'enlèvement du seuil achevé, de se mettre activement à la ville, et d'y transporter tout le personnel actuellement à Damiette.

— Pour satisfaire en entier votre curiosité, me dit mon compagnon en remontant à cheval après une demi-heure passée sur le plateau, je puis vous parler maintenant de nos travailleurs. On nous a fait le reproche d'avoir usé quelquefois à leur égard de mauvais traitements ; il y a eu là une exagération et surtout une malveillance évidentes. Je vous ai montré la peine que nous avions eue à maintenir nos premiers contingents et à les obliger au travail ; il nous a fallu faire usage de notre prestige d'Européens et employer à la fois et l'autorité de la parole qui nous fait craindre, et le bras qui réprime : si plusieurs peut-être ont été au delà des limites permises, un juste blâme les a ramenés au devoir ; mais le jour où livrés à nos seules forces, l'on nous demandait d'exiger deux ou trois mètres cubes de déblais par homme, que serions-nous devenus si nous n'eussions pas eu entre les mains l'autorité nécessaire pour faire exécuter le travail ?

Nos hommes d'aujourd'hui n'ignorent pas ce que nous sommes pour eux, ils savent bien qu'on les abrite, qu'on les paye et qu'on les nourrit. Grâce aux fruits de l'expérience, les choses ont pris une bonne marche, et les contingents nous arrivent accompagnés de maouns (officiers), de cheiks, et c'est sur eux que tombera la responsabilité du travail à exécuter.

On parle même d'un bey qui, envoyé par le vice-roi, aura l'autorité générale sur les travaux. Je l'aime mieux ainsi, et notre tâche sera plus facile. Mais croyez-m'en, le fellah est un peu comme la femme de Sganarelle, il demande à être battu[1] — par ses pairs, il est vrai. — Si vous êtes allé au village arabe, vous avez dû voir sur une petite place une peau de bœuf étendue à terre : c'est le lit de justice de la Thémis arabe, l'endroit où l'on applique la bastonnade. Le lieu est rempli des arguments les plus persuasifs, et nos philanthropes feront bien de le visiter.

Que l'on nous donne des chefs ayant autorité sur nos travailleurs. Nous le demandons, car la chose qui nous répugne le plus, c'est d'avoir à sévir par nous-mêmes.

Causant de la sorte, nous avions quitté Timsah, traversé le campement du lac, et nous gravissions le plateau où s'élève la maison du vice-roi, en même temps qu'une troupe d'une cinquantaine de *fellahs* qui avait quelques pas d'avance sur nous.

— Voyez-les, me dit mon compagnon en étendant la main, voici nos hommes, aimant le kief, inconscients du temps qui s'écoule, de la journée qui pour eux n'a pas d'heures ; bonnes gens au fond, car depuis trois ans que nous sommes ici en nombre si infime, il n'y a pas eu un crime, un seul meurtre à enregistrer. Pauvres diables, taillables et corvéables à merci depuis l'invention des pyramides, couverts d'une blouse, d'un pauvre manteau, emportant avec eux toute leur fortune : quelques piastres dans un coin de la ceinture, du biscuit dans un pli de la robe et une gargoulette d'eau sur l'épaule.

Nous étions arrivés au chantier 6.

— Et mes effets de campement, Mohammed ?

— Ils sont arrivés, Sidi.

— Et mes malles ?

— Dans la chambre.

— Au revoir, me dit mon compagnon en me tendant la main, souvenez-vous que c'est ici le toit d'un ami.

— Je ne l'oublierai point, lui dis-je, et quand vos tranchées seront occupées par les travailleurs, je viendrai vous demander une hospitalité de quelques jours.

---

[1] Dans *Le Médecin malgré lui*, Sganarelle bat sa femme. Celle-ci accepte d'être battue, mais ne s'en venge pas moins en disant à deux domestiques, en quête d'un médecin habile, que Sganarelle est le plus habile qui soit, mais n'en conviendra que si on le bat.

Je le laissai s'emménager dans sa nouvelle demeure et pris le chemin d'El-Guisr, syllogisant avec moi-même sur la longue conversation que je venais d'avoir. Je pensais à ce qu'avait déjà créé l'entreprise des travaux ; au mouvement intéressant qui allait bientôt se produire sous mes yeux, à cet effort commun qui faisait affluer des divers points de l'Europe tous ces soldats de la même cause, et je me disais : si le travail est un des buts qu'il faille poursuivre en ce monde, ouvriers, constructeurs, chefs, ingénieurs, tous, du petit au grand, ont fait leur devoir.

19 janvier.

Je rentrais ce matin pour déjeuner quand mon domestique me dit :
— Sidi, il y a là quelqu'un qui t'a fait demander.
— As-tu fait entrer cette personne ?
— Non, elle est ici près, dans la chambre du président.

Je traversai le corridor et frappai à la porte. Aucune réponse : je me hasardai à ouvrir ; la chambre était dans l'ombre, et j'entrevis quelqu'un étendu sur le divan ; je venais évidemment de déranger un dormeur.
— Qui est là ? dit une voix ; que me veut-on ?

Je me nommai avec force excuses, et dans la personne qui se leva je reconnus M. le comte de S...[1], que j'avais eu l'honneur de connaître à Paris et que je savais dans l'Isthme.

Après les premières paroles échangées :
— Ça, me dit-il, je retourne demain dans l'Ouady. L'on vous attend depuis bien des jours à Tell-el-Kébir ; les travaux du seuil ne seront intéressants pour vous que dans une vingtaine de jours ; je vous emmène, et vous serez mon compagnon de route.

Je pars donc demain matin. Je suis un peu fatigué du désert, mes yeux aspirent à voir autre chose que du sable, j'ai soif de verdure, et je comprends, depuis quelques jours, le bonheur que l'on éprouve à contempler une touffe d'herbe. Je cours à mon voisin dès qu'il m'appelle et que, me montrant son petit jardin de dix pieds de long sur deux de large, il me dit : Regardez mes volubilis, mes mauves, venez voir mes radis, dans huit jours, je vous ferai manger des choux-fleurs.

Je prépare mes cartons, ma boîte à couleurs, et mets des cartouches dans ma gibecière. À bientôt, mon ami, à Tell-el-Kébir.

---

[1] Il s'agit du comte Adolphe Sala. Royaliste légitimiste et originaire du Piémont, il participa, en 1832, au petit groupe qui essaya de soulever la Vendée en faveur du duc de Bordeaux, fils de la duchesse de Berry. Le comte Sala faisait partie du corps des ingénieurs travaillant avec Ferdinand de Lesseps aux travaux de percement du canal de Suez, où il trouvera la mort au cours d'une révolte et sera inhumé à Ismaïlia. Le 27 avril 1862, au nom de Ferdinand de Lesseps, il posa la première pierre de la ville d'Ismaïlia (voir p. 78, n. 2). D'après les registres du Comité de Direction de la Compagnie du Canal de Suez, le comte Sala « est envoyé en mission et mis à la disposition de M. le Président en Égypte » (CAMT, 2000 036 649). À la séance du 10 avril 1862, il est nommé « Inspecteur général de la Compagnie », avec « direction du domaine de l'Ouadée » (CAMT, 2000 036 650). À celle du 22 avril 1863, sur la proposition du comte Sala, un don sera fait à Berchère par l'Économat de la Compagnie (CAMT, 2000 036/651). Dans une lettre, en date du 20 février 1862, et adressée au duc d'Albuféra, vice-président de la Compagnie, Lesseps annonce que « les négociations pour le renouvellement des baux du domaine du Ouady ont été heureusement terminées » (*Lettres, journal et documents pour servir à l'histoire du canal de Suez, op. cit.*, 1879, t. IV, p. 172). Les négociateurs réunis à cette occasion par Lesseps étaient M. le comte Sala, M. Guichard et M. Vernoni. Lesseps avait déjà fait l'éloge du comte Sala dans une lettre adressée au duc d'Albuféra, en date du 10 mars 1861, où il signale l'« honorable caractère » du comte, « son expérience et sa connaissance des affaires », qualités que Lesseps prévoit comme susceptibles d'être « très utiles » à l'administration de la Compagnie (*Id., ibid.*, p. 31).

Tell-el-Kébir, 21 janvier.

Je viens d'arriver, je m'installe, et, appuyé au balcon de l'escalier qui conduit à ma chambre, j'ai pris possession longuement, avec une joie intime, du calme paysage que j'avais sous les yeux.

Le soleil disparaissait lentement derrière les hauts bois de dattiers, dessinant leurs troncs par de longs filets d'or bruni, et laissant deviner sa marche à la poussière lumineuse dont il empourprait leurs palmes. Le village du Tell[1] s'emplissait d'ombres, et ses contours s'estompaient dans les fumées qui s'échappaient des maisons et des terrasses ; la plaine où le soleil envoyait un dernier adieu se fondait à son tour dans une teinte violette d'une douceur infinie ; une masse sombre indiquait à quelque distance l'emplacement du vieux Tell, des feux de campement s'allumaient au loin, tandis que le bouvier brillait dans le crépuscule, et que la nuit descendait paisible et radieuse avec son cortège d'étoiles.

— Eh bien, notre pays vous semble-t-il beau ? me dit mon hôte.

— Si beau, lui dis-je, comme nous quittions le balcon pour aller nous mettre à table, qu'il me semble la terre de promission, et que vous serez obligé de m'en chasser pour me renvoyer au désert.

Je ne veux vous indiquer que sommairement l'itinéraire que j'ai suivi, devant revenir, à ma sortie de l'Ouady, aux lieux que je n'ai fait que traverser d'une course rapide.

Partis hier matin d'El-Guisr, M. de S... et moi, nous traversions le lac Timsah, le campement de Néfich[2], les tranchées du canal d'eau douce couvertes de travailleurs, et Bir-Abou-Ballah pour arriver à Makfar, petit campement qui dessert la portion du canal actuellement en service. Une barque nous y attendait, et, renvoyant nos montures, nous mettions à la voile, passant rapidement devant Rhamsès pour aller faire notre couchée à Maxamah. Il était nuit quand nous arrivions au campement, et à la lueur des étoiles j'apercevais un lac, puis une chaussée au bout de laquelle étaient les maisons où nous devions recevoir l'hospitalité.

Nous repartions ce matin, glissant lentement sur le canal, et remorqués par nos hommes qui hélaient la barque à grand'peine. Le vent qui nous secondait la veille nous faisait défaut aujourd'hui ; nous regardions d'un œil jaloux les barques qui nous croisaient et qui, plus heureuses, s'en allaient penchées sous leurs voiles ; il était près de midi, le courant rendait notre marche plus pénible et nous empêchait d'avancer.

— Compter déjeuner à Tell-el-Kébir me paraît présomptueux, me dit M. de S... ; au pas dont nous allons, nous y serions à peine ce soir ; m'est avis que nous gagnions pays de notre pied léger : une promenade vous convient-elle ?

— Oh ! bien volontiers.

— Déjeunons d'abord, dressons la table et voyons le menu.

Vérification faite de nos poches, nous en sortîmes trois tablettes de chocolat.

— O fortune ! nous sommes riches, et nous trouverons du pain à Raz-el-Ouady, chez un mien client, que je traite d'une dysenterie.

Et comme nous approchions :

— Voilà le malade, me dit M. de S..., en me montrant un Européen debout à la porte d'une tente ; — vous voyez que ma science fait merveille, — et voici la manne, ajouta-t-il en s'emparant d'un pain qui se trouvait sur la table. Bonne chance à la barque, et maintenant en route. Vive l'imprévu ! La galère capitane fait défaut, nous avons nos jambes ; le déjeuner s'évanouit, voilà l'en-cas de voyage. Vous êtes heureux, vous allez voir la campagne, mieux que nous ne l'eussions fait, emprisonnés dans les berges du canal. — En marche donc, *e viva la libertà !*

C'est ainsi que ce matin j'ai fait mon entrée dans l'Ouady.

M. de S... avait raison, le hasard ou le vent contraire nous servait bien, et mettant pied à terre, je pus d'un coup d'œil embrasser l'ensemble de l'Ouady. Devant nous, et bornée par un rempart de dunes qui fermait l'horizon du côté du désert de Suez, s'étendait une plaine toute verte sur laquelle on apercevait des groupes de tentes et quelques villages avec des arbres et des bouquets de dattiers. Des champs de cotonniers semblables à une neige tombée de la veille, des bercims (trèfle blanc), des lupins en fleur, des jeunes blés verts, des ruisseaux dont les

---
[1] Voir Fig. 12, *Le Village de Tell-el-Kébir*, illustration à la p. 8 de l'étude de Paul Merruau, *op. cit*. Voir aussi la Planche qui paraît en couverture de ce livre et l'Introduction *supra*, p. xxiv et n. 72.
[2] L'album de Berchère contient une image intitulée *Campement de Néfich, à 6 kilomètres d'El-Guisr* (voir Annexe, n° 58 de l'inventaire Prost).

bords étaient couverts de joncs et de fleurettes mignonnes, passaient tour à tour sous nos yeux. Au milieu du calme des champs l'on entendait seuls le léger murmure du vent qui passait sur les herbes qu'il courbait à peine, le chant d'oiseaux perdus dans le feuillage ou le bêlement des grands troupeaux qui paissaient dans la plaine. Le printemps était dans l'air, le bleu du ciel avait des profondeurs infinies ; tout était joie, mélodie et lumière, contraste entre cette verte oasis et le désert que nous quittions il y avait quelques instants à peine.

Le chemin se faisait gaiement, au milieu des rires et des causeries. Parfois nous gravissions la berge du canal pour jeter un coup d'œil sur les barques dont on apercevait la voilure ; parfois nous nous arrêtions aux portes d'un village à voir passer un cortège de mariée au son des flûtes et des you-you des femmes, et nous arrivions en vue du château de Tell-el-Kébir, sans nous être aperçus du temps que nous avait pris notre promenade.

∗
∗

22 janvier.

Tell-el-Kébir, où je viens faire halte pour quelques jours, est un grand village situé au milieu de l'Ouadie-Toumilat ou l'Ouady, comme on dit simplement, et le plus important de cette belle propriété de vingt-cinq kilomètres de long sur trois ou quatre de large que la Compagnie vient d'acquérir, afin d'être maîtresse de tout le parcours de son canal d'eau douce, commençant à Zagazig pour aboutir à Suez.

L'Ouady dans ses limites forme ce qui s'appelait autrefois la terre de *Gessen* — la terre des pâturages — que les Hébreux vinrent occuper sous la conduite de Jacob, attirés par Joseph, et qu'ils quittèrent avec Moïse, vers le dix-septième siècle avant notre ère.

Entouré d'une ceinture de jardins, le village du Tell est bien situé, sur un léger exhaussement de la plaine. S'il a beaucoup souffert, par suite de la dépopulation de l'Ouady, si beaucoup de ses maisons sont en ruine, si sa mosquée chancelle, la verdure qui l'entoure dissimule sa misère, et le dôme de ses palmiers et des orangers lui forme une splendide couronne. Sur un pan de mur qui croule se dressent les raquettes du nopal, la vigne accroche ses vrilles au tronc des mûriers, et le pâle feuillage de l'olivier se mêle au grenadier en fleur.

Puis le soleil jette si à propos ses flèches dorées au milieu de la verdure, des cours et des rues solitaires, il dessine si bien dans une traînée lumineuse les figures qui traversent les sentiers s'ouvrant sur la campagne, que tout s'éclaire et resplendit ; et les maisons en terre et les pauvres échoppes, tout, même les tentes en guenilles d'une tribu de bohémiens en voyage, campés au pied des murailles. C'est un grand magicien que le soleil ! avec lui le haillon devient pourpre.

Je prends possession de mon domaine, je cours le village, je vais à l'aventure, errant dans les jardins et sous les arbres, ou le long du canal d'eau douce, qui forme la limite de l'Ouady, et qui passe à quelques cents mètres de la maison.

Nous sommes au printemps : c'est le moment des bercims, ils couvrent la terre, et tous les animaux, ânes, chevaux, moutons, buffles, sont au vert et tondent à belles dents cette large pâture. L'on récolte les cotons, ses houppes blanches vont s'entasser dans de grandes couffes, tandis que quelques flocons plus légers s'envolent au vent comme des fils de la Vierge et s'accrochent aux buissons des haies. Les enfants babillent, déplacent le piquet des bêtes qui pâturent, courent après les moutons noirs et roux, et l'ibis blanc, — le petit héron garde-bœuf, — chemine tranquillement au milieu des troupeaux ou sur les pas du laboureur, cherchant les insectes qui sortent de la terre ouverte par le soc de la charrue.

Si j'avais à le peindre, je voudrais ne rien changer au tableau calme et reposé que j'ai sous les yeux ; tout y est en harmonie : les taches que font les troupeaux au milieu des verdures, les plaines fertiles, les voiles blanches qui naviguent sur le canal et le désert qui se révèle à droite et à gauche par ses dunes et par son horizon doré.

∗
∗

Janvier, même date.

Le château du Tell a grande mine[1], il n'a rien qui sente son parvenu, et sa façade blanche percée de fenêtres grillées me plaît singulièrement. Bâti au temps du vieux Pacha, il n'a qu'un seul étage, auquel conduit un large escalier qui, appuyé sur la façade, coupe par une ligne heureuse ce que cette grande surface aurait de trop uniforme. Un porche, formé de deux colonnes blanchies à la chaux, soutenant la plate-forme de l'escalier, conduit à la maison, et dans l'ombre qu'il projette l'on aperçoit un long banc garni de dalles toujours occupé par les gens de service et par les Arabes qui viennent apporter des nouvelles ou attendre leur moment d'audience. Cette grande maison blanche encadrée par le bleu du ciel et la verdure des jardins, la porte entrebâillée qui laisse filtrer un rayon de lumière, les ombres bleues que portent les colonnes sur le mur, les groupes des figures debout ou couchés, les chevaux entravés au soleil, la tête couverte de leur crinière, forment un ensemble d'une tournure assez fière.

Au dedans de la maison, même simplicité qu'au dehors : de grandes pièces parmi lesquelles celle d'entrée sert de salle à manger, deux immenses salons servant de divans, meublés à la turque, et dont l'ordonnance se répète à l'étage supérieur.

Si je m'amuse à vous décrire ce qui m'entoure, c'est qu'il est, cher ami, des instants où la vie est donnée à la sensation présente, aux séductions qu'elle exerce, à l'oubli de tout ce qui n'est pas dans notre horizon. Ce sont des heures heureuses qui passent, laissant une trace à peine sensible, tant elles s'écoulent paisibles, tant elles apportent au cœur le calme et le repos qui règnent dans une nature riche et privilégiée. On se prend à regarder l'eau qui murmure, à suivre de l'œil la nuée qui passe, les longs troupeaux qui soulèvent la poussière des chemins ; on écoute le bruit léger du vent dans le djerid des palmiers, le roucoulement des tourterelles et des ramiers cachés dans le feuillage, et, sous ces arbres chargés de fruits, la ballade de Mignon[2] vous vient à la mémoire : Connais-tu le pays où fleurit le citronnier, où la pomme d'or de l'oranger mûrit à l'abri de son feuillage sombre ; on voyage au pays des rêves à la suite d'Obéron et de Titania[3], et il faut que le soleil s'incline et fasse à vos pieds grandir l'ombre, pour vous donner conscience de la chute du temps.

Janvier.

Notre maison du Tell n'abrite pour l'instant que quatre personnes : le comte de S..., un de ses amis, M. G[4]..., venu pour organiser la prise de possession de l'Ouady, veiller aux cultures des jardins, et s'occuper des intérêts nouveaux que suscitera la propriété, un interprète et moi.

Dispersés le jour chacun de notre côté, le soir nous rassemble ; c'est l'heure des causeries, des projets que, au sortir de table, l'on va continuer dans le divan. Réformes, cultures, histoires, nouvelles d'aller leur train ; la conversation passe d'une course sur Paris à des souvenirs intimes, d'une réflexion sérieuse à des propos joyeux, et cette grande pièce dont les extrémités se perdent dans l'ombre, et que nos bougies éclairent à peine, s'anime et se peuple de bruits. Au dehors, la nuit s'est faite profonde ; on entend le cri de la chouette et de l'engoulevent ; le

---

[1] Du Château de Tell-el-Kébir Berchère exécuta un dessin (Marseille, Musée des Beaux-Arts). L'album de Berchère fait mention également d'une image du *Château de Tell-el-Kébir à l'Ouady-Toumilat, propriété de la Compagnie* (voir Annexe, n° 62 de l'inventaire Prost). Voir aussi Fig. 13, *Le Château de Tell-el-Kébir*, illustration à la p. 7 de l'étude de Paul Merruau, *op. cit.* On en trouve un dessin préparatoire dans *L'Illustration : journal universel* (Paris, 14 février 1863, XLI, n° 1042), p. 101, présenté par VIATOR comme « dessin que Berchère n'avait pas jugé indigne de sa collection, quand, l'an passé, il composait, lui aussi, dans l'isthme de Suez, un album qu'il a eu l'honneur de présenter aux Tuileries. » À droite, le dessin fait voir, à travers des palmiers, les voiles des barques qui sillonnent le canal d'eau douce derrière le château.
[2] Personnage du *Wilhelm Meister* de Goethe.
[3] Personnages du *Songe d'une nuit d'été* de Shakespeare.
[4] Jules Guichard, qui dirigea le service agricole, créé à la suite de l'achat à un membre de la famille vice-royale du domaine de l'Ouady en mars 1861 (voir p. 43, *supra*, n. 1), jusqu'à la suppression de ce service après la revente de l'Ouady au gouvernement égyptien en 1866. Avec le comte Sala, Jules Guichard négocia le renouvellement des baux dans ce territoire couvrant dix mille hectares. Sous sa direction, la Compagnie y créa un domaine agricole, en louant les terres à des fellahs et à des bédouins. À partir de 1866, il fut muté dans le service du transit et du transport.

vent vient murmurer aux fenêtres. C'est l'heure des incantations mystérieuses, et un des domestiques, apportant une clef monumentale qui ouvre la porte de l'appartement que nous occupons, M. de S... et moi, au premier étage, se sauve au plus vite pour gagner le village ou les communs ; car des fantômes, de vrais fantômes, hantent la maison, au dire de nos serviteurs, et, à quelque prix que ce soit, vous ne feriez rester l'un d'eux la nuit dans l'intérieur du château.

Nous voilà seuls ; la conversation se prolonge un instant et l'on se sépare. Nous montons le grand escalier extérieur, restant un instant à regarder les étoiles, et la porte se referme sur nous.

— Êtes-vous bien, avez-vous ce qu'il vous faut ? Bonsoir.

Et je vois le comte disparaître par un petit escalier qui mène à une chambre qu'il s'est choisie dans l'intérieur de l'étage. Son ombre grandit, monte et se projette au plafond d'une façon fantastique à mesure qu'il disparaît lui-même. La voix s'éteint et je reste seul livré aux fantômes qui ont pris possession de la partie que j'habite...

M. de S... est grand réveil-matin, et il fait jour à peine que je le vois posé devant moi.

— Allons, me dit-il, voici l'aurore ; vite à la terrasse, et regardez ce pays : c'est Éden sortant au premier jour des mains du Créateur.

Je murmure bien un peu, mais le sentiment d'indicible beauté qui s'exhale de cette nature me fait oublier bientôt et mon lit et le sommeil interrompu.

C'est le même pays que la veille au soleil, mais l'effet a changé sous les teintes les plus douces et les plus délicates. La plaine est comme endormie, les dunes commencent à se teindre de rose pendant que le village et les bois de dattiers sont plongés dans l'ombre encore ; le rideau de légère vapeur qui couvre les fonds se déroule peu à peu, se dissipe, et le soleil paraît, dorant les premières branches des arbres, et salué par le chant joyeux de tous les oiseaux de l'oasis.

Ma journée se continue dans les jardins, vers les entrées du village où je suis le mouvement de la vie arabe, la sortie des troupeaux, les femmes allant au ruisseau laver le linge et puiser de l'eau pour les besoins du ménage. Quelquefois je prends le chemin du vieux Tell, village à une demi-heure du château, groupe de masures avec de beaux et grands jardins remplis de palmiers, une petite mare couverte d'oiseaux, et les ruines encore assez fières du premier château que Méhémet-Aly se fit construire dans l'Ouady. — On retrouve les fossés qui l'entouraient, des cours, quelques bâtiments, et les restes d'un grand pan de muraille percé de fenêtres en ogives. Le sol est effondré, et en marchant on fait voler la poussière qui s'échappe des décombres, et fuir vers les crevasses de gros lézards gris qui se chauffent au soleil.

*
**

Janvier.

Depuis quelques jours, M. G... et moi sommes pris d'une belle passion de chasse. Vers le coucher du soleil, nous prenons vite nos fusils et, traversant le village, nous gagnons l'extrémité des cultures où, au milieu des joncs et des alfas, se trouvent des petites mares et des cours d'eau, dérivation du grand canal. Pour moi, c'est une promenade à une des heures que j'aime le mieux, puis c'est aussi une causerie avec un homme charmant et distingué que je puis voir à peine, occupé qu'il est tout le jour des soins de la propriété.

Nous sommes sur le terrain de chasse, que le soleil a déjà disparu ; la plaine commence à s'emplir d'ombres, les mille bruits du soir s'élèvent : on entend le cri de la poule d'eau et des bécasses, le chant du grillon tapi dans l'herbe, le cri strident des oies sauvages, dont les longues files se dessinent sur le ciel. J'ai perdu de vue mon compagnon, mais un éclair de son fusil, suivi d'une détonation, me le fait deviner par delà les joncs qui couvrent les marais, et quand la nuit tombe et devient tout à fait obscure, nous rallions le village, passant près de petites maisons cachées dans les arbres, croisant les troupeaux qui rentrent ou quelque Arabe attardé qui regagne ses tentes.

Ce soir j'ai fait la découverte, à l'extrémité des jardins, d'un charmant tableau, une toile fine et délicate que Marilhat eût signée.

Le soleil se couchait dans un ciel pur traversé par quelques nuages roses ; le fond de la plaine était éclairé encore par ses rayons obliques, et un troupeau de buffles regagnait le village, à travers la poussière qu'il faisait voler sous ses pas. Sur le premier plan déjà dans l'ombre une petite mare reflétait le ciel dans ses eaux brillantes ; à gauche apparaissaient quelques maisons basses, et sur les terrains au-dessus de l'eau s'élevaient de beaux groupes de dattiers dont les colonnes brunes tranchaient sur le fond doré du ciel, et dont les palmes bruissaient agitées par les disputes et les vols de petits hérons garde-bœufs qui étaient venus y chercher un abri. Le tout était composé d'une façon fort simple et noyé dans ces tons doux, chauds et lumineux particuliers au climat d'Égypte où l'atmosphère est incessamment rafraîchie par l'évaporation des eaux du Nil et de ses canaux.

L'heure était délicieuse, le crépuscule descendu sur la plaine laissait briller le croissant de la lune comme une faucille d'or, et, quittant la petite mare, M. G. et moi nous nous mîmes à marcher à travers les campagnes endormies.

— Ce pays est beau, me dit mon compagnon, comme paraissant continuer une rêverie commencée, et étendant la main vers l'horizon qui se fondait dans une brume légère ; j'aime ses lignes tranquilles, son ciel transparent et profond, si pur que le nuage qui passe semble une caresse de plus ; son calme, sa sérénité, m'offrent une image de l'éternel et de l'immuable ; j'y suis heureux, et je sens descendre en mon cœur comme quelque chose d'apaisé et de satisfait. Je ne connais rien de l'Égypte encore ; mais le hasard m'a bien servi en me donnant pour séjour la terre de Gessen. Tout ici m'intéresse depuis le sol jusqu'aux populations qui nous entourent ; vis-à-vis de ces hommes drapés à longs plis, de ces Arabes vivant sous la tente, je puis croire encore aux peuples pasteurs, et mon imagination n'a pas grand effort à faire pour me transporter aux temps bibliques et me laisser vivre un instant du passé.

— Oui, ce pays est beau, lui répondis-je, et si vous y restez longtemps, comme je le pense, et si vos loisirs vous permettent de parcourir l'Égypte entière, l'admiration que vous montrez pour l'Ouady deviendra plus grande et plus légitime, étant complétée par ce qu'il vous reste à connaître. Mais dussé-je vous paraître un peu exclusif, définissons bien le genre d'émotion et de plaisir que procure cette Égypte. C'est surtout un sentiment pittoresque, développé par une nature splendide, gracieuse et douce à la fois comme ce tableau qui, tout à l'heure, nous rappelait Marilhat, et c'est aussi une vive admiration amenée par l'étude et la contemplation de ruines qui témoignent du passé le plus grandiose.

— Mais, me dit M. G., vous me paraissez assez indifférent à la population qui vit et se meut dans le pays dont vous parlez, et vous semblez tenir peu de compte de ces Arabes du désert, de ces fellahs bronzés, de ces femmes aux vêtements flottants, aux formes si élancées et si nobles.

— Loin de là, je les apprécie à leur valeur, et suis d'avis que toute figure a sa raison d'être et s'assimile au milieu qui lui est propre ; je veux dire seulement que le caractère du paysage l'emporte sur elle, et que la nature ici est plus intéressante que la figure elle-même.

Permettez-moi de vous faire entrevoir une différence entre deux pays d'Orient également curieux, pour mieux vous rendre mon idée.

En Algérie, par exemple, ce qui intéresse surtout, c'est la race, ce sont les hommes, Berbères ou Numides qui luttèrent contre la puissance romaine, hommes de grande tente, cavaliers du Marghzen, nomades qui nous ont disputé pied à pied notre conquête. La vie est surtout dans ces épopées guerrières, dans ces grands mouvements de tribus, de peuples en marche vers les pâturages et la guerre. En Égypte, au contraire, l'intérêt, c'est la terre, c'est le sol. L'homme passé sous le niveau de la conquête, asservi de longue date, à peu d'exception près, a perdu tout caractère propre, toute individualité fortement accentuée. C'est le peuple de labour qui confie au sillon le grain qui va germer, qui vit, naît et meurt dans le cercle étroit d'une vie toujours semblable. Si, le laissant de côté, nous parlions des nomades, de ceux chez lesquels s'est réfugié un dernier sentiment d'indépendance et de fierté, j'aurais quelque peine à comparer leur vie isolée, leurs douars de quelques tentes, à ces smalas puissantes, à ces goums belliqueux tout frémissants du choc du fer et du bruit de la poudre qui composent la population de l'Algérie.

Mais à défaut du caractère épique, quelle large compensation dans une nature généreuse, dans un beau ciel, dans un paysage magique et dans des ruines imposantes !

Voyez, pour compléter mon idée, l'interprétation si différente qu'ont faite des pays dont nous parlons deux peintres qui, pour moi, sont bien près de les résumer.

Assurément, M. Delacroix, peintre d'histoire et paysagiste aussi des plus habiles, est un des artistes qui ont su le mieux rendre le caractère de l'Algérie. Pour nous émouvoir, pour peindre une scène qui le frappe, aura-t-il besoin de graver dans sa mémoire le souvenir d'un paysage fidèle ? Nullement : ce qu'il a vu, ce qui l'a frappé, soit dans une chasse, soit dans un groupe d'Arabes au repos, ou dans le choc de cavaliers se chargeant avec furie, c'est la figure, c'est le mouvement, c'est l'action purement humaine. Maintenant que cette action se développe sur de vertes ondulations de terrain, ou bien sur les sommets neigeux de quelque croupe de l'Atlas, peu lui importe ; tout au plus signera-t-il sa page de la lame d'un aloès ou de la raquette d'un nopal, mais déjà nous avons reconnu le pays, et nous sommes au milieu de la scène qu'il a voulu nous rendre.

Si donc dans ses tableaux M. Delacroix s'est attaché plus particulièrement à la figure, c'est qu'il y a vu surtout le sentiment poétique, l'interprétation juste et vraie du pays.

L'abstraction ou la généralisation, si vous l'aimez mieux, que le peintre fait toujours instinctivement et à son insu, pour ainsi dire, a été son meilleur guide et lui a fait comprendre que le caractère propre et déterminé de l'Algérie était surtout dans la race humaine plutôt que dans le paysage et le milieu où elle se produit et où elle se développe.

Pour l'Égypte, prenons le peintre qui l'a le mieux saisie dans ses détails et dans son sentiment intime : Marilhat. Que voyons-nous ? De frais et calmes paysages baignés par des eaux limpides, des temples dont les colonnes s'enlèvent sur un ciel du soir, des villes pittoresques, des rues noyées d'ombre et de lumière, parfois quelque pauvre caravane marchant péniblement à travers les sables ; mais la figure est devenue secondaire, et ce qui est sensible avant tout, c'est l'impression du pittoresque, du pur paysage. Le rôle de la figure a été de rendre le tableau plus complet, de lui donner juste l'animation qui lui est nécessaire, mais à la condition de rester subjective, pour employer une expression de l'école. Et pour moi, s'il faut ici parler d'une impression personnelle, je vous dirai que le Nil me paraît plus grand peut-être, quand il coule dans la solitude, entre ses rives couvertes de bois de palmiers et de sycomores ou au milieu des sables du désert, que quand il passe au pied des villes, avec ses barques flottantes et la joyeuse population de ses bords.

La haute Égypte, avec ses temples, ses palais qui témoignent si hautement de son passé, n'a nul besoin, pour être belle, de la présence d'un être vivant : il y est plutôt écrasé ; ses hommes à elle, ce sont ses colosses, ses sphinx, sa population de granit immobile et silencieuse, si bien en harmonie avec ses pylônes et ses hypogées.

J'ai pensé souvent à un beau tableau qu'il y aurait à faire. La nuit tombe, un feu de pâtre à moitié éteint se devine dans l'ombre, et de grands troupeaux de moutons sont gardés par des sphinx accroupis à la face placide, aux yeux sans regard, à la bouche toujours scellée qui n'a pas dit son secret.

Et pour conclure je dirai : Admirons, aimons cette belle nature qui nous entoure, dans ce qu'elle a de pittoresque et d'intéressant. Et si comme...

— Écoutez, me dit mon compagnon en me saisissant le bras.

Nous entendîmes le muezzin qui chanta la prière : *Allah akhbar*, Dieu est le plus grand, et sa voix nous arrivait vibrante dans le silence de la nuit.

— C'est l'Éché (deux heures après le coucher du soleil) ; nous nous sommes oubliés.

Et nous prîmes notre course vers le château.

— Au diable les bavards ! dit M. G., nous sommes en retard, et l'on aura dîné sans nous.

Janvier.

Je montais tantôt l'escalier qui conduit à ma chambre, lorsque sur le palier je rencontrai M. de S..., appuyé au balcon de la vérandah.

— Où allez-vous ? me dit-il.

— Je vais chercher mon fusil pour faire la promenade accoutumée.

— Dispensez-vous-en pour ce soir. De mon chef, j'établis la discipline militaire, et vous êtes consigné pour nous avoir fait dîner en retard. Puis M. G... doit nous lire le rapport qu'il vient de terminer sur le domaine de l'Ouady, et je crois que cette lecture pourra vous intéresser. Donc, après le dîner, séance économique et littéraire. Maintenant, si vous le voulez bien, allons jusqu'au canal, en passant par les jardins, j'ai quelques ordres à donner.

En rentrant, je traversais une des rues du village, lorsque j'aperçus M. G… qui passait à cheval.

— Arrivez, me cria-t-il, j'ai à vous parler. Je reviens du village de l'Abbaséh, et dans ma route j'ai croisé quelques bohémiens que j'ai fait causer. Il y avait avec eux deux ou trois filles assez jolies et assez jeunes, et j'ai organisé, pour demain soir, une fantasia avec tambourin, danses et chandelles, une petite drôlerie assaisonnée de couleur locale au plus grand profit de nos distractions.

— Et où se donne cette fête ? dans le château ou sous la tente ?

— Non pas, tout est prévu et arrangé, nous prenons la maison de C… absent pour le quart d'heure.

— Allons, voilà deux bonnes soirées qui se préparent, lui dis-je, comme nous arrivions. Vous êtes un homme admirable ; permettez-moi de vous tenir l'étrier.

Le dîner achevé, chacun s'étendit sur les divans, les cigares s'allumèrent, et après une demi-heure donnée au kief — à vous le dé, dit M. de S…, et la lecture commença.

Cette lecture a été intéressante, et je transcris ici ce rapport[1], en l'abrégeant un peu, pour vous donner un aperçu de l'histoire de l'Ouady.

« Il y a quarante-sept ans environ, dit M. G…, le grand pacha Mohamed Ali, revenant d'un pèlerinage à La Mecque, fut singulièrement frappé de la position avantageuse de l'Ouady, et résolut de la rendre à la culture, et de la disputer au désert qui s'avançait presque jusqu'à la route du Caire, passant par Belbéis et Koréine. La plaine de l'Ouady, occupée par des Arabes bédouins agriculteurs et nomades, qui ne cultivaient que les parties qui leur étaient nécessaires, moyennant une faible redevance payée au gouvernement, était alors ce qu'est aujourd'hui la plaine de Maxamah, un bassin de décharge pour les eaux du Nil au moment des crues.

Pour la rendre à la culture, le vice-roi fit d'abord creuser et régulariser un canal supérieur bordant l'Ouady au nord, depuis son origine près du pont d'Abou-Hamed à l'ouest, jusqu'à Raz-el-Ouadé à l'est ; et comme ce canal fut jugé insuffisant à l'écoulement des eaux venant abondamment du Cher-Kaouiéh et du Barhr-Moës pendant l'inondation du Nil, on en creusa, au sud et au pied des dunes, un autre qui rejoignait le canal supérieur à Raz-el-Ouady, où le trop-plein de leurs eaux, prenant un écoulement naturel, allait former le grand lac ou étang de Maxamah.

Le canal supérieur que la Compagnie a continué par son canal d'eau douce donnait naissance à vingt-sept prises d'eau principales, dont douze étaient construites en maçonneries et munies de vannes pour les hautes eaux. Elles étaient flanquées en outre de sakiéhs, dans le cas où les eaux du Nil n'arriveraient pas à un niveau suffisant pour se déverser sur les terres cultivées ; et des sakiéhs bâties également dans l'intérieur de l'Ouady répondaient aux besoins de l'agriculture.

La bonne distribution des eaux prises dans les sakiéhs intérieures, la facilité de l'élévation de celles du canal que l'on trouve partout à trois ou quatre mètres maximum en contrebas, favorisèrent le développement de la culture, et donnèrent les résultats que l'on avait espérés.

Pour doter l'Ouady d'une population qui lui manquait, Mohamed Ali n'avait pas hésité à faire venir et même à enlever de force un contingent de fellahs cultivateurs, pris aux grands villages des provinces du Delta. Aussi, à son abdication, un grand nombre de ces familles regagnèrent-elles leur province, et c'est ce qui explique le dépeuplement qui eut lieu, l'état d'abandon de quantité de villages de l'Ouady, et le petit nombre de ses habitants, qui de quinze mille, sans parler des nomades, est tombé aujourd'hui à cinq mille.

L'Ouady, dont la contenance totale entre ses deux canaux nord et sud est de vingt et un à vingt-deux mille feddans, qui équivalent à dix mille hectares, comprend cinq divisions : Abasséh dans l'ouest, Garbi, Chargui (Tell-el-Kébir), Gadiméh et Guedidéh (Raz-el-Ouadée). Elle est traversée dans son milieu par une route carrossable qui va depuis le pont d'Abou-Hamed à l'ouest jusqu'aux ruines du vieux Tell, en passant par Abasséh et Tell-el-Kébir. Ses terres sont de même qualité que celles où se dépose le limon du Nil, sauf quelques parties arénacées où le limon se trouve mélangé aux sables cailloutueux du désert, et dans lesquelles l'alfa pousse au

---

[1] Le rapport qui suit est un avant-goût du futur article de Jules Guichard, « Colonisation de l'Isthme de Suez (1861-1866) », *La Nouvelle Revue* (XIV, janvier-février 1882), pp. 241-252.

milieu des efflorescences salines, — encore ces parties ne s'étendent-elles que sur une bande assez étroite le long du canal nord.

On cultivait à l'origine le blé, l'orge, le dourah (sorgho), le sésame, le bercim (trèfle blanc), le lupin et le riz ; le mûrier et le dattier, l'olivier, les orangers et les citronniers y viennent admirablement. Mohamed Ali avait attiré dans l'Ouady des familles syriennes pour y développer la culture du mûrier, et dans ce pays que la légende avait nommé la rivière de la soie — *barh-el-Harîr* — il y eut jusqu'à cinq cent mille pieds de cet arbre, et jusqu'à sept ou huit cents Syriens appliqués à sa culture. Nous comptons encore dans les jardins du château cinq mille pieds de mûriers et dix-sept mille en pépinière, malgré la disparition presque complète de cet arbre sur le domaine. Depuis quelques années, on a également répandu la culture du coton, qui prospère et donne des produits d'excellente qualité.

J'arrive à la population de l'Ouady et, aux différentes phases qu'elle a subies jusqu'au jour où elle est tombée aux mains de la Compagnie.

Cette population est divisée en Arabes fellahs, qui occupent nos villages, et en Arabes bédouins, pasteurs et nomades, qui appartiennent à deux groupes : les Arabes Toumilat et les Anadies.

Le premier, commandé par un cheik nommé Mansour Bogdadi, est originaire de l'Égypte, et se trouvait possesseur de l'Ouady, moyennant une faible redevance qu'il payait au gouvernement des beys, en fournissant des chameaux de corvée, quand Mohamed Ali en a créé la propriété, ainsi que je l'ai dit plus haut. Mansour Bogdadi est aujourd'hui locataire des divisions Gadimeh et Gédideh, et ses hommes, au nombre de quatre mille au moins, s'étendent jusqu'à Maxamah et Toussoum.

Le second groupe comprend les Arabes Anadies ou Indiens. Originaires de l'Inde, ces Arabes, qui ont d'abord émigré au Maroc, sont venus en Égypte il y a une soixantaine d'années. Commandés par un cheik nommé Moubeddah, et au nombre de mille seulement, ils sont les locataires de la division d'Abasséh. Ils occupaient également l'Ouady quand le vieux pacha la mit en culture, et le père de Moubeddah était campé avec sa tribu sur les parties qui limitent le désert.

À l'abdication de Mohamed Ali, comme la population des Fellahs désertait en masse pour retourner aux villages du Delta, et laissait à craindre que les terres ne restassent incultes, Ibrahim-Pacha réunit les principaux cheiks des Anadies et des Bédouins Toumilat, leur répartit les terres abandonnées, les menaçant, d'après leur récit, de les atteler à la place de leurs bœufs et de leurs chameaux, s'ils ne travaillaient pas. Les deux mille feddans de la propriété leur furent donc abandonnés, moyennant un impôt en nature, se montant à 1250 bourses (125,000 fr.) qu'ils étaient tenus de payer chaque année après la récolte.

Cet état de choses dura peu, et à la mort d'Ibrahim-Pacha, Abbas son successeur, au lieu du payement annuel et en nature, exigea d'eux un payement en argent et mensuel, et de plus leur demanda un contingent considérable d'hommes de guerre. Le payement mensuel, avant toute récolte, était onéreux, et la mesure qui décrétait l'enrôlement dans l'armée était contraire aux mœurs des Arabes bédouins : aussi réclamèrent-ils énergiquement auprès du Pacha, et comme ils résistaient et refusaient d'obéir aux ordres émanés du Caire, on se saisit des cheiks qui furent pendus, décapités ou envoyés aux galères.

Prenant alors le parti d'émigrer, ils partirent emmenant leurs femmes et leurs troupeaux. Des soldats furent lancés à leur poursuite, et leur enlevèrent près de sept mille brebis, et la totalité de leurs bœufs et de leurs chameaux. Les hommes, grâce à la rapidité de leurs chevaux, ayant pu s'échapper, cherchèrent un refuge en Syrie, aux environs de Damas.

À la mort d'Abbas, ils revinrent en Égypte, et demandèrent au nouveau vice-roi Saïd-Pacha de rentrer sur les terres qu'ils occupaient avant leur fuite ; ils le suppliaient aussi de leur faire rendre leurs troupeaux, dont profitait le nouveau propriétaire El-Hami-Pacha, le fils d'Abbas. Le retour au passé n'était plus possible, car les cultivateurs fellahs étaient venus de nouveau occuper les terres de l'Ouady, et le vice-roi ne voulait pas disposer d'une propriété qui appartenait à son neveu. Il permit aux fugitifs de rentrer, leur fit distribuer en location les terres qui n'étaient pas occupées, et abandonna en propre à Moubeddah une abadiéh de huit cents feddans.

C'est dans ce dernier état de choses que la Compagnie a trouvé la propriété et l'a acquise de la succession d'El-Hami-Pacha, dit M. G… en terminant son rapport. »

— Un mot pour finir, dit M. de S… en se tournant vers moi. Voilà ce qu'est notre domaine, et voici ce que nous comptons faire et pour le présent et pour l'avenir.

Pour rendre à la culture le plus de terrain possible, on doit creuser et élargir le canal supérieur et le mettre au niveau de notre canal d'eau douce, puis, reconstruisant les prises d'eau et en ouvrant de nouvelles au besoin, l'on est dans l'intention de donner en location toutes les terres, à la réserve des jardins du château.

Le dragage du Barhr-Moës, que le vice-roi doit faire exécuter cette année, nous donne la certitude d'avoir de l'eau en toute saison, et nous rendra faciles les cultures d'été, qui jusqu'à présent n'ont pu avoir lieu pendant l'étiage[1]. Les terres en culture et même celles en friche viennent d'être affermées par de nouveaux baux[2], dont la durée sera de trois ans, tant aux fellahs qu'aux cheiks des Bédouins, au prix de six cent vingt-cinq mille piastres, impôt prélevé, ce qui porte notre revenu à près de cent cinquante mille francs, défalcation faite de l'impôt qui est de trente mille. Voilà pour le présent.

Quant à l'avenir, possesseurs de l'Ouady, nous le sommes de tout le parcours de notre canal d'eau douce, ce qui est plus précieux encore, et plusieurs cheiks des nombreux contingents qui remontent notre canal pour aller à El-Guisr se sont enquis de la possibilité d'avoir des terres, non-seulement dans le domaine, mais aussi vers Maxamah et Rhamsès, que l'eau douce va rendre à la culture. Moubeddah demande qu'on lui loue les terrains en friche qui bordent le canal du nord sur tout son parcours ; or les Arabes Anadies, qui sont dans l'Ouady au nombre de mille seulement, ont des tribus nombreuses qui s'étendent dans le désert, depuis Djrgeh dans la haute Égypte, jusque vers le Delta ; ils appelleront à eux, pour ces locations nouvelles, les membres fractionnés de leur famille, et nous y trouverons une augmentation de population et de revenu. La propagation du mûrier peut être une ressource pour les nombreuses familles syriennes que la guerre a chassées de leurs foyers, et rien ne s'oppose à ce que l'Ouady reprenne un jour ce nom de rivière de soie que des temps plus prospères lui avaient acquis.

Le cheik d'un de nos villages disait au président : Lorsque vous voulez attirer les pigeons, vous semez du grain, et les pigeons viennent : voulez-vous attirer les hommes, semez la justice, et les hommes viendront.

Ces paroles contiennent une ligne de conduite qui a toujours été la nôtre, et à laquelle pas un de nous n'a manqué. Aussi, certains du présent, avons-nous confiance en l'avenir, pénétrés que nous sommes de la noblesse de notre mission et du but qu'il nous faut atteindre.

Telle fut la conclusion du rapport que je viens de vous transcrire.

— Et maintenant, dit M. de S... en se levant et en allumant un cigare, je crois que nous pouvons clore la séance.

*
**

---

[1] Terme utilisé en hydrologie pour désigner la période de l'année où le débit d'un cours d'eau atteint son point le plus bas.

[2] La « Chronique de l'Isthme » vient entériner ce témoignage, en rappelant que le domaine avait été acheté pour le prix d'environ 2 millions de francs, représentant un revenu d'environ 80,000 francs : « M. Ferdinand de Lesseps est resté convaincu que les terres étaient loin d'être affermées à leur valeur la plus modérée, et, de plus, ses observations lui ont fait connaître, avec toute justesse, selon nous, que la Compagnie devait renoncer à la culture d'une certaine partie des terrains mis précédemment en rapport par la régie du propriétaire antérieur. En conséquence, il a tenu vers le milieu de février, à Tel-el-Kébir, un grand divan où étaient assemblés les fellahs cultivateurs, les cheiks des villages et les tribus voisines d'Arabes du désert. Il leur a signifié la volonté de la Compagnie d'affermer les terres au-dessus des anciens baux, leur déclarant en même temps que les locataires seraient à l'abri de tout autre redevance ou de toute exaction que jusqu'ici les habitudes du pays avaient pu faire peser sur eux. / Les nouveaux baux, tels qu'ils avaient été fixés, ont été acceptés et signés au sortir de la séance, où lecture publique avait été donnée du texte des projets de contrat. Les locations, qui jusque-là n'étaient que d'une année, ont dans les baux nouveaux une durée de trois ans. C'est à la fois une sage garantie pour la bonne culture et pour l'intérêt du cultivateur lui-même. Par cet arrangement, les revenus de l'Ouadée, qui n'étaient, comme nous l'avons dit, que de 80,000 francs par an, ont été élevés pour une période de trois années à 150,000 francs, et ce n'est point là à beaucoup près la seule amélioration qu'on soit en droit d'attendre de l'avenir. / [...] autre résultat non moins favorable. Une partie des terres a été louée par les tribus d'Arabes qui bordent l'Ouadée et qui, en venant s'établir sur le sol qu'ils ont à cultiver, doublent dès à présent la population du domaine » (*L'Isthme de Suez : journal de l'union des deux mers*, n° 138, 15 mars 1862, p. 84). Voir aussi Ferdinand de Lesseps, *Lettres, Journal et documents pour servir à l'histoire du canal de Suez*, op. cit. (1879, t. IV), pp. 172-173.

Janvier.

Ce matin j'étais allé dessiner sur les bords du canal ; c'était jour de marché à Tell-el-Kébir, et en rentrant dans le village j'ai pu constater, au mouvement inaccoutumé de ses rues, le résultat du changement déjà opéré dans l'Ouady.

Sur un large espace piétiné et battu, près d'une des entrées du Ksour[1], était une foule compacte qui ne s'accusait que par deux tons, le bleu et le noir, qu'avivaient çà et là quelques taches rouges et blanches. En approchant l'on pouvait, dans cette masse confuse d'abord, saisir les détails et distinguer le vêtement indigo des femmes, le turban rouge et la robe brune des Fellahs, la couverture blanche dont se drapent les Bédouins. Je voyais là toute la population de l'Ouady et des villages en dehors du domaine : le nomade coudoyait le Fellah, le cheik du désert, descendu de son cheval qu'il tenait à la bride, causait avec ses tenanciers ; dans un angle formé par deux maisons un groupe parlait affaires ; plus loin se tenait la forge en plein vent d'un maréchal ; près de quelques tentes se trouvait étalée par terre la mercerie en usage dans les campagnes : des peignes, des miroirs, des bracelets de verre fabriqués à Hébron et à Jérusalem ; puis des oignons, des dattes, des poissons séchés, des caffas remplis de poules ; plus loin l'on vendait des moutons, des agneaux ; des troupes de chameaux se tenaient sur une place ; des petits ânes tout pelés, chargés de sacs de grains, se poussaient aux cris de leurs conducteurs à travers les femmes accroupies qu'ils bousculaient sur leur passage, quelques milans attirés par les étaux des bouchers planaient dans le ciel, et une rumeur confuse se dégageait de cette foule ondoyant comme l'eau de la mer à la rencontre de deux flots.

La matinée était donnée à la flânerie, et en quittant le marché, je me suis arrêté un instant devant des bohémiens qui sont campés dans la grande rue du village. Ils vivent pêle-mêle sous trois tentes noires soutenues par des piquets et appuyées aux murs des jardins, à l'ombre des palmiers et d'une épaisse haie de nopals. Des enfants presque nus se roulaient dans la poussière avec des baudets, des moutons, et quelques chèvres ; une vieille femme étendait au soleil des loques informes, et par instants je voyais passer une grande fille vêtue de rouge, qui allait d'une tente à l'autre.

L'existence de ces tribus nomades que l'on trouve sur tous les chemins du monde m'a toujours singulièrement préoccupé. Qui sont-ils ? D'où viennent-ils ? Peut-être de l'Inde qu'ils prétendent avoir quittée vers les années 1408 et 1409, chassés et poursuivis par Timour-Leng[2]. Dans tous les cas, leur type, très-accentué et caractérisé, ne peut les faire confondre avec aucune autre race et leur donne une origine bien à part. On les voit apparaître pour la première fois en Europe au commencement du XVe siècle, et plus tard on les trouve établis dans tous les pays de la chrétienté, sous le nom de zingares, zingaris, gypsies, gitanos et ghaghiars. Pasquier[3], dans ses *Recherches*, raconte que le 17 avril 1427 on vit arriver à Paris douze penanciers ou pénitents, savoir : un duc, un comte et dix cavaliers, accompagnés d'une suite de cent vingt personnes, et se qualifiant de chrétiens de la basse Égypte chassés par les Sarrasins. Ils portaient aux oreilles des boucles d'argent, avaient le teint basané, les cheveux noirs et crépus. Après un court séjour, ils furent expulsés de la ville par ordre de l'évêque.

Tout est problème en eux : leur langue, leurs usages, leurs mœurs, et malgré les charmantes nouvelles de P. Mérimée[4], et le livre si curieux de George Borrow, — la Bible en Espagne[5], — l'énigme est encore à résoudre, et peut-être nous faudra-t-il en attendre la solution du grand ouvrage que prépare notre ami B…[6] depuis vingt ans.

Mais ce n'est pas devant le groupe pittoresque de mes bohémiens que je pourrai moi-même dégager l'inconnu : j'arrive donc sans transition à notre divertissement de ce soir.

---

[1] Lieu fortifié, où les habitants se sont installés, par opposition aux nomades errants du désert.
[2] Tamerlan (1336-1405), émir de Transoxiane.
[3] Étienne Pasquier, *Les Recherches de la France*, parues de 1560 à 1621.
[4] Notamment *Carmen* (1847).
[5] George Borrow, *The Bible in Spain* (1843) ; traduction française (1845).
[6] Paul Bataillard (1816-1894), ami de Berchère et d'Eugène Fromentin, était grand spécialiste des Bohémiens, mais ses études, disséminées dans la *Bibliothèque de l'École des Chartes*, la *Revue de Paris*, la *Libre Recherche*, la *Revue critique* et autres périodiques, ne furent jamais réunies dans un travail d'ensemble.

Si je vous en parle, ce n'est pas qu'il ait offert quelque chose de particulier et de très-intéressant, mais c'est qu'il m'a beaucoup frappé comme peintre, en me rappelant, par analogie, le tableau de la *Noce juive*[1] de M. E. Delacroix.

La soirée était si belle, si douce, que, jugeant inutile de se servir des pièces intérieures de la maison, on avait disposé la cour pour nous recevoir. La scène se passait donc dans un petit enclos comprenant l'habitation, et fermé par des murs au-dessus desquels se balançait la tête de quelques palmiers agités par une faible brise. Sur le palier conduisant à la porte des chambres, on avait disposé des nattes et des tapis sur lesquels nous nous assîmes.

Le milieu de l'aire, quand nous entrâmes, était occupé par deux femmes enveloppées de milaiéhs bleus, accroupies et fumant le chibouck[2] ; derrière elles des figures adossées à la muraille, et que l'on voyait à peine, se tenaient immobiles et dans l'attente ; à l'un des angles nous faisant face étaient assis trois musiciens armés de deux flûtes et d'un tarabouk[3], à l'angle opposé un petit pétillement sec et une étincelle rouge indiquaient un foyer incandescent sur lequel était posé un large *ibrick*[4] pour le café. Un grand nègre accroupi se tenait devant le foyer, et quand il se baissait au niveau des charbons que son souffle faisait voler en paillettes lumineuses, sa figure en recevait un reflet de cuivre bruni.

Placez maintenant à terre au milieu de la cour cinq ou six lanternes éclairant de bas en haut ces deux figures de femmes immobiles et enveloppées de vêtements sombres, envoyez quelques reflets perdus sur les musiciens et sur les hommes dont l'ombre portée, démesurément grandie, allait joindre le haut de la muraille, voyez ces dattiers tout bruns sur le fond du ciel semé d'étoiles, vous aurez un tableau plein de force et de puissance d'effet, original surtout par la façon dont les ombres et les lumières se mariaient et se croisaient ensemble, depuis le noir absolu jusqu'au clair obscur le plus souple et l'éclat le plus vif.

Cependant un prélude se fit entendre sur la flûte : l'une des femmes se leva et, se débarrassant de son long vêtement avec un de ces grands mouvements de bras qui la faisait paraître plus élancée, plus svelte, le jeta par terre et se mit à danser.

Je n'ai voulu que vous peindre cette scène de nuit dans son aspect fantastique. Pour la danse, elle était ce que sont toutes les danses arabes, intéressante ou fastidieuse, suivant le sujet qui les mime. La seule chose que j'en aime et qui contrarie quelque peu les idées chorégraphiques que peuvent nous donner nos ballets, c'est la grande simplicité du mouvement qui ne dérange en rien la ligne sculpturale de la figure entière, la sobriété du geste, la presque immobilité des parties inférieures du corps. La tête s'incline légèrement sur l'épaule, les bras se déploient en mouvements onduleux et semblent faire appel à un ami invisible, les pieds glissent plutôt qu'ils ne marchent, pendant que les reins se ploient agités et frémissants.

Le thème est toujours le poème de l'amour, vivant, éternel, mais le poème de l'amour sensuel. Traduit par une danseuse habile, son expression est complète dans ses gradations habilement ménagée, ses hésitations, ses fuites, ses retours vers l'ami qui l'attire et l'éloigne à la fois.

J'ai vu dans ce genre, au Caire, deux almées[5] remarquables. L'une imprimait au rythme de ses pas la délicatesse la plus grande, les nuances les plus fines et les mieux senties ; l'autre, les crotales[6] aux mains, ardente, jetant de ses bras des appels passionnés, semblait la proie du dieu, et je doute que jamais Ménade[7] ait conduit avec plus de verve et de furie les chœurs aux théories de Bacchus.

À la première danseuse avait succédé la seconde. Vêtue d'une veste de soie vert pâle, brodée d'or et d'agréments noirs, qui laissait entrevoir les seins, grande, les cheveux remplis de petits sequins qui brillaient parfois comme un éclair, elle m'a semblée plus belle. Par instants, sa tête se renversait en arrière, les yeux à moitié fermés, et l'on apercevait entre deux lèvres vermeilles l'éclat humide de ses dents d'ivoire.

Si la musique enragée qui nous étourdissait les oreilles troublait quelques chiens de mauvaise humeur, dérangés dans leur sommeil, par contre, elle nous attirait de nouveaux visiteurs, et la galerie qui nous faisait

---

[1] *La Noce juive au Maroc* (1839), Paris, Musée du Louvre, tableau présenté au Salon de 1841.
[2] Pipe turque à long tuyau de bois et fourneau de terre.
[3] Tambour de terre cuite.
[4] Cafetière à la base large, de forme conique, qui sert à préparer le café à la turque ou à la grecque.
[5] Danseuses orientales, faisant aussi profession de chanter et d'improviser des vers dans les fêtes.
[6] Castagnettes, instruments à percussion formés de deux éléments de bois ou de métal, reliés par une charnière et heurtés l'un contre l'autre, employés, pour accompagner la danse de l'Antiquité et aussi, actuellement, chez certaines peuplades d'Afrique et d'Espagne.
[7] Le mot signifie « femme possédée ». Les Ménades sont les Bacchantes pour les Grecs et les femmes de Bacchus pour les Romains.

face s'était augmentée de plus d'un curieux. Les cigarettes brillaient dans l'ombre, les tasses de café circulaient et faisaient consciencieusement le tour de l'assemblée.

Je ne sais à quelle heure du matin eût fini la fête, si M. G..., se tournant vers moi, ne m'eût dit : — Partons-nous ? Je dois être au point du jour en route pour Zagazig. Nous pouvons rentrer maintenant, aussi bien n'avons-nous ici plus rien à faire ; et nous sortîmes.

— Venez-vous avec moi demain ? me dit M. G..., quand nous fûmes dans la rue.

— Oui certes, car je désire voir le Barhr-Moës avant de quitter l'Ouady, et il me sourit assez de faire route avec vous.

Comme nous longions les jardins :

— Tiens ! voilà Mars, s'écria M. G... en me montrant une étoile brillante ; voyez-vous le curieux qui s'était invité à la fête. Et à propos, comment avez-vous trouvé notre petite soirée ?

— Mais fort réussie, à mon point de vue surtout.

— Oui, ce n'était pas mal, et puis à la campagne...

Et nous rentrâmes au château.

27 janvier.

Nous étions de bonne heure à cheval, et traversant le village nous avons gagné la campagne, cheminant gaiement par un temps frais, un ciel clair. Les champs étaient couverts de troupeaux, la récolte des cotons presque terminée partout rendait les bras à l'agriculture, et de nombreuses charrues traçaient déjà les sillons nouveaux. Nous traversions le village d'Abasséh, situé au milieu de jardins remplis de dattiers. De grands magasins abandonnés à l'extrémité du village attestent l'importance qu'il eut autrefois, et les terres couvertes d'alfas ne demandent qu'à être mises en culture, et appellent une population que l'on espère avoir un jour.

Nous inclinons vers le canal, de loin en loin nous apercevons des tentes, des bouquets d'arbres qui abritent des habitations, parfois une cigogne s'enlève de la rive pour aller s'abattre dans les champs verts, et un vol de hérons nous annonce l'approche du Cherkaouiéh que nous passons sur un pont en pierre, bâti du temps de Mohamed-Ali.

Le Cherkaouiéh (oriental), qui a sa prise d'eau dans le Nil, en aval du Caire au-dessous de Choubrah, n'est autre que la branche pélusiaque que nous avons vue à Tell-el-Daphné. Il traverse le canal d'eau douce auquel il donne une partie de ses eaux, et poursuit son cours sur la limite du désert et des cultures, en passant par Faquous et près de Salahiéh et de Katatir.

Des monticules élevés sur notre gauche nous indiquent l'emplacement de l'ancienne Bubaste, et bientôt se dressent devant nous les deux mosquées et les maisons de Zagazig, où nous arrivons après cinq heures de marche[1].

Située au cœur d'un pays fertile, au milieu de vertes campagnes coupées de canaux et plantées de dattiers et de sycomores, la ville est bâtie sur le Barhr-Moës que traverse un beau pont en pierre[2]. Un tronçon de chemin de fer, qui va jusqu'à Benna, la met en rapport avec le Caire et Alexandrie, pendant que son canal la fait communiquer avec le Nil et l'Égypte.

Simple village il y a cinquante ans, Zagazig doit son importance actuelle à la culture du coton, qui s'est répandue dans toute la province où il est situé. Le commerce y est actif, les affaires nombreuses ; c'est le marché le plus important de la basse Égypte, et le mouvement de la place, l'année dernière, qui portait sur 150,000 quintaux de coton, a presque doublé cette année — 275,000 — à cause de la grande importance de la récolte.

C'est dans le Barhr-Moës, — l'ancienne branche tanitique, qui va se jeter à Sâne dans le lac Menzaléh, — que la Compagnie a fait sa prise d'eau pour son canal d'eau douce. Partant à angle droit du Barhr-Moës, et traversant une partie du bazar qu'il relie à la ville par un pont à bascule, semblable à ceux construits à Abou-Hamed et à

---

[1] Voir Fig. 14, *Vue de Zagazig*, illustration à la p. 1 de l'étude de Paul Merruau, *op. cit.*
[2] L'album de Berchère contient une image intitulée *Zagazig, pont sur le Bahr-Moës* (voir Annexe, n° 66 de l'inventaire Prost).

Tell-el-Kébir, ce canal — supérieur de l'Ouady — est fermé de deux portes-écluses pour faciliter l'élévation de l'eau à son bief[1].

La ville en ce moment regorge de monde, le bazar est des plus animés, les berges du canal sont occupées par les travailleurs fellahs qui remontent à El-Guisr, et qui, campés pour prendre leur ordre de marche, présentent une longue file dont on ne voit pas la fin.

Resté seul après le départ de mon compagnon qui est retourné tout de suite à Tell-el-Kébir, j'ai flâné par la ville, et le soir je suis allé jusqu'aux ruines de Bubaste[2], en longeant les bords du grand canal.

Encore une royauté déchue : le Barhr-Moës a détrôné le Nil, et l'on veut, sans doute à cause de l'analogie du nom, que Moïse ait été exposé sur ses bords. — Assertion, au reste, qui peut assez se soutenir, en raison du séjour des Pharaons à Tanis, à l'embouchure de la branche pélusiaque. — Et pourquoi non ? Le golfe de Suez s'est bien vu enlever le passage de la mer Rouge pour en gratifier El-Tor au bord de la presqu'île sinaïque, l'on chicane au mont Ararat l'insigne honneur d'avoir reçu l'arche au retrait des eaux du déluge, et si des savants en *us* discutent gravement l'emplacement du Paradis terrestre, à grand renfort de besicles, et écrivent je ne sais combien d'in-folios pour rechercher quel pouvait être le fruit de l'arbre de la science du bien et du mal, cueilli par la première femme, je ne m'y oppose pas.

— Je sais quel est ce fruit, entendais-je dire un jour à un enfant interrogé à ce sujet. Le premier fruit dont Ève mangea dans le Paradis terrestre fut le fruit du pêcher. Oubliez l'orthographe et ne voyez que l'assonance, vous trouverez que le mot est joli. Pour moi, il me paraît complètement trancher la question.

Les ruines de Bubaste sont peu de chose ; j'ai trouvé seulement quelques fûts de colonnes, et de grands pans de muraille en briques crues, debout encore, et je n'en parlerais pas, si elles ne marquaient dans mon souvenir par une scène qui m'a frappé, quand, en les quittant, je regagnais le Barhr-Moës. Le jour avait disparu, et je marchais, m'orientant sur les lumières de Zagazig, lorsque je croisai une barque qui descendait le courant du fleuve. De la barque sortaient les sons de la zummara[3] et de la tarabouck, puis une voix s'élevait sur un mode très-haut, chantant cet air des bords du Nil : *o Lelli, iah lelli*, invocation à la nuit que F. David nous a si bien traduite[4]. Cette barque, qui filait mystérieuse et s'enlevant sur le fond du ciel où brillaient des milliers d'étoiles, avec ses figures groupées sur le toit de la cange, son nocher[5] au gouvernail, et ses rames qui traçaient un sillon d'argent, formait un tableau plein de grandeur : je pensais aux baris sacrés emportant sur le Nil les théories thébaines[6], et je compris toute la poésie qui se dégageait d'une pareille scène, moins une réalité qu'une vision, semblable à une évocation du passé de l'Égypte, quelque chose enfin de mystérieux et de voilé comme l'Isis de son antiquité. Puis la barque se perdit dans l'ombre, n'envoyant plus à l'écho qu'une rumeur lointaine, et le fleuve reprit sa tranquillité accoutumée.

Même date.

Cet après-midi, j'ai profité d'un bateau remontant le canal avec les cheiks des contingents des Moudieries pour regagner l'Ouady. Du bord, j'ai assisté au départ d'un des convois : les chameaux de charge marchaient portant les effets de campement, les sacs de vivres, les gargoulettes pour l'eau ; puis les hommes se sont ébranlés à la suite des bêtes de somme, se divisant par groupes, se choisissant pour causer et faire route ensemble. Le vent était

---

[1] L'album de Berchère contient une image intitulée *Pont et écluses du canal d'eau douce à Zagazig* (voir Annexe, n° 65 de l'inventaire Prost).
[2] Bubastis, ville de l'Égypte ancienne, située à l'est du delta du Nil. Son nom signifie « le lieu de Bastet » (déesse chatte, patronne de la ville). On y retrouva des vestiges de sanctuaires datant des premières dynasties. Au Nouvel Empire, la ville connut une grande expansion économique, notamment sous le règne de Ramsès II. Lieu d'origine vraisemblablement des pharaons de la XXIIe dynastie, de grands panégyriques divins s'y déroulaient.
[3] Instrument de la famille de la clarinette.
[4] Dans l'ode-symphonie, *Le Désert* (1844), l'œuvre la plus célèbre du compositeur saint-simonien, Félicien David (1810-1876).
[5] Patron d'un bateau (expression vieillie).
[6] Députations envoyées assister aux fêtes solennelles.

favorable, la barque eut bientôt laissé en arrière la longue file en marche, et passant rapidement devant Abou-Hamed, j'arrivais au soleil couchant au pont-bascule de Tell-el-Kébir[1], et bientôt après au château.

*
* *

29 février [sic][2].

Pendant que je m'oublie captivé par la quiétude de ces journées si calmes, le printemps nous arrive, le temps marche, la nouvelle que le canal d'eau douce est ouvert jusqu'à Timsah nous est parvenue ce matin ; les travaux du seuil sont en grande activité, tout s'organise, et je songe à prendre après-demain la route d'El-Guisr.

Il me restait à faire visite aux Arabes Anadies, et tantôt nous sommes partis pour aller à leurs tentes. Dans la matinée, nous avions vu au château Moubeddah, que nous avions prévenu de la visite que nous comptions lui faire, mais en stipulant d'une façon expresse que nous n'aurions pas la *Diffa*[3]. Après une longue défense, il s'était rendu, nous accordant qu'aucune réception extraordinaire ne nous serait faite. Au moment où il montait à cheval, je l'avais vu cependant donner des ordres à deux de ses hommes qui étaient partis en courant, et je pensais qu'il regrettait de ne pouvoir suivre l'usage, obligatoire parmi eux, de traiter les hôtes qui leur sont envoyés.

Nous prenons au sortir des murs le chemin de l'Abasséh, puis, suivant une longue digue et franchissant le grand canal qui formait au nord la ceinture de l'Ouady, nous arrivons au douar des Anadies, composé d'une vingtaine de tentes dressées au milieu des plantations de palmiers, des bercims et des blés verts, dans l'abadiéh que Moubeddah reçut du vice-roi à son retour dans l'Ouady.

L'endroit est riant et rappelle plutôt un jardin que l'habitation d'un nomade.

Les tentes sont grandes, supportées par deux piquets et ouvertes sur toute leur façade pour laisser pénétrer l'air. Tissées en poil de chameau, brunes et rayées de larges bandes brun rouge, grises et jaunes, elles présentent sur le côté deux petites fenêtres formées d'un morceau d'étoffe blanchâtre, qui servent à ventiler l'intérieur. À travers l'enchevêtrement des piquets et des cordes qui les fixent au sol sont jetés à terre les bâts des bêtes de somme, les meules à moudre le grain, les sacs, les plats de bois qui composent le mobilier arabe, et dans l'intervalle laissé entre elles on aperçoit la campagne et les troupeaux qui pâturent.

Les Anadies possèdent des chameaux, des moutons, des vaches, des chevaux, et font l'élève des poulains. Ce matin, je voyais Moubeddah monté sur une jument à robe noire qui me parut fort belle, mais négligée et mal entretenue. Sur la remarque que j'en fis, son maître, me dit M. G…, connaît bien sa valeur et sa beauté, mais il la laisse ainsi pour qu'elle n'excite pas de convoitises. Si par hasard un bey, un pacha, la regarde, et semble désireux de la posséder, il montre la façon dont elle est tenue, paraît en faire peu de cas, la déprécie, et se hâte de l'envoyer au désert pour la faire oublier quelque temps.

Moubeddah, qui parut à l'entrée de la tente pour nous recevoir, au moment où nous mîmes pied à terre, est le fils de celui qui vint occuper l'Ouady sous le vieux pacha. L'aîné de huit frères habitant différentes parties du domaine, il étend son autorité comme cheik sur tous les Arabes Anadies ; c'est lui qui donne les terres à mettre en culture, touche les redevances, juge les différends ; il tient à la fois du chef, de l'iman[4] et du cadi[5]. Il me parut avoir une quarantaine d'années ; quelques poils gris se mêlent à sa barbe ; il est grand, un peu fort, ou du moins l'ampleur du manteau noir qui le couvrait me le fit juger tel. Sa figure sérieuse a un grand air de commandement, et je vis aux quelques paroles qu'il prononçait pour donner des ordres qu'il devait être scrupuleusement obéi.

Nous n'eûmes point de diffa, et je sus que les hommes qu'il avait fait partir en avant n'avaient pour but que d'aller inviter ses frères à venir nous retrouver sous ses tentes. Nous les vîmes en effet arriver à quelque distance les uns des autres, eux et un de leurs oncles, vieux cheik qui habite près d'Abasséh, et qui a fait avec Ibrahim-Pacha les guerres de Syrie.

---

[1] L'album de Berchère contient une image intitulée *Pont-bascule de Tell-el-Kébir* (voir Annexe, n° 63 de l'inventaire Prost).
[2] Erreur ; l'auteur désigne sans doute janvier.
[3] Repas de fête.
[4] Celui qui dirige la prière des Musulmans.
[5] Magistrat musulman remplissant des fonctions civiles, judiciaires et religieuses, dont celle de juger les différends entre particuliers.

Moubeddah, à mesure que ses frères arrivaient, nous les présentait gravement et semblait jouir d'un légitime orgueil, en faisant passer sous nos yeux les rejetons de sa famille nombreuse en lignée comme celle des patriarches qui habitaient la terre de Gessen. Chaque frère, en effet, possède une dizaine d'enfants, et la famille au grand complet peut porter à deux cents le nombre de ses membres.

L'intérieur où nous recevait Moubeddah pouvait passer pour somptueux même ailleurs qu'au désert. Les côtés de la tente étaient garnis de tapis du Garb (Maroc) à beaux dessins formant des arabesques entrecroisées, de couleur pourpre sur fond gris et vert pâle, des tapis de Bagdad et du Korassan couvraient le sol, et nous avions pour nous asseoir d'autres tapis pliés et roulés, de couleur sombre, que tissent les femmes de la tente. Dans un coin, un petit coffre en marqueterie de nacre et d'écaille, un ibrick renversé laissant voir sa panse couleur d'or, deux selles cramoisies à côté d'un grand coffre peint en vert et garni de découpures de cuivre, étaient les seuls objets apparents du mobilier : les ustensiles plus humbles du ménage étaient sans doute relégués derrière la longue pièce d'étoffe qui séparait la tente en deux parties, et à travers laquelle on entendait des rires étouffés et chuchotements qui révélaient la présence des femmes.

Le type de cette famille des Anadies dénote la souche dont ils tirent origine, et est bien différent de celui des autres nomades du désert. Une figure olivâtre et longue, avec des traits fins et de grands yeux noirs et doux, une barbe légère et soyeuse bien attachée aux pommettes et au menton, les mains d'une grande finesse, quoique noircies par le hâle et durcies par la fatigue, sont les caractères qui me frappent. Différent aussi est leur costume : ils ne portent pas le turban comme les autres Arabes de l'Ouady ni la couffiéh comme les Bédouins de l'isthme et de la presqu'île du Sinaï, mais le grand tarbouch rouge qu'ils couvrent d'un pan de la longue couverture blanche dont ils sont enveloppés ; ils ont une robe de soie rouge, et le grand manteau teint en noir ou le mach'las à raies brunes qui laisse apercevoir la poignée du sabre complète leur costume.

Je note le portrait d'un des frères, jeune homme de vingt-cinq ans, à traits fins et réguliers, qui me paraît résumer le type de l'élégant au désert. Vêtu de deux robes, l'une blanche et l'autre rouge, la couverture en laine drapée et repliée autour du visage qu'elle laissait à moitié dans l'ombre, il portait une abbaïéh blanche à raies d'or rattachée sur l'épaule par un fermoir incrusté de topazes. Ses gestes souples et caressants, sa voix douce, ses yeux grands et bien fendus, sa bouche souriante, s'harmoniaient avec ce que ce costume avait peut-être de trop féminin, et faisaient contraste avec les allures plus simples des autres frères.

Cette tente garnie de tapis, ces hommes assis en cercle, ces serviteurs apportant le café, ce foyer entre deux pierres, accusé par une fumée légère, les pigeons familiers venant se poser sur les cordes qui soutenaient la maison de poil, les chevaux entravés, les champs où paissaient les troupeaux, et à l'horizon les lignes du désert que l'on apercevait entre les troncs des palmiers, formaient un tableau complet et délicieux, et cette vie des Arabes pasteurs entrevue par une belle journée de soleil vous reportait aux tribus d'Israël qui peut-être avaient campé à cet endroit même où nous étions.

Le soleil qui descendait derrière les arbres nous avertit que l'heure était venue de nous remettre en marche, et nous partîmes escortés de toute la famille de Moubeddah, qui nous fit cortège jusqu'à la limite de son abadiéh.

Je suis heureux que le hasard de mes courses ne m'ait fait voir ce côté de la vie arabe qu'au moment de mon départ : il me semble que l'impression que j'emporterai de l'Ouady sera plus complète et marquera mieux dans mon souvenir.

*
* *

Maxamah, 2 février.

Rien de plus difficile dit-on, qu'un départ à l'heure prescrite ; ce matin j'en ai eu de nouveau la preuve. L'on avait arrêté la veille un baudet pour porter mon bagage, et pris un enfant pour me servir de guide, car mon intention était, laissant les bords du canal, de joindre Maxamah par l'intérieur des terres. En me levant, je vis avec satisfaction ma bête et mon conducteur tous deux dans la cour, et je rendis justice à une exactitude qui, je l'avoue, m'étonnait un peu. Mais la causerie prolongée, la promenade au jardin, la table où l'on s'assied pour la dernière fois, ont des attraits qui vous retiennent, et dix heures sonnaient quand je donnai l'ordre de seller mon cheval.

O surprise ! de baudet point, de conducteur encore moins : emportés tous deux par l'ardeur de la liberté, sont-ils allés rejoindre leurs camarades dans ces champs de bercims, où bêtes et gens se gaudissent tout le jour ? Les reprendre, il n'y faut pas songer et l'heure se passe. Pendant que l'on est en quête, je vois venir du canal un âne porteur d'un bât et mené par un fellah en qui je reconnais l'un des gardiens du village.

— Sais-tu le chemin de Maxamah ? lui dit M. de S… en l'arrêtant.

— Oui, Sidi.

— Bien alors, tu vas suivre l'effendi[1], et tu reviendras demain ; il y aura bonne paye, charge le bagage, et en route !

Mes amis m'ont accompagné jusqu'au vieux Tell, et là, prenant congé d'eux, j'ai continué la marche, me retournant pour les saluer de la main et jeter plus d'un regard sur le château dont le toit m'avait été si hospitalier.

Le ciel est un peu couvert, et le soleil, selon qu'il se dérobe derrière les nuées ou qu'il s'en dégage, assombrit ou éclaire le paysage ; tantôt les dunes plongées dans l'ombre laissent briller l'émeraude des blés ou l'or bruni des alfas et des ajoncs, tantôt la plaine se bleuit, se couvre d'ombre, et ce sont les dunes qui rayonnent à leur tour.

Notre chemin traverse plusieurs villages ; je croise de nombreux troupeaux et des moutons noirs et roux, gardés par un pâtre demi-nu, appuyé sur son bâton. Avec le libdéh qui lui ceint étroitement la tête, sa jupe courte, la grande couverture de laine blanche dont il se drape, il me semble voir en lui une figure des Panathénées[2], tant ce pays simple, à grandes lignes, cette figure à plis sévères, vous ramènent au sentiment de la vraie beauté.

Nous traversons de nombreuses rigoles d'irrigation, allant un peu à l'aventure, car le sentier qui faisait suite à la route est perdu depuis quelque temps, et je vois, en interrogeant mon conducteur, que notre itinéraire n'est pas très-bien gravé dans sa tête. En tout cas, il n'y a aucun risque de nous égarer, appuyés que nous sommes à droite et à gauche par les dunes et le canal.

Les terres de l'Ouady dépassées, les dernières tentes laissées derrière nous, les cultures deviennent plus rares, des champs en jachère s'étendent à de grandes distances, et nous nous trouvons dans le désert, tout en conservant à droite, au pied des dunes, une bande de champs verts qui doit se prolonger jusqu'au lac de Maxamah.

Nous devons être sur l'emplacement même de l'ancien canal des Pharaons ; dans les parties basses où nous marchons, la terre est humide, et des flaques d'eau avec des efflorescences de chlorure de soude et de calcium se rencontrent par places. Un terrain en pente douce nous mène à un assez large cours d'eau qui n'est autre, sans doute, que le canal du nord allant se décharger à Raz-el-Ouadée. J'ai fait évidemment une erreur dans ma route, car on m'avait parlé d'un pont que j'ai dû laisser ou sur ma droite ou sur ma gauche. Cependant, la terre battue à l'endroit où j'étais m'indiquant un gué, j'ai poussé mon cheval dans l'eau, où le baudet, soutenu par son conducteur, a pu passer à son tour.

Je marchais depuis un quart d'heure sur un plateau caillouteux que j'avais trouvé au delà du canal, quand au milieu du silence profond qui régnait dans l'air j'entendis un chant arriver distinctement à mon oreille.

La voix du chanteur se taisait un instant, puis reprenait de plus belle ces paroles que j'ai retenues :

> Le bonheur, c'est un oiseau,
> C'est un oiseau de passage,
> Son chant est joyeux et beau,
> Joyeux et beau son plumage.
> Mais, hélas ! le passereau
> Est si rapide et volage,
> Qu'il ne sait garder sa cage.
> Mais, hélas ! le passereau

---

[1] Maître, chez les Turcs. C'est un titre généralement réservé aux fonctionnaires civils, aux ministres du culte et aux personnes instruites.

[2] Festivités religieuses, qui se tenaient à Athènes tous les ans, en l'honneur de la naissance d'Athéna, déesse protectrice de la cité.

Est si rapide et volage,
Qu'il faut le prendre au passage,
Le bonheur, ce bel oiseau.

Je ne pouvais voir le personnage dont la voix m'arrivait ainsi, dominé que j'étais sur ma gauche par un exhaussement de terrain. Curieux de juger quel pouvait être ce chanteur philosophe, je fis gravir le talus à mon cheval, et, arrivé sur la crête, j'aperçus dans une espèce de vallon un homme à figure brune, en veste de toile, et coiffé d'un chapeau gris, qui poussait devant lui un petit âne à maigre échine velu comme un ours.

— Bonjour, monsieur, me dit-il en soulevant son chapeau dès qu'il m'aperçut : je vous ai vu ce matin à Tell-el-Kébir, et si j'eusse su que vous prissiez cette route, je me serais offert à vous accompagner.

— Allez-vous donc à Maxamah ? lui dis-je.

— Non, monsieur, je retourne chez moi ; — et ce disant, il me montrait à quelques cent mètres devant nous une bande de verdure où il me semblait distinguer une maison basse. — Vous plairait-il de venir vous y reposer quelques instants ?

J'acceptai, et, descendant le talus, je mis mon cheval au pas, pour marcher à côté de lui.

— Oh ! ne vous gênez point pour moi. Voici qui a vu du pays et pourra vous suivre aussi vite que vous voudrez aller ; — et il me montrait ses jambes armées de longues guêtres. — Vous arrêtez-vous ce soir à Maxamah, ou poussez-vous jusqu'à Rhamsès ?

— Non, je reste au campement : j'ai à faire visite à une vieille connaissance à moi.

— Est-ce le chef de la division du canal d'eau douce ?

Et sur ma réponse affirmative :

— Ah ! je le connais bien, et tout à l'heure vous verrez ses chameaux et ses chevaux qu'il m'envoie au vert.

Nous étions arrivés à ce que mon chanteur appelait son *chez moi*, et je vis une maisonnette, un carré de jardin traversé par une rigole, des champs de bercims où paissaient deux chameaux, un âne et un cheval.

Un chien arriva sur nous en jappant.

— À bas, Fidèle ! et toi, Coralie, dit-il après avoir déchargé sa bête, va retrouver tes camarades. Vieille habitude de soldat, monsieur : il faut d'abord songer à son serviteur, et maintenant, faites-moi l'honneur d'entrer.

Nous étions devant une petite maison bâtie en terre, dont la porte était seulement fermée au loquet ; un chat s'étirait au soleil, et l'on entendait, dans un enclos appuyé au mur, caqueter quelques poules.

— L'intérieur n'est pas somptueux, et l'on ne vit pas dans le velours, me dit-il, comme je jetais un coup d'œil autour de moi, mais la case est bonne, elle me garantit de la chaleur et m'abrite des vents. Puis c'est moi qui l'ai bâtie, et je suis quelque peu fier de mon ouvrage.

Il pouvait être fier en effet, et la chambre où nous étions n'était pas plus nue que bien des habitations de nos campagnes. Une seule fenêtre l'éclairait ; au mur séchaient différentes espèces de graines, un fusil brillait accroché à un clou ; dans un enfoncement pratiqué à l'un des bouts de la pièce, et près d'une petite cuisine, on voyait un lit formé d'une paillasse de maïs dressée sur des planches, et au milieu de la chambre une table et quelques escabeaux. La porte ouverte laissait entrer un rayon de soleil, et la vue s'étendait sur les verdures et les fonds du désert, qui se perdaient au loin à travers l'échancrure de la petite vallée où était bâtie la maison.

— Vous êtes parfaitement bien installé, dis-je, après que mon homme eut mis sur la table deux verres et une bouteille de raki[1], qu'il alla chercher dans la cuisine, mais permettez-moi de vous demander pourquoi vous avez préféré ce séjour isolé aux terres de l'Ouady si facilement cultivables, et que l'on vous eût louées volontiers.

— Et l'argent, monsieur ? croyez-vous que les moutons, les bœufs, poussent tous seuls, que les instruments nécessaires à l'exploitation s'improvisent, et qu'il ne faille pas les acheter ? La Compagnie ne donne pas ses coquilles, comme l'on dit, elle loue ses terres, et elle a bien raison, mais j'ai raison aussi de ne pas lui demander ce que je ne saurais lui payer. L'argent est cher ici ; des Juifs vont l'emprunter au Caire ou à Zagazig, à quatre pour cent, et le prêtent dans l'Ouady au taux de douze et quinze. En admettant que ma peau inspire assez de confiance, j'emprunte, bien ; je commence, la charrue trace son sillon, puis les embarras, les échéances arrivent, et l'on est obligé de mettre la clef sous la porte ou d'avoir toute une vermine d'usuriers sur le dos. Non, non, le

---

[1] Eau-de-vie de raisins, fortement aromatisée à l'anis, fabriquée en Turquie et dans les Balkans, et qui se consomme pure ou étendue d'eau.

hasard m'a fait venir dans ce coin du désert, cette petite vallée m'a plu, la rigole fournissait de l'eau, la terre était là, j'ai fait pousser ces verdures, et j'ai bâti la maison où nous sommes.

Je n'appartiens ainsi à personne, et suis libre de mes actions. Qui d'ailleurs peut s'inquiéter de moi ? J'étais jardinier de mon état, monsieur. Pris par la conscription, j'ai fait deux congés en Afrique, et au milieu de nos courses, de nos haltes au grand air, j'ai été mordu par le démon de la liberté. Je pensais déjà à m'établir au désert, mais nos Bédouins de là-bas ne sont pas aimables, ils se rappellent trop bien les coups de fusil que nous leur avons tirés pour ne pas prendre leur revanche sur quelque pauvre diable oublié dans un coin — vilain voisinage.
— De retour au pays, je m'ennuyais, je regrettais le soleil, ce frileux qui chez nous met des mitaines et se poudre à frimas. L'on m'embaucha pour l'Égypte, et je partis.

Puis, las de servir les autres, j'ai voulu être maître à mon tour. Est-ce amusant de s'entendre dire à la journée : Où est-il, ce fainéant ? où est-il allé courir et paresser comme toujours ? Vilain métier, collier qui sent par trop l'attache, je vous ai mis de côté ; servitude, je vous ai dit adieu ; je suis libre, et suis maintenant à moi-même.

Mon homme avait parlé tout d'une haleine ; il se tut, puis au bout d'un instant il reprit :
— Que me faut-il, en attendant les quatre planches qui forment notre dernier lit ? une couverture, une galette qui apaise ma faim, un peu d'eau qui apaise ma soif, et, dit-il en élevant son verre et le tenant entre ses doigts, un tantinet de ce présent que le bon Dieu nous envoie.

Le lac me fournit de gibier et de poisson, et le désert me donne bien de temps à autre une gazelle à tirer.

Je suis allé ce matin à Tell-el-Kébir demander qu'on voulût bien me donner une sakiéh. Avec cela, monsieur, et un petit bœuf, j'aurai des jardins superbes et aussi beaux que ceux du château. Je m'y connais et suis un habile homme ; puis, étendant mes cultures, comme les terres de l'Ouady sont louées aux fellahs, j'espère que l'on enverra chez moi au vert les chevaux des employés du désert, et je serai nourrisseur.

— O pot au lait de Perrette[1] ! pensais-je tout bas, pourvu que vous ne cassiez pas aux mains de ce pauvre homme !

Il cessa de parler, et son œil fixé dans le vide semblait voir cet avenir qu'il me racontait.
— Bah ! tout cela est absurde ; des rêves, reprit-il en frappant du pied. Au jour le jour, voilà ma philosophie, et vive la paresse ! Les lis ne travaillent ni ne filent[2], comme disait mon lieutenant en fumant sa pipe et se croisant les bras. Agitons-nous, ne faisons rien, nous allons où Dieu nous mène. Dormir est le grand mot de la sagesse.
— Et comment êtes-vous avec vos voisins ? lui dis-je pour couper court à ses réflexions.
— Oh ! ce sont de bonnes gens, monsieur, on dort avec eux les yeux fermés ; et puis, s'il fallait avoir une petite explication, l'on a Fidèle, et, dit-il en montrant son fusil, un argument à deux détentes, un luron qui ne boude pas, et sait parler au besoin. Mais je suis bien tranquille, et je vis ici plus confiant qu'au milieu des villes.

Et comme je me levais :
— Je vais vous accompagner jusqu'au lac.

Et il sortit pour appeler mon guide.

En passant près de la muraille, je regardai quelques livres posés sur une tablette, et je vis un *Almanach Liégeois*[3], vieux de trois années, un *Traité d'arboriculture*, le livre du *Parfait Jardinier*[4] et deux petits volumes dépareillés des *Chansons de Béranger*[5].
— Tout est prêt, me dit mon homme en rentrant.

Il prit son fusil, et nous sortîmes.
— Permettez-moi, lui dis-je en m'approchant de l'âne qui portait mon bagage, de vous offrir un souvenir de mon passage ici, — en l'acceptant, vous me ferez plaisir ; — et je lui présentai une bouteille de vin de Marsalla que je tirai d'un de mes sacs.

---

[1] Dans la fable de Jean de La Fontaine, Perrette, la laitière, en route pour le marché, vend le prix du lait, dans son imagination, mais laisse tomber le pot avant d'arriver à la ville.
[2] *Luc*, XII, 27.
[3] L'*Almanach de Liège*, publication annuelle contenant des renseignements divers, date du XVIIe siècle et connut un grand succès, tant dans les milieux des petites gens que dans la bourgeoisie et la noblesse.
[4] *Le Parfait Jardinier moderne, traité de jardinage mis à la portée de tout le monde*, par M. de Salverage, Limoges, Barbou frères (1850).
[5] Depuis ses *Chansons morales et autres* (1815) jusqu'à ses *Chansons nouvelles et dernières* (1833), Pierre-Jean Béranger renouvela la chanson, dont il fit une arme politique et un instrument de satire et de propagande.

— À moi qui rentre dans les villes, elle devient inutile : à vous, elle vous rappellera la visite que je vous ai faite.

Il prit la bouteille, et, l'élevant à la hauteur de ses yeux :

— Un rayon de soleil sous cloche ! et dire qu'il y a des païens qui ne boivent que de l'eau : je vous remercie, et, le vin bu, je garderai la fiole en mémoire de vous.

Et nous partîmes, suivant la petite vallée où s'élevait sa maisonnette.

— Voici Maxamah, me dit-il, quand nous fûmes arrivés à l'extrémité des dunes, et j'aperçus à mes pieds un lac assez grand, et à l'une de ses extrémités le campement éclairé par les rayons du soleil couchant[1].

Je pris congé de mon homme, réfléchissant à la singulière rencontre que je venais de faire. Je le vis longer le bord du lac et bientôt disparaître derrière les broussailles, où sans doute il allait se mettre à l'affût. Au bout d'un quart d'heure j'arrivais au campement.

— Est-ce un heureux, est-ce un sage ? me disais-je en marchant, et sa philosophie stoïque vaut-elle mieux que l'activité fébrile où nous emporte notre vie si occupée parfois ? Et puis, est-il bien libre ? et n'a-t-il pas encore un maître ? la nécessité ou le besoin, qui peuvent le chasser un jour du lieu qu'il a choisi comme retraite ? Où est la vérité ? et m'est-il aussi impossible de conclure, qu'il m'est difficile de donner un nom à cette figure inconnue qui s'est trouvé sur mon chemin.

Non rêver, dormir, se reposer à l'écart n'est pas le but, et notre vie en a un plus élevé à suivre. Que serait le champ du ciel où nos yeux aiment à se perdre, s'il n'était pas peuplé de nos espérances ? Que seraient nos jours, s'ils devaient se borner au cercle étroit des exigences matérielles, et n'avoir pas des aspirations plus hautes ?

Nous marchons dans la vie, guidés par un génie qui nous éclaire de son flambeau et nous montre la route : nous trébuchons, le pied nous glisse et se heurte aux pierres du chemin ; nous perdons quelquefois de vue notre guide, mais un éclair de la flamme nous a fait entrevoir son visage dans la nuit, loin, bien loin de nous, mais perceptible encore, et nous marchons, nous marchons toujours jusqu'au moment où nous rencontrons la tombe. Mais heureux ou malheureux, nous avons fait notre devoir, mais nous n'avons pas laissé s'éteindre ce rayon d'intelligence que Dieu nous a réparti, et l'espérance, éternelle consolatrice, nous a soulevés de ses ailes.

Ce monde, a dit M. de Tocqueville, appartient à l'énergie : aux uns l'expansion du génie, les grandes conquêtes ; aux autres les aspirations religieuses, les découvertes de la science, les études sur nos régénérations sociales, à tous la nécessité de marcher et d'avancer toujours.

Qu'il vive donc dans son jardin, si c'est son lot ; nous, mon ami, tâchons d'aller plus loin.

*
* *

Bir-Abou-Ballah, février.

Je me suis arrêté une journée au campement de Maxamah qui, assis au bord du lac, se compose de quelques tentes et de deux maisons occupées par l'ingénieur chef du canal d'eau douce et son personnel. Le lac, d'une superficie de cent vingt-cinq hectares, fait corps avec le canal qui le borde au nord, et dans le sud il s'étend jusqu'à des dunes boisées au pied desquelles il forme un arrière-bassin dont les eaux, par une pente naturelle, vont s'écouler au désert dans la direction de Bir-Abou-Ballah, arrosant sur leur parcours des cultures occupées par les Arabes.

Plus tard, si l'on veut baliser la partie du canal qui touche au lac, et si l'on y établit un fort bourrelet et une banquette, l'on pourra dessécher le lac actuel, et avoir une notable quantité de terres arables dans d'excellentes conditions, grâce aux irrigations que permettront et le canal et le petit arrière-bassin qui se trouve au-dessous des dunes.

En attendant que la charrue y trace ses sillons, je me suis promené sur le lac, au milieu des dunes et des verdures, suivant des yeux les voiles qui passaient sur sa nappe tranquille, et vers le soir je me suis donné le

---

[1] L'album de Berchère contient une image du *Campement et lac de Maxamah* (voir Annexe, n° 61 de l'inventaire Prost).

plaisir d'y chasser sans peine. Sitôt que la nuit tombe, il se fait un grand bruit d'ailes, et les canards qui, tout le jour, se sont promenés sur le grand lac, gagnent le petit bassin dont je vous ai parlé. Leur demander pourquoi, à cette heure, ils changent de domicile, et vont faire leur lit dans les roseaux voisins, serait superflu ; le plus simple est d'aller les attendre, et un genou en terre, les cartouches à portée de la main, de leur adresser un salut au passage. Le coup part, un oiseau tombe…, ou ne tombe pas ; les files se succèdent nombreuses, l'on tire, l'on tire toujours, et la nuit se fait obscure au point de ne plus vous laisser voir les canons du fusil, que les oiseaux passent et s'entendent encore.

C'est à peu près la seule chasse possible, car tout autre gibier manque, ou il faudrait l'aller chercher au loin.

Comme nous regagnions le campement, je vis dans la direction du canal, à une assez grande distance, une lueur qui se projetait sur le ciel comme la réverbération d'un incendie.

— Quelle est cette lumière que nous apercevons là ? dis-je au chef de la division qui m'accompagnait.

— C'est ce soir la fête des lanternes. Un approfondissement était nécessaire dans une certaine partie du canal, et j'ai envoyé une corvée de deux cents hommes pour le faire au plus vite, afin de ne point apporter d'obstacle ni d'entrave à la navigation de la journée. Vous plaît-il d'aller jusque-là ?

Comme nous approchions du canal, et que nous en dépassions les talus, je vis la tranchée couverte de lumières : des *machals*[1] allumés éclairaient des groupes de travailleurs occupés à enlever le sable et à le jeter dans des couffes ; les torches couraient éperdues comme des feux follets, promenant sur les eaux agitées de longs serpents de feu, tandis que des grilles, portées au bout de bâtons enfoncés en terre sur le haut des déblais, secouaient dans l'air les flammèches du bois résineux qui les alimentait[2]. Ces points lumineux semés dans l'espace, ces figures en mouvement, au delà du cercle en feu, cette obscurité absolue où perçait de loin en loin une étoile ; ces groupes plongés dans une lumière violente, éclairés d'une façon tout imprévue ; ces mains qui s'agitaient dans le vide, ces gens dont on ne devinait pas le corps ; les chants des hommes, les cris des surveillants animant le travail, tout concourait à donner à cette scène un aspect fantastique rappelant les nuits du Walpurgis[3] ou les incantations mystérieuses en l'honneur de la triple Hécate[4].

L'on m'a parlé des travaux de la nuit qui doivent être faits pendant le Rhamadan ; ce que j'ai vu ce soir peut me donner une idée de l'aspect des tranchées d'El-Guisr enveloppées de lumière.

Le lendemain de cette scène, je suivais, de grand matin, le tracé que décrit à travers le désert le canal d'eau douce.

Ce tracé prend naissance dans le canal supérieur de l'Ouady, à l'endroit appelé Raz-el-Ouady ou Gassasin. Il passe par Maxamah, Rhamsès, Makfar, les dunes de Sababiahr et Néfich pour aboutir, quant à présent, aux maisons de la ville de Timsah. Il parcourt presque en ligne droite, sauf quelques courbes nécessitées par la nature du terrain, une étendue de trente-six kilomètres et demi : sa profondeur est de un mètre vingt centimètres à deux mètres ; sa largeur au plafond, de sept mètres soixante-dix, à la ligne d'eau, de douze mètres cinquante, et de vingt-deux mètres dans les parties définitives et dans celles où l'on avait à endiguer.

Rhamsès — l'ancienne Pithoum[5] qui existait au temps de Jacob — situé sur les bords mêmes du canal, est la première station que je rencontrai en quittant Maxamah. Des substructions en briques, quelques restes de murs et une stèle en granit rose (syénite) qui a valu à Rhamsès, de la part des Arabes, le nom de *Tell-el-*

---

[1] Fusées éclairantes. Lesseps avait commandé au Caire « mille *machallahs* pour éclairer la ligne des travaux du Seuil pendant les nuits de Ramadan » (*Lettres, Journal et documents pour servir à l'histoire du canal de Suez, op. cit.*, 1879, t. IV, p. 169).

[2] Comme peintre, Berchère excellait à faire des scènes de nuit. Dans le tableau, *Ralliement des caravanes à la halte de nuit* (Salon de 1866), Maxime Du Camp décrit le chef de la caravane qui, du haut de son dromadaire, appelle les retardataires, la main armée d'une branche enflammée. Il conclut en remarquant que « M. Berchère a triomphé des difficultés pittoresques qu'offre toujours un effet de nuit » (Maxime Du Camp, *Les Beaux-Arts à l'Exposition universelle et aux Salons de 1863, 1864, 1865, 1866 et 1867*, Paris, Vve Jules Renouard, Libraire, 1867, p. 227). *Voleurs de nuit* (Salon de 1865), le seul essai de Fromentin dans des scènes de nuit au désert, eut beaucoup moins de succès.

[3] La Nuit de Walpurgis se situe entre le 30 avril et le 1er mai. Célébrée dans toute l'Europe depuis des temps reculés, elle a été identifiée au sabbat des sorcières et symbolise surtout la fin de l'hiver.

[4] À l'origine, Hécate fut représentée avec un seul corps. Alcamène fut le premier à représenter cette déesse sous la forme de trois statues accolées l'une à l'autre. Ce nouvel aspect finit par devenir son aspect classique, attribuable, d'une part, aux trois domaines où règne Hécate (la terre, la mer, le ciel) et, d'autre part, aux trois phases de la lune.

[5] Pithoum (ou Pithom), « maison du dieu Atoum », ancienne ville d'Égypte, située sur le bord oriental du Delta, à 25 km à l'ouest de l'actuelle Ismaïlia. La ville connut un grand développement sous les Ramsès. D'après la Bible, les Hébreux auraient travaillé à sa construction.

Maskoutt (le mont de l'idole), sont tout ce qui reste de l'ancienne ville. La stèle, composée de trois figures assises qui représentent la triade thébaine : Osiris, Isis et Horus, est fort mutilée. Elle a été sortie de terre, dressée et placée sur une hauteur de laquelle on domine le désert, le parcours du canal, et un petit lac que l'on s'occupe à dessécher pour le mettre en culture.

Je continuais ma route, passant par Makfar et les dunes de Sababiahr, pour arriver à midi au campement de Néfich.

La partie du désert que j'avais parcourue depuis Rhamsès avait un aspect sérieux et morne. Les dunes boisées de tamaris, les alfas, les graminées, avaient disparu pour laisser place à des terrains dénudés sur lesquels se promenaient de grandes ombres dessinées par les nuées qui flottaient dans le ciel, et sur la ligne du désert je distinguais au loin une longue caravane d'hommes et de chameaux dont les figures, malgré l'éloignement, me paraissaient énormes. Cet état du ciel faisait, sur le plan uniforme et sans accident des sables, tout changer et flotter autour de moi ; l'œil ne conservait plus le sentiment des distances, et faute de repère, je ne jugeais plus des proportions ni de la grandeur réelle des objets.

Néfich était le campement le plus important de cette ligne du désert. Son puits où venaient s'abreuver les chameaux, ses magasins où arrivait tout le transit du canal d'eau douce, sa proximité d'El-Guisr, en avaient fait une véritable ville de tentes. Aujourd'hui le campement se replie pour se porter plus loin ; le canal que j'avais vu s'arrêter à Makfar s'avance jusqu'au lac Timsah et l'eau arrive, amenant les barques à quelques kilomètres du seuil.

Je quittai le campement et, traversant à gué le canal, je passai près du puits de Néfich dont les balanciers se dressent inutiles et désespérés comme les bras d'un gibet qui n'a plus rien à pendre ; au bout d'une demi-heure, j'apercevais le chalet et le lac de Bir-Abou-Ballah[1], ma dernière station avant de rentrer à El-Guisr.

Bir-Abou-Ballah, février.

Beaucoup de ces pages, où je laisse ma plume courir, et qui vous racontent mes courses, mes impressions, l'ensemble des travaux qui s'exécutent, ne sont déjà plus que l'histoire du passé.

Je vous parlais du lac Ballah ; aujourd'hui les travailleurs ont replié leurs tentes, et l'eau de la mer y coule librement ; le village arabe de Port-Saïd a fait place à d'autres constructions et s'est transporté sur la plage à la suite des chalets ; les tranchées du canal d'eau douce que je voyais en allant à l'Ouady, couvertes de travailleurs, donnent passage aux barques qui viennent du Nil ; ainsi tout marche, et une portion du travail achevée, l'on s'élance au pas de course vers une conquête nouvelle. Déjà l'on jouit du travail acquis, des bénéfices qu'il donne, et M. de Lesseps pouvait dire avec raison au banquet qui vient d'avoir lieu pour l'arrivée de l'eau douce à Timsah[2] : Il y a six ans, je dus venir dans l'intérieur de l'isthme accompagné de quatre personnes, et il me fallut dépenser 5,000 francs ; aujourd'hui je suis venu du Caire jusqu'ici en barque[3], et 20 francs m'ont suffi pour ce voyage.

Quand je vins à Bir-Abou-Ballah, il y a une quinzaine de jours, les bords de son petit lac présentaient le coup d'œil le plus animé. Deux ou trois cents chameaux étaient à l'aiguade dans un pêle-mêle pittoresque ; leurs

---
[1] L'album de Berchère contient une image intitulée *Ferme de Bir-Abou-Ballah, résidence de l'entrepreneur délégué* (voir Annexe, n° 59 de l'inventaire Prost).
[2] « La Chronique de l'Isthme », tenue par Ernest Desplaces, fait état de « deux grands résultats à présent obtenus » : « Le seuil d'El-Guisr est, par la rigole maritime, en communication économique et permanente avec la Méditerranée, de Ferdane à Port-Saïd, et, sur son autre versant, il se relie avec la Basse-Égypte et toute la vallée du Nil au moyen du canal d'eau douce » (*L'Isthme de Suez : journal de l'union des deux mers*, n° 135, 1er février 1862, p. 34).
[3] « La Chronique de l'Isthme », tenue par Ernest Desplaces, rend compte de ce déplacement historique : « De Boulac, la dahabié qui portait M. Ferdinand de Lesseps a descendu le Nil jusqu'à Bena-l'Assal. [...] Elle a suivi le canal de Zagazig et celui de l'Ouadée en passant devant Tell-el-Kébir jusqu'à Ras-el-Ouadée, tête du canal d'eau douce. De là, elle s'est engagée dans le nouveau canal, expérimenté sur toute sa ligne pour la première fois, et elle l'a parcourue tout entière jusqu'à Timsah, après avoir passé devant Ramsès, Macfar, etc. » (*L'Isthme de Suez : journal de l'union des deux mers*, n° 136, 15 février 1862, p. 50). D'El-Guisr, le 30 janvier 1862, le président directeur écrivit à S. E. Zéki-Bey, près S. A. le vice-roi, en les termes suivants : « Le bateau sur lequel vous m'avez vu à Benha m'a conduit en 4 heures de Maxama à Timsah *où j'ai débarqué ce matin* » (Ferdinand de Lesseps, *Lettres, Journal et documents pour servir à l'histoire du canal de Suez*, op. cit., t. IV, p. 155).

longues files s'allongeaient sur les sables, l'air retentissait de cris et de chansons ; aujourd'hui plus de corvées, l'eau douce est au seuil et le désert est rendu à son silence.

À quelques pas vers Timsah et vers El-Guisr, le bruit, le mouvement, l'activité ; ici une retraite perdue, oubliée derrière les dunes qui lui forment comme un rempart. Ce lac tranquille, ces fonds couverts de verdure et au-dessus desquels on aperçoit le bleu des montagnes, ces bœufs tournant une sakieh, ces pigeons qui roucoulent, ces poules qui picorent, vous ont donné l'idée du calme et du repos ; ce cottage, cette ferme d'une propreté tout anglaise, ces jardins en fleur, vous ont fait oublier le désert.

Le coup de baguette qui a transformé ce petit coin en verte oasis est dû à l'eau du lac qui, dès la fondation d'El-Guisr, appela l'attention sur les ressources qu'elle pouvait offrir. Le puits de Néfich ne donnait qu'une eau saumâtre, utilisée pour les bêtes de somme, et le lac était une réserve qui pouvait suffire à tous les besoins. L'on pensa d'abord à en porter les eaux au moyen d'une machine élévatoire jusqu'au campement même d'El-Guisr ; puis l'on bâtit une ferme modèle, et l'on fit des essais de culture qui réussirent admirablement.

Bir-Abou-Ballah est situé dans la vallée qui du lac Timsah va jusqu'à Belbeis, à travers l'Ouady-Toumilat. L'ancien canal pharaonique la suivait dans tout son parcours, et c'est à travers ses terrains que s'épanchent, pendant l'inondation, les eaux du Nil qui, parties de Zagazig, vont, en formant une multitude de petits lacs, se perdre dans les dunes de Timsah. Pendant une promenade que je faisais hier à cheval, j'ai suivi ces eaux jusqu'à une assez grande distance par une série de bas-fonds que l'on rendra facilement cultivables au moyen des irrigations du canal d'eau douce. Ma promenade m'a permis également de relever l'ancien lit du canal dont le talus, du côté nord, est très-reconnaissable et se trouve parfaitement conservé sur une étendue de plus de trois kilomètres.

Cette partie du désert où je marchais était couverte d'une abondante végétation. De grands tamaris, de nombreuses orchidées d'un rouge de sang couvraient la terre ; dans l'est, au-dessus des têtes d'arbres, on apercevait le plateau de Toussoum, le Gebel-Mariam et les montagnes de Suez, dans l'ouest le petit lac et la ferme au milieu de son nid de verdure.

Demain je retourne à El-Guisr. Au revoir, mon ami ; je pense à ces heures de voyage si vite écoulées, aux campagnes paisibles où je me suis reposé un instant, aux nobles cœurs qu'il m'a été donné de connaître, et en regardant mes cartons, en fouillant mes souvenirs, il me semble que ces journées que j'ai passées dans l'Ouady ont été heureuses, et que je puis les marquer d'une croix blanche.

El-Guisr, 10 février.

El-Guisr, comme le palais de la belle au bois dormant, vient de sortir de son long sommeil.

Le prince Chéri[1], qui paraissait si beau à nos yeux d'enfant dans la splendeur de son pourpoint rose et de ses plumes vertes, qui tue les dragons jaloux et secourt les nobles damoiselles dans la peine, a passé par ici. Sa voix a secoué les pavots du sommeil, et gens de se réveiller, langues de se délier, machines de se remettre en marche. Le beau prince ici, c'est le travail : avec lui tout s'anime, tout ressuscite ; les chevaux ne sont plus de bois, les hommes ne sont plus de pierre, et tous ceux que j'avais laissés à l'état d'ombre me paraissent se mouvoir aujourd'hui comme des personnes naturelles.

J'ai ma part aussi dans ce réveil, et la fortune me traite en favori. Je trouvai l'appartement dans lequel on m'avait installé à mon arrivée à El-Guisr occupé par un ingénieur chargé de diriger la section du seuil, en raison de l'importance des travaux. En allant prendre les différents objets que j'y avais laissés pendant mon absence, je rencontrai le nouvel occupant.

— Monsieur, me dit-il, j'ai dû prendre votre appartement, mais je vous garde, et j'ai fait disposer pour vous une chambre à l'entrée de la maison. Réunissons-nous, et veuillez bien admettre que ma table soit aussi la vôtre.

---

[1] *Le Prince Chéri*, conte de Madame Jeanne-Marie Leprince de Beaumont (1711-1780), laquelle est connue surtout pour son conte, *La Belle et la Bête*.

Nous sommes seuls et tous les deux assez occupés pour ne nous gêner en rien ; ces heures de repas partagées seront pour moi un plaisir, et en acceptant l'offre que je vous fais, vous m'obligerez.

Me voici donc installé de nouveau. L'on m'a présenté au premier poisson du Nil arrivé à Timsah par le canal d'eau douce : un curieux qui est venu voir le désert, et qui frétille tranquillement dans un bocal, ne se doutant guère des prospérités futures que sa venue nous annonce. Ces grandes pièces, un peu tristes quand je les occupais seul, prennent un air de fête, la cuisine que j'avais tenu fermée s'anime à son tour, et, bonheur ! feu de flamber, eau de chanter, roustissoire de roustir[1]. En vérité, c'est un conte, mais un conte de fées qui s'achève comme une histoire.

L'intérieur du seuil s'est transformé, ses rues autrefois solitaires sont bien vivantes, il y règne une activité continuelle. Les ordres se croisent des bureaux aux magasins, du transport à l'intendance. Mes chameliers, qui n'ont plus le temps de dormir auprès de mes modèles, guident de longues caravanes chargées de sacs de vivres, de tonnes d'eau, qu'ils vont porter aux chantiers du canal. Plus de puits de Néfich, plus de Bir-Abou-Ballah, mais l'eau au pied du seuil, arrivant jusque devant la maison de Son Altesse, et distribuée sur le parcours de la ligne au moyen de quarante réservoirs.

Le bey que devait envoyer le vice-roi pour surveiller les travaux est arrivé, et de mes fenêtres je puis voir la maison qu'il occupe. Cinq ou six tentes sont dressées auprès des murs pour ses domestiques et ses soldats ; des chevaux sont entravés à la porte, des Arabes, des cheiks viennent demander audience, des courriers partent donner des ordres. Le matin, comme dans le milieu du jour, je vois souvent le bey, monté sur un admirable cheval gris, partir suivi de deux officiers et de plusieurs hommes d'escorte, pour inspecter les travaux de la ligne.

Actif, surveillant avec attention tout l'ensemble de choses qui relève de sa mission, il goûte l'eau des réservoirs, s'assure de la qualité du biscuit fourni aux contingents. Aucun détail ne lui échappe : du haut de son cheval il écoute les réclamations, les prières, ou, descendant aux tranchées, il constate l'état des travaux, la division des tâches. Juste autant que sévère, je l'ai vu, pour une négligence dans l'exécution des travaux, se faire amener deux cheiks et les faire descendre à la tranchée avec la pelle et la couffe comme de simples Fellahs. Grâce à cet état de choses nouveau, l'amélioration qu'appelait le chef du chantier n° 6 se constate : plus d'hommes à commander, à entraîner au travail ; le rôle des Européens se borne à répartir les tâches, à en donner le détail aux cheiks chargés à leur tour d'en assurer l'exécution ; ce n'est plus pour eux qu'un poste de surveillance, et, si nombreuses encore que soient les occupations qu'il comporte, au moins sont-elles plus faciles aujourd'hui.

Au bout de cette longue rue d'El-Guisr, placés sur ces hauteurs que j'avais laissées nues, et où planaient seuls quelques vautours, nous pouvons embrasser l'ensemble du désert et la tranchée qui, à droite et à gauche, traverse les sables et se continue jusqu'à l'horizon[2]. Au fond de ce large fossé, s'augmentant et s'élargissant chaque jour, divisé en tâches parallèles, suivant les villages qui fournissent les contingents, des hommes sont occupés à détacher la terre avec le pic et la pioche, à la soulever avec des pelles, et à la mettre dans des couffes qui doivent la transporter sur le haut des déblais. Le manteau jeté à terre, la gargoulette d'eau posée près d'eux, les bras nus, pleins d'entrain, de gaieté, travaillant tout le jour, ils remplissent sans cesse les couffes, les soulèvent et les posent sur la tête ou le dos des hommes et des enfants qui s'éloignent, gravissent le talus, et vont jeter le contenu, terre ou sable, à l'extrémité des déblais, pour revenir prendre une charge nouvelle[3]. Les porteurs se croisent ; les uns descendent en courant, les autres montent courbés sous leur fardeau. C'est un va-et-vient incessant, la ligne des talus est vivante de figures, la crête des déblais se couronne de poussières produites par la chute des sables, et le fond de la tranchée bourdonne comme une ruche en travail. Il en sort des chants, des rires, je ne sais quelle clameur joyeuse, pendant que les cheiks assis ou debout, enveloppés de leurs longs manteaux noirs et coiffés du turban rouge, entraînent, excitent leurs travailleurs, et que des enfants, chargés de gargoulettes, descendent les berges du canal, apportant l'eau qui doit étancher la soif. Certes, un homme, la pelle en main ou portant sur le dos une couffe, n'a rien de bien intéressant par lui-même, mais multipliez cette unité, portez-la jusqu'au nombre de vingt mille, voyez le profil d'une de ces tranchées que nous suivons jusqu'à l'horizon, la fourmilière humaine qui se meut et s'agite ; par delà El-Guisr, ce chantier n° 4, dont une foule de petits points noirs en

---

[1] Griller (expression vieillie, conservée dans l'argot populaire de l'époque de Berchère). À ne pas confondre avec « rôtir » (faire cuire sans graisse et à feu vif, à la broche ou au four).
[2] Voir Fig. 15, *Une tranchée dans le canal de Suez*, illustration à la p. 9 de l'étude de Paul Merruau, *op. cit.*
[3] Voir Fig. 16, *Ouvriers terrassiers du canal de Suez travaillant à la couffe*, illustration à la p. 13 de l'étude de Paul Merruau, *op. cit.*

mouvement nous indiquent l'occupation, et vous aurez sous les yeux un spectacle fait pour frapper les esprits les plus froids, les plus prévenus. Ce qui donne ici la mesure de l'œuvre, c'est la grandeur du moyen employé pour la réaliser, et cette armée de travailleurs, cette multitude, forment une scène véritablement grandiose et des plus émouvantes.

Le soleil va disparaître, et ces maisons de feuillage qui s'échelonnent le long du canal, et que les Fellahs préfèrent aux villages qu'on leur a fait bâtir, vont s'animer à leur tour. Tous ces abris qui dépassent le sol de quelques pieds à peine, et que dominent les tentes blanches des cheiks, se peuplent ; les réservoirs sont assiégés par une foule nombreuse et entourés de fidèles faisant leurs ablutions pour la prière ; de petites fumées rampent à travers les branchages des gourbis, s'élèvent vers le ciel, et le crépuscule allume des milliers de feux sur toute la ligne des campements.

*
**

El-Guisr, février.

J'ai repris les habitudes d'une vie tout active, mêlée de quelques heures de kief au moment des repas. C'est une vie bien simple pouvant se résumer dans ce mot : travail, et qui, dans le cercle où elle se meut, ne s'accidente que par un détail, une scène que me donne l'imprévu.

Je m'aperçois que ce mot de *kief* s'est trouvé, en vous écrivant, bien des fois sous ma plume ; disons l'idée qu'il présente à l'esprit. Se reposer délicieusement après de longues courses, s'étendre paresseusement à l'ombre, fumer, suivre le fil de ses rêveries, dans cet état où l'âme flotte entre la veille et le sommeil, boire l'eau fraîche du Nil quand la chaleur vous dévore, aspirer et goûter le calme qui descend du ciel par une nuit sereine, faire trêve au travail et passer des journées à s'oublier et à ne rien faire, tout cela constitue le kief. C'est le loisir, la paresse, le bien-être et aussi le bonheur, et c'est en ce sens qu'un Arabe s'adressant à un autre, lui dit : *Kiefa tahib* ? ton kief est-il bon ? tant ce mot résume pour lui l'idée de la satisfaction la plus complète et de la jouissance dans le repos !

Voulez-vous savoir l'emploi de mes journées ?

Le plus souvent je monte le matin à cheval, parcourant les chantiers, tantôt jusqu'à El-Ferdane, tantôt jusqu'aux berges du lac Timsah. Je dessine, j'observe tout ce mouvement de travailleurs dont je vous ai parlé. L'après-midi me retrouve encore à la grande tranchée d'El-Guisr, au transport, au village arabe ou aux grands réservoirs établis sur les lignes. Il en est deux, l'un au pied de la mosquée, l'autre non loin des maisons, par lesquels je termine presque toujours mes courses. Construits en maçonnerie, à ras de terre et couverts par des planches, ils sont sous la surveillance d'un gardien chargé de la distribution de l'eau. Il est là tout le jour, son seau de cuir à la main, penché sur la source où il puise sans cesse, occupé à remplir ses jarres et à rouler ses tonneaux. Des hommes boivent, ou bien emplissent des outres. Voici venir du canal des enfants portant des gargoulettes, quelque petit âne faisant la corvée. Des chameaux arrivent chargés de tonnes, leurs conducteurs crient et se font place au milieu des Fellahs pressés autour des réservoirs ; l'on entend le joyeux murmure de l'eau qui coule, et les croyants, tournés vers La Mecque, se prosternent ou élèvent les mains vers le ciel, pendant que tinte au loin la cloche qui annonce aux ateliers la fin du travail.

Notre vie à l'intérieur est simple et d'une régularité qu'interrompent seulement l'arrivée au seuil d'un ingénieur nouveau venu, ou le passage de voyageurs qui viennent en curieux visiter les travaux de l'isthme, et qui partagent notre table.

Le plus souvent nous sommes seuls. Midi sonne et nous appelle. C'est un temps d'arrêt au travail de la journée : l'on échange des nouvelles, l'on cause de l'emploi de la matinée. La porte de la salle à manger entr'ouverte laisse entrer un rayon de soleil, et j'aperçois couchés sur le sable les deux chiens du campement, compagnons de mes courses, qui attendent et suivent d'un œil attentif le pain qu'on leur jette. C'est également l'heure du rapport, et je vois apparaître Hassan-Aga qui, depuis mon départ, a été promu aux fonctions de chef du village arabe. Il a repris son grand sabre, et sa moustache, plus effilée que jamais, indique suffisamment combien il est pénétré de l'importance de ses fonctions nouvelles.

— Signore, il est arrivé tant d'hommes ; le Grec demande une nouvelle boutique ; sur la place on a donné une maison à des chanteurs et à des musiciens arrivés hier. Le bey a envoyé trois hommes en prison. Il faut de nouveaux gourbis : comme vous l'avez ordonné, je fais fermer les cafés et les boutiques à dix heures ; tout est tranquille…

— Parisiens, dormez, ajoutais-je, mais c'est le couvre-feu que vous faites sonner tous les soirs à ce pauvre village arabe ; je réclame pour les dames et pour les chanteurs.

Cette qualité de chef de division d'El-Guisr et de Timsah assume sur la tête de mon hôte des fonctions multiples. Division du travail, surveillance générale, inspections, rapports à faire, querelles, petits intérêts à concilier, il a tous les rôles à remplir. Les Européens l'appellent M. l'ingénieur, les Arabes, signore Consul, et moi, à cause de nos sorties du soir à travers les rues du campement, Aroun El Raschid[1], en déshabillé de ses grandeurs et de ses pompes.

— Commandeur des croyants, lui dis-je, permettez à votre grand vizir de vous proposer de prendre l'air ; je ferai remarquer à Sa Hautesse que les étoiles brillent ce soir d'une façon tout engageante. Et nous sortons : mais jusqu'à présent la déesse de l'imprévu ne nous a ménagé aucune bonne fortune, et ne nous a pas fait encore rencontrer les Calenders ni frapper à la porte du dormeur éveillé[2].

Un soir, couché sur le divan, après dîner, j'interrogeais mon hôte sur toutes ces choses auxquelles je suis mêlé, et qui m'intéressent ; je lui parlais du canal et des Fellahs.

— Les travaux qui s'exécutent ici, me dit-il, sont des plus simples, et leur véritable intérêt est surtout dans le mouvement auquel ils donnent lieu. Il fallait donc, et c'est l'heureux résultat obtenu, grâce au vice-roi, faire arriver sur les chantiers le plus grand nombre d'hommes possible, les pourvoir et les organiser pour un service actif et sans interruption.

Aujourd'hui, nos magasins abondamment pourvus de vivres nous donnent la faculté de faire face à tous les besoins, et la proximité de l'eau douce nous a permis d'établir sur nos lignes quarante réservoirs qui, jaugeant chacun douze mille litres, suffisent à la consommation de ce peuple d'ouvriers, dont chaque individu absorbe par jour dix litres d'eau sur les chantiers.

Nous avons aujourd'hui dans l'isthme, sans tenir compte de nos trois mille Européens et des Arabes sédentaires établis avec leurs femmes et leurs ménages, une population de vingt-cinq mille Arabes échelonnés du lac Timsah aux dunes d'El-Ferdane. Amenés au seuil pour y faire les terrassements que nécessite le passage du canal, ils sont répartis en six chantiers, placés sous l'autorité du bey, commandés par leurs cheiks et dirigés par des conducteurs européens.

Des divers outils employés pour exécuter nos travaux, après différents essais, l'on a définitivement adopté celui de tous qui est le plus pratique pour le pays, le seul que les Fellahs connaissent parfaitement : je veux parler de la *couffe* ou *couffin*. Vous le connaissez bien, ce panier rond, à deux anses, souple, tressé en joncs de la haute Égypte, et qui, dans les mains du Fellah, est une selle à tous chevaux. Ici il supplée à la brouette, et, porté sur le dos, verse aux remblais le sable qu'il transporte. Même quand il est usé et déchiré, il sert encore ; il entre dans la construction des gourbis, et vous avez dû voir plus d'un abri du village arabe, présentant sur des perches un amas de vieux couffins hors d'usage, et qui forment et le mur et le toit.

Nous le retrouvons dans les peintures qui nous reproduisent les travaux de l'ancienne Égypte : le maçon y met et le plâtre et les pierres, et le chadouf employé aux irrigations porte au bout de la longue perche qui lui sert de balancier une couffe puisant l'eau dans le Nil pour arroser les cultures.

Avec la pelle et la pioche, la couffe complète donc l'outillage du Fellah, et l'expérience l'a fait définitivement admettre comme plus pratique pour les Arabes, à l'exclusion des autres engins usités chez nous. D'ailleurs vous avez dû voir que le couffin produit en somme un travail réel, et que, grâce à lui, nous finirons par niveler nos seuils.

---

[1] Haroun al-Rachid fut le cinquième calife abbasside. Sous son règne, Bagdad était la ville la plus riche et la plus cultivée du monde méditerranéen. C'était le héros de plusieurs contes des *Mille et Une Nuits*.
[2] Voir l'« Histoire de trois Calenders » et l'« Histoire du dormeur éveillé » dans les *Mille et Une Nuits*.

Je ne vous parlerai pas des récriminations soulevées par le mode de nos travaux. Nous les connaissons de longue date, les oppositions qui nous sont faites, et dès la création de Port-Saïd nous en avons vu les effets.

Que se passe-t-il sur nos chantiers ? Les hommes que l'on nous envoie sont ceux habituellement employés aux travaux publics du pays. Pris sur les contingents disponibles, ces hommes font une tâche d'un mois, le temps d'aller et de retour compris, ce qui représente, pour une durée de vingt jours, trente à quarante mètres cubes de déblais par tête. Ils disposent des heures marquées au milieu du jour pour le repos, et ils peuvent les abréger, s'il leur plaît, en doublant les heures de travail, avançant ainsi la fin de leur tâche et le moment de leur départ.

Logés et nourris, tombent-ils malades, ils sont secourus par nos médecins et soignés dans nos hôpitaux. Ils sont payés à raison de quarante à cinquante centimes du mètre cube, suivant la profondeur des terrassements, et par groupe de huit à dix hommes pour la facilité des payements, sans que l'argent passe aux mains de leurs cheiks, comme on a voulu le faire croire. Aujourd'hui les contingents apportent avec eux une partie des vivres qui leur sont nécessaires, ce qui simplifie d'autant le travail de l'intendance, et le bey nous seconde et se multiplie pour nous rendre le fardeau moins lourd. Tout va donc bien, et déjà vous pourrez entrevoir un résultat de nos efforts, si je vous dis que, pour traverser le seuil, il ne reste plus que quatre millions cinq cent mille mètres cubes de terre à enlever, travail relativement facile avec l'organisation puissante que nous avons su créer.

⁎

16 février.

Depuis une quinzaine de jours l'on s'est mis à construire, à deux cents mètres du canal, une ligne continue de palissades avec des plantes de tamaris de deux mètres à peu près de hauteur qui, partant du chantier 6, couvre les parties du canal occupées par les travailleurs, et, faisant face à l'ouest, est destinée à arrêter les sables que le vent de simoum [sic] pourrait apporter. Ces obstacles à claire-voie auront l'avantage de permettre aux sables de s'accumuler à leurs pieds en quantité suffisante pour former une barrière à de nouveaux apports.

Cette question des sables est une de celles qui, à propos de l'isthme, a peut-être été la plus discutée ; arrêtons-nous-y un instant, si vous le voulez bien, pour compléter ce que déjà j'ai pu vous dire de la topographie du désert.

Voyons ce qui se passe d'abord dans la formation des dunes. Le sable, poussé en rouleaux par le vent à la surface du sol, vient généralement s'arrêter au premier obstacle qu'il rencontre ; l'amas qu'il forme d'abord grossit peu à peu, s'augmente de nouveaux apports, toujours en avant de l'obstacle qu'il a trouvé, devient un monticule, puis, fortifié par les tamaris, les arbres, sur lesquels il s'appuie, tend sans cesse à augmenter de volume, et finit par se changer en dunes. Arrivée à cet état, la dune se fixe et n'a plus de mobile que sa crête, qui se modifie suivant la direction du vent, comme je l'ai observé à El-Ferdane et à Timsah ; et bientôt elle devient assez haute pour intercepter au passage les sables voyageurs. C'est ainsi que se sont formées autour des nombreux végétaux qui les bordent les dunes protectrices des lacs qui se trouvent dans l'isthme et dans lesquels l'on ne peut constater aucun apport de sable.

L'on a donc, étudiant le travail de la nature, cherché à l'imiter en plaçant, en avant du canal, cette ligne de palissades dont je vous parlais. Augmentée plus tard des déblais que donnera la grande tranchée, fortifiée des plantations naturelles que l'on se propose d'y faire, elle sera une protection suffisante pour le creux du canal.

Si donc les vents violents qui bouleversent, dans les tempêtes du Kamsin, toute la surface du désert, arrivent, apportant des amas de sable considérables, deux choses se produiront : une partie du sable charrié viendra s'ajouter aux dunes, l'autre trop violemment poussée pour s'arrêter en chemin, voyageant dans les hauts courants de l'air, sera rejetée au loin sur les dunes qui forment la frontière de l'Égypte et de la Syrie. Et alors même que le sable apporté par les vents arriverait jusqu'au canal, la quantité de sable tombé serait alors assez peu importante, et pourrait être enlevée facilement.

Telle est cette question des sables que je me hâte de vous transcrire avant de monter à cheval pour aller faire le périmètre du lac Timsah ; — partie arrangée depuis plusieurs jours avec quelques amis, le pharmacien et un de nos docteurs d'El-Guisr. — Aujourd'hui vacance à l'hôpital et malheur à qui s'avisera d'être malade, il n'aura point permission de guérir avant ce soir.

***

Même date, au soir.

Ce matin donc nous partions pour le lac. La journée promettait d'être belle, le rideau de vapeurs qui posait sur les montagnes et qui couvrait la plaine d'El-Guisr n'avait rien d'inquiétant : il devait, selon toute apparence, se replier dès que le soleil serait un peu haut sur l'horizon.

C'est l'adieu de l'hiver ; il y a déjà dans l'air des effluves chaudes et caressantes qui nous annoncent l'été. Chaque jour au réveil, j'interroge le ciel, j'observe le pied du vent, qui reste toujours fixé au nord-ouest. Le Kamsin est loin encore, et je compte bien ne pas le rencontrer au désert. Aussi je me hâte d'achever mon travail, et je songe à m'acheminer bientôt vers Suez.

Un baudet chargé de provisions nous précède, il va traverser directement le lac, pour aller nous attendre au Gebel-Mariam, où nous devons déjeuner, et nous montons à cheval quand le soleil déjà assez haut commence à percer le brouillard. L'obscurité avait disparu quand nous arrivions à la maison du vice-roi ; quelques légères vapeurs flottaient encore au pied des montagnes, et se fondaient sous les rayons du soleil, qui prenait en maître possession du champ que nous allions parcourir.

Nous inclinons à l'ouest dans la direction de la ville de Timsah, et le campement traversé, nous gagnons l'extrême partie du lac, la seule qui contienne de l'eau en toute saison. Nous marchons à travers une forêt de broussailles et de roseaux : quelques oiseaux chantent perdus dans les branches, des canards naviguent au loin, et un petit échassier, semblable à une bécassine, passe et file comme un trait pour aller se cacher dans les touffes de joncs qui couvrent la rive. Les roseaux du lac, — le *phragmites gigantœa*, que l'on trouve si abondamment dans le midi de la France, — sont superbes ; ils ont dix-huit à vingt pieds de haut, et balancent, au bout d'une longue hampe, une aigrette rose et grise qui s'incline sous le vent, avec un léger murmure et une note toute musicale : il semble que l'âme de Syrinx s'en exhale encore et se plaint des poursuites du dieu Pan[1].

Nous allons à la file, tantôt remontant un peu les dunes, tantôt côtoyant de plus près le lac, mais sans nous écarter de l'étroit sentier que nous suivons. Le sol est perfide, et sous cette croûte de terre efflorescente et qui paraît si solide, il y a une mer de boue et de sels, en dissolution par l'eau, dans laquelle bêtes et gens peuvent s'enfoncer de manière à s'en tirer difficilement. — C'est un précipice sous les fleurs que cette partie du lac avec ses eaux brillant au soleil, les grands roseaux et les lavandes, les longues graminées, les orchidées bulbeuses, les genêts et les tamaris.

La rosée du matin a mis un diamant au bout de chaque tige, et je retrouve, en touffes abondantes, la staticée qui offre, toute joyeuse, ses corolles aux brises du printemps. Je jouis avec plaisir de ce nid de verdure qui va peut-être disparaître sous la morsure du soleil de l'été ou sous la hache du travailleur arabe. Il me rappelle certaines Ouadys du mont Sinaï, où la nature abandonnée à elle-même s'étale en une luxuriante parure, et jette au fond et sur les eaux des arcades de fleurs et de plantes entrelacées où l'on a peine à frayer sa route.

Nous quittons le lac pour gravir les dunes, et, traversant des séries de bas-fonds, où la terre végétale a jusqu'à deux et trois mètres de profondeur, nous arrivons au plateau de Gebel-Mariam, et de là aux ruines situées un peu au-dessous vers le sud-est. J'ai gravi le plateau formé de silex roulés et de longs bancs calcaires, et assez élevé pour permettre d'embrasser l'ensemble du paysage. Le panorama est immense : sous mes pieds était le bassin du lac dont nous venions de faire le tour et je pouvais distinguer, marquée par une petite tache blanche, la mosquée d'El-Guisr. Dans le sud s'étendait une succession de terrains boisés, de dunes, de larges plateaux s'en allant jusqu'aux montagnes de Suez, et dans l'est, la vue arrêtée par les hauteurs de Toussoum redescendait vers les ruines où j'apercevais les chevaux entravés, et mes compagnons couchés à l'ombre.

Je les rejoignis, et comme je cherchais des yeux l'endroit où l'on pouvait avoir dressé la table :

— Et le baudet, me cria un chœur formidable, l'avez-vous aperçu ?

— Le baudet ? Mais n'est-il pas arrivé ?

---

[1] Dans la mythologie grecque, Syrinx, une nymphe d'Arcadie, poursuivie par Pan, fut changée en roseaux. Avec les roseaux, Pan construisit la flûte champêtre, appelée « syrinx », ou « flûte de Pan ».

— Non, non, de baudet point, de déjeuner moins encore, cria de nouveau le chœur, avec un ensemble plus juste que consolant. L'heure de midi avait mis les estomacs à l'unisson, et dans un touchant accord.

L'on crie, l'on appelle, l'écho répond seul.

L'animal s'est-il perdu dans les fondrières du lac, ou a-t-il pris le chemin de Toussoum ? Question embarrassante. Pendant que l'on envoie un de nos saïs à sa recherche, je me mets à parcourir les ruines. Le sol est couvert de nombreuses coquilles semblables à celles de la mer Rouge, — des spondyles, des bénitiers, des mactras : — au milieu d'une grande quantité de fragments de verre, de poteries, de briques cuites, je suis assez heureux pour trouver un lacrymatoire presque intact, et une lampe en bronze petite comme un joujou d'enfant. J'ai aperçu aussi des traces de cuves carrées, en maçonneries, destinées sans doute à être des piscines ou des baignoires ; dans l'une d'elles existent encore trois marches qui servaient à y descendre.

C'est sur ce plateau de Gebel-Mariam, dit-on, que la sœur de Moïse, punie par Dieu qui lui avait envoyé la lèpre[1], est restée pendant sept jours à faire pénitence, et c'est de la station où nous sommes que partirent les quarante espions chargés d'aller reconnaître la terre promise. Mais, comme je vous l'ai déjà dit, les haltes des Hébreux au désert sont si contradictoires que je laisse à de plus habiles le soin de les fixer. Il me semble seulement difficile que les Israélites, qui déjà étaient allés au Sinaï, soient revenus sur leurs pas pour rentrer en Égypte après le passage de la mer Rouge. Mais ne remplaçons pas le rôti par une discussion archéologique, aussi bien j'aperçois le bienheureux baudet faisant tinter sa sonnette, et je me dispose à une large et copieuse réfection.

O couvert dressé à l'ombre, jambons de conserve, œufs durs et poulets étiques, vin échauffé par la route, comme l'on vous fête ! Quel bel assaisonnement que l'appétit aiguisé par une promenade matinale ! Quel bon repos l'on goûte, étendu, le cigare aux lèvres, les yeux perdus sous la voûte du ciel ou errant sur les fonds du lac et ses horizons !

À trois heures nous remontions à cheval, et, laissant à notre droite le chemin de Toussoum, nous arrivions à travers les dunes au plateau des Hyènes. Beaucoup moins élevé que celui de Gebel-Mariam, il forme comme un cap avancé sur le lac et se rattache au désert par des ondulations de terrain qui vont rejoindre la plaine d'El-Guisr. De formation calcaire, il est couvert de longues pierres plates et creusé sur les bords et les côtés de trous et de tanières servant de repaire aux hyènes. Le dessus du plateau, véritable ossuaire, est semé de tibias, de côtes, de têtes de bœufs, de chameaux, de moutons, restes des repas et des festins des animaux qui l'habitent. Il doit parfois s'y rencontrer certaines heures de nuit assez sinistres, lorsque les bêtes en chasse reviennent chargées de butin, et lorsque la curée commence. Le claquement des mâchoires qui broient les os et déchirent les chairs, les miaulements de ces convives hargneux, semblables au râle plaintif d'un enfant à l'agonie, les crinières hérissées, les yeux qui brillent dans l'ombre, les formes entrevues par une lumière douteuse, doivent composer une scène étrange.

Du haut du plateau, je jetai un dernier coup d'œil sur le lac qui déjà se colorait de violet et d'or sous les rayons inclinés du soleil, j'embrassai bien tout cet ensemble pour en garder l'image, depuis les montagnes, les collines, l'eau et la verdure, jusqu'aux premiers plans des sables, et nous reprîmes le chemin d'El-Guisr en suivant les tranchées du canal.

Cette journée avait été complète ; le lac dans ses détails n'avait pas menti à l'impression si agréable que m'avait donnée son premier aspect. Il n'y avait pas déception cette fois, chose rare. De combien d'objets ne devrait-on pas dire : mieux eût valu s'arrêter à la surface[2].

23 février.

Les heures que j'ai encore à passer ici me sont mesurées presque : bientôt ce mouvement, ce bruit, tout ce spectacle, ces colonies où je vis depuis des mois, vont disparaître comme un mirage, et je vais retrouver le

---

[1] Pour avoir critiqué son frère Moïse, Myriam, reçoit la lèpre (*Nombres*, XII, 9-15).
[2] NOTE DE L'AUTEUR : Depuis que ces lignes sont écrites, le canal maritime est parvenu jusqu'au lac Timsah. Une fête brillante inaugurait, le 18 novembre de cette année, cette phase nouvelle des travaux : aujourd'hui les eaux de la Méditerranée s'épanchent dans le bassin du lac ; les chantiers ont été portés vers Toussoum pour la continuation du canal d'eau douce, et vers la ville de Timsah, qui compte maintenant près de deux cents maisons.

désert avec sa solitude et son silence. Les causeries du soir sont plus prolongées, plus intimes ; les promenades, plus longues. Je revois les tranchées, les campements, la grande aiguade du lac Timsah, si curieuse et sans cesse occupée par les nombreuses caravanes qui vont faire de l'eau[1] ; je retourne surtout au village arabe plus animé que jamais. La foule s'y presse, l'envahit ; c'est un fruit mûr qui éclate et jette au loin les graines que ses capsules ne peuvent plus contenir ; la ligne des gourbis s'est étendue, elle déborde sur le désert, et, le soir, forme aux maisons du village comme une ceinture de feux.

J'ai tantôt découvert la prison, petite maison basse, séparée de la rue par une cour : la porte était toute grande ouverte : il n'y avait point de gardien, j'entrai et j'aperçus d'abord un âne se promenant, en quête de quelque fétu de paille ; puis, dans une pièce non fermée, une dizaine de fellahs accroupis, fumant et causant tranquillement, comme une famille que le loisir retient au logis, avec cet air de bonhomie et de mansuétude qui est un trait des mœurs arabes.

— Que sont ces hommes ? dis-je au gardien que je retrouvai assis sur un banc de terre en dehors de la porte, et mangeant des oignons et une galette qu'il était allé chercher au bazar.

— Des hommes que le bey a envoyés ici, et que je dois garder jusqu'à demain.

— Tiens, prends ces deux piastres, et fais-leur servir le café.

Il me regarda un instant avec de gros yeux étonnés.

— Celui-là doit avoir de l'or qui a la main ouverte, dit-il sentencieusement ; puis il prit les deux piastres et partit en courant.

À dix pas de là, je me demandai si je n'avais pas eu tort, et s'il n'était pas à craindre que cet acte de générosité irréfléchie, par lequel les paras[2] ont la vertu de se changer en or, n'attirât à la prison trop de clients. Il était un peu tard pour y songer : puis je me dis qu'après tout des gens si mal gardés ne devaient pas être de bien grands criminels, et que je pouvais me pardonner facilement.

Mais c'est le soir surtout qu'il faut revenir au village arabe : sur la petite place les cafés grecs retentissent de chants nasillards ; les sons de la tarabouk, de la flûte, se font entendre, et du fond d'un café placé près d'une échoppe la voix d'un conteur nous arrive, accompagnée de bruyantes marques de satisfaction et de joyeux éclats de rire. C'est la nouvelle recrue dont nous a parlé Hassan-Aga. L'assistance est nombreuse : on y rencontre quelques-uns des chameliers et des bédouins du transport, ainsi que des habitants du village, des nomades et plusieurs Européens. Le chanteur est un aveugle à barbe grise, au teint presque noir ; il porte la robe bleue et le turban rouge des fellahs. Assis sur une natte et adossé à la muraille, il promène ses yeux éteints sur la foule qui l'entoure, comme pour prendre possession de son auditoire, et après quelques sons tirés d'un violon à trois cordes qu'il tient à la main, il commence. Ne croyez pas qu'il débite son récit tout d'une haleine, il sait l'art de passionner, de provoquer le rire et d'émouvoir tour à tour, l'art de suspendre l'attention par des repos savamment combinés. Son violon alors chante une mélopée, tantôt vive, tantôt traînante, qui laisse méditer ses auditeurs, et prépare ce qui va suivre.

Vous savez ce que sont les contes arabes, futiles quelquefois, ingénieux souvent, cachant sous les broderies qui les couvrent une moralité toujours fine et profonde ; je n'ai pas dit morale, car ils sont nombre de fois licencieux et roulent, la plupart du temps, sur ce que Gavarni appelle fourberies des femmes en matière de sentiment[3]. Étalant sous nos yeux toute la pompe asiatique, l'or, les diamants et les perles, ils s'envolent dans le monde des fantaisies, sur l'aile de leurs génies ou le char de feu de leurs enchanteurs ; il nous peignent des voyages à de fabuleuses Atlantides, ou, renfermés dans un cadre plus modeste, ils abondent en petits chefs-d'œuvre, comme *la Chemise de l'homme heureux*, *l'Arabe et la Vipère*, *le Petit Bossu du sultan de Kasgar*.

Je ne puis résister au désir de vous transcrire un des contes que j'ai entendus ici. Il m'a paru intéressant et complet ; vous en jugerez.

« Or, écoutez, Mahomet, salut à toi ! Du commencement du monde jusqu'à la fin, un nuage te forme un parasol. Dans le Caire, il existe trois bonnes choses : le Makmell (tapis rapporté de La Mecque), le Nil et la fête

---

[1] Voir le dessin exécuté par Berchère de cette « aiguade », *Timsah* (Tours, Musée des Beaux-Arts). Reproduit dans le catalogue de l'exposition *L'Orientalisme dans les collections des Musées de Tours*, op. cit., Fig. 44, p. 47.
[2] La livre égyptienne est la monnaie officielle de l'Égypte. Elle remplace le *qirsh*, qui était lui-même divisé en 40 *paras*.
[3] Dessinateur et lithographe (1804-1866), Gavarni s'attachait à décrire, de façon alerte et élégante, un certain parisianisme bohème (actrices, étudiants, lorettes). Il collabora à *La Mode*, au *Charivari*, à *L'Illustration*, et publia des séries et albums, dont *Fourberies de femmes en matière de sentiment* (Paris, Hetzel, 1846).

du sultan. À Damas, il en existe deux mauvaises : le blasphème et le faux serment. Qu'Allah punisse le parjure ! Or, écoutez, gens du sabre, hommes de la tente : qu'Allah envoie sur vous ses prospérités !

« Il était un Bédouin appelé Waddéh. Il avait un oncle et trois ou quatre cousines ; il épousa l'aînée et l'emmena dans son douar[1]. Tous les ans il allait faire visite à son oncle avec sa femme.

« Un jour Waddéh monta sa jument et sortit pour respirer l'air du désert. Or, voyant qu'il s'élevait beaucoup de vent et de poussière, il revint à ses tentes, et, étant entré sans bruit, il surprit sa femme dormant avec un de ses esclaves, et sa femme l'aperçut au moment où il se retirait. Waddéh alla lui-même entraver sa jument, fit comme s'il n'avait rien vu, et n'ouvrit jamais la bouche sur ce qui s'était passé. Tous les jours sa femme se disait : Certainement il me tuera ; si ce n'est aujourd'hui, ce sera demain, ou la semaine prochaine, ou la lune nouvelle ; et elle vécut ainsi, se disant cela chaque jour, pendant quatre années consécutives. Son mari plus jamais ne dormit avec elle et ne lui donna signe qu'il s'aperçût de sa présence. Un jour il lui dit : — Fille de mon oncle ?

« Elle de répondre : — Que voulez-vous ? et de reprendre haleine, car elle suffoquait.

« — Nous allons faire visite à votre père, et nous resterons chez lui quelque temps.

« — À votre volonté, répondit la femme.

« Le lendemain, ils montèrent à cheval, et, suivis d'une troupe d'Arabes, ils arrivèrent au douar du père. Waddéh était sombre et taciturne. Son oncle lui dit : — Pourquoi es-tu resté si longtemps sans venir ?

« Et Waddéh de répondre : — J'ai eu affaire.

« — Pourquoi es-tu triste ? Te faut-il des douros ; veux-tu des chameaux, des brebis, des chevaux ?

« Et Waddéh répondit : — Je n'ai besoin de rien.

« Or l'oncle avait un jeune fils, il le prit à part et lui dit : — Tu iras te cacher cette nuit sous la tente de Waddéh ; restes-y sans dormir et sans faire nul bruit ; observe, écoute, tu me diras ce que tu auras entendu.

« Le jeune garçon fit ce que lui commandait son père : la nuit venue, il se glissa sous la tente et entendit sa sœur qui disait :

« — Allah ! mieux vaut la mort qu'une telle vie ! Que devenir et que faire ?

« Elle s'endormait, puis s'éveillait, pour s'endormir encore et se réveiller en recommençant les mêmes plaintes. Puis se tournant vers son mari :

« — Hélas ! disait-elle, la lune se cache, parfois le soleil se voile ; moi aussi, j'ai failli : ne me pardonnerez-vous pas ?

« Et Waddéh de répondre :

« — Honte au lion qui toucherait au plat où les chiens ont mangé !

« Or l'enfant entendait tout ce qui se disait sous la tente, et le lendemain il le rapporta à son père.

« Lors celui-ci, appelant Waddéh : — Que ne sors-tu aujourd'hui ? L'air est pur ; fais monter tes Arabes à cheval, et va jusqu'à la source ; cela dissipera ta tristesse.

« — Soit ! repartit Waddéh en le quittant pour donner ses ordres.

« Alors le père, soulevant les toiles de la tente, se présenta devant sa fille, et sans répondre au salut qu'elle lui adressait, il la saisit, la jeta à terre, et lui coupant la tête, la prit et fut la mettre dans le sac d'orge que Waddéh emportait pour sa monture. Puis il dit à son neveu : — Quand tu seras arrivé à la source, attache toi-même la musette au col de ta jument, sans permettre qu'un autre se charge de ce soin.

« Waddéh partit avec ses Arabes. Dès qu'ils furent arrivés au but de la course, chacun se disposa à faire manger son cheval ; Waddéh en fit autant, et comme sa jument levait le col et se mettait à hennir, il regarda dans le sac, et il y vit la tête de sa femme. Lors, s'adressant à ses Arabes, il leur donna l'ordre de revenir sur leurs pas. Arrivés au douar : — Tu as enterré le corps de ta fille, dit-il à son oncle ; tiens, joins-y la tête que voici.

« L'oncle fit ainsi, et le jour suivant donna à Waddéh une autre de ses cousines. Quelque temps après, Waddéh reprit le chemin de ses tentes avec sa nouvelle femme. Nul de ses Arabes ne sut ce qui s'était passé ; jamais il ne dit un mot sur cette affaire à son oncle, et son oncle ne lui demanda jamais ce que sa femme avait fait. »

J'ai cherché à conserver à ce récit et sa forme elliptique et toute sa concision. Est-ce un conte, un fait réel arrangé par quelque rapsode du désert ? Je ne sais.

---

[1] Groupement d'habitations au Maghreb, fixe ou mobile, temporaire ou permanent, réunissant des individus liés par une parenté fondée sur une ascendance commune en ligne paternelle.

Il me souvient que, dans un hiver que je passai à Athènes, j'entrepris de montrer le français à un domestique arabe qui, depuis dix-huit mois, m'accompagnait dans mes courses. Pour lui rendre les leçons moins fastidieuses, je lui narrais des histoires ; tous les contes de Perrault y passèrent, et je me rappelle que dans l'impossibilité, pour *le Chat botté*, de lui faire comprendre la valeur du titre de marquis, j'avais nommé l'heureux possesseur du chat : Carabas-Bey. Aly était un grand voyageur ; quand il me quitta, ce fut pour se mettre à parcourir de nouveau l'Orient, et *Peau d'âne*, Cendrillon et *le Petit Poucet*[1] ont sans doute défrayé plus d'une veillée sous la tente.

Je me figure voir un jour, écrites au bas d'un journal grave, les lignes suivantes : « On avait cru jusqu'ici que les contes des fées étaient sortis de la tête de leur ingénieux narrateur, Perrault. M. X..., le grand voyageur qui vient de parcourir la Mésopotamie et le Hauran[2], a retrouvé ces contes au fond du désert. Comment de là sont-ils arrivés jusqu'à nous ? Quelle date faut-il leur donner ? Et n'a-t-on pas raison de dire que l'Orient est le berceau de nos arts, de nos lettres, de nos sciences et même de ces ingénieuses fantaisies qui viennent charmer les oreilles de l'enfance ? Il faut toujours au jeune âge des hochets, et nous avons pour lui ramassé ceux d'un enfant arabe. »

Et... c'est ainsi que l'on écrit l'histoire.

El-Guisr, 26 février.

Je pars demain matin, mes adieux sont faits. Pendant que les domestiques roulent la tente, emplissent les cantines, mon hôte pense avec sollicitude aux besoins du voyageur, aux prévisions de la route. Assis une fois encore à notre petite table, nous causons quelques heures, et puis l'on se sépare. Rentré chez moi, je mets mes malles en ordre, je range mes cartons, je parcours des yeux cette chambre où j'ai passé bien des journées, où j'ai presque pris des habitudes ; et récapitulant mes souvenirs, je songe aux travaux qui s'exécutent, à cette œuvre entreprise et poursuivie avec tant de persévérance, aux transformations qu'elle amène, à ce que l'avenir lui réserve. Je revois ces figures si diverses au milieu desquelles j'ai vécu depuis des mois, ces hommes de tout pays qu'une entreprise commune a rassemblés sur ce point du désert : — Français, Allemands, ces travailleurs infatigables ; — Italiens, Polonais, ces pauvres proscrits, enfants sans patrie, semés sur les chemins de l'exil, apportant leurs cœurs et leurs bras à toutes les causes nobles, se trouvant toujours prêts à faire acte d'énergie et d'intelligence ; — et ces Arabes, des hommes aussi, mais de tous les moins ambitieux, ne voyant dans toute cette grande entreprise que de la terre remuée, des eaux qui se frayent un nouveau chemin ; instruments dociles et inconscients d'une œuvre qui doit changer la face de leur pays.

Ainsi donc, me disais-je, tout marche, tout s'accomplit, même à travers les fautes, les mécomptes et les erreurs inséparables d'une telle entreprise. L'œuvre est belle et noble ; il est glorieux de la voir tentée par nous ; et la hauteur du but, la grandeur de la cause, les intelligences qui s'y dévouent, tout concourt à lui assurer l'avenir et à ne point faire douter du résultat.

Il y a une leçon consolante et saine dans le spectacle qu'il m'a été donné de voir, dans cette marche vers les conquêtes pacifiques, dans l'abnégation et le courage dont tous font preuve, c'est l'exemple de ce que peuvent le travail, la foi en soi-même et la volonté.

Énée, parti de Corcyre[3] et arrivant à Buthrinte[4], retrouvait sur la terre étrangère la Pergame, le Simoïs et les souvenirs de la patrie. J'ai retrouvé au désert les souvenirs de la France et ses traditions hospitalières et généreuses dans l'accueil que j'y ai reçu, depuis le château de l'Ouady et les maisons de l'isthme, jusqu'à l'humble tente de l'ouvrier, où je me suis reposé quelques instants. À beaucoup de ceux que j'ai rencontrés j'ai dû des relations agréables ; à quelques-uns, une amitié qui, je l'espère, sera durable ; à tous, l'attention, la bienveillance, les meilleures et les plus empressées, et ma mémoire et mon cœur en garderont le souvenir.

---
[1] Contes de Charles Perrault (1628-1703).
[2] Bas plateau volcanique au sud-ouest de la Syrie, entre le Golan et le djebel Druze. La circulation nord-sud emprunte le Hauran, notamment en allant vers La Mecque. C'était longtemps considéré comme le grenier à blé de Damas.
[3] Aujourd'hui Corfou.
[4] Actuellement Buthrote, en Albanie, proche de la frontière grecque.

D'EL-GUISR À SUEZ

III

D'EL-GUISR À SUEZ

Toussoum, 27 février 1862.

Je viens de quitter l'ami avec lequel j'ai vécu tout un mois. Je suis seul, à deux pas d'El-Guisr, et il me semble que déjà tout un monde m'en sépare. Avant la chute du jour, je pouvais voir la maison du vice-roi et deviner le seuil à quelques fumées qui montaient vers le ciel. Maintenant la nuit est venue et a fait disparaître la vision.

Ce matin, pendant que ma petite caravane s'engageait dans le désert, je suis parti avec mon hôte, qui a voulu m'accompagner jusqu'au chantier de Timsah. Je le laissai visiter la tranchée et donner quelques ordres, et, m'avançant vers le lac, je m'assis sur le bord du plateau. Autour de moi régnaient le mouvement et l'activité : les chariots, traînés par les bœufs, s'avançaient, apportant des pierres, de la chaux, des charpentes ; les travailleurs étaient à l'œuvre, les cris, les coups de marteau, mille bruits retentissaient dans l'air ; devant moi s'étendait le lac solitaire, endormi dans ses verdures et comme habité par le silence. C'était un contraste frappant, une opposition complète, absolue.

Mon hôte était venu me rejoindre et s'asseoir à mes côtés.

— Eh bien ! il en est toujours ainsi, me dit-il après un instant. L'on s'est connu quelques heures, un jour, et déjà l'on doit se séparer. La vie est une maigre hôtesse ; elle nous tend une main avare : ses convives mangent debout, à la hâte, et à peine se sont-ils vus, que déjà ils s'éloignent. — Oui, j'ai regret de vous voir partir, et surtout de vous voir partir seul. Je voudrais m'en aller vers ces montagnes, reprendre la vie de voyage si pleine, si libre, et la reprendre avec vous.

— Vous dites vrai, ami. La vie de voyage, je n'en sais pas de plus belle, de plus large. — Partir ! c'est pour moi comme un talisman, ce simple mot qui comprend tant de choses ; et comme cette heure qui va sonner nos adieux serait la bienvenue, si elle nous faisait compagnons de la même tente ! Mais voilà votre domaine, ajoutai-je en lui montrant la longue tranchée qui se dirigeait sur El-Guisr, et voici le mien, le pays de mes préférences. — Et ce disant, je lui désignais le lac et les montagnes.

Si je ne méconnais pas la grandeur de votre entreprise, si j'admire le but que vous poursuivez, je suis heureux aussi de revoir le désert vierge encore de vos pas, dans sa solitude et sa physionomie primitive. J'y trouve moins la trace de l'homme, mais j'y entends mieux la voix de la nature et j'y sens d'une façon plus immédiate la présence de Dieu.

— L'homme, sujet ondoyant et divers[1] ! me repartit en souriant mon hôte.

— Peut-être ; mais, croyez-le bien, ce n'est pas une flèche de Parthe que je vous lance au départ : cette main qui presse la vôtre doit vous le dire, et mon cœur a contracté envers vous tous une dette de reconnaissance dont il se souviendra. Laissez donc pour les quelques jours de liberté qui lui restent encore le peintre ou le sauvage s'abandonner aux impressions que le désert lui offre ; vous savez que les sympathies de l'homme et de l'ami vous sont restées tout entières.

Et comme nous nous levions :

— Voyagez donc avec le bonheur, me dit mon hôte. Qui sait quand nous nous reverrons maintenant ? et de ces heures qui nous ont été communes, de ces instants que nous avons passés ensemble, que restera-t-il bientôt ?

— Le souvenir... Et puis n'avons-nous pas l'espérance, et là-bas le vieux pays qui nous rappelle ?

— Adieu donc, et en France, me dit-il en se retournant et en me désignant le nord.

---

[1] « Certes, c'est un subject merveilleusement vain, divers et ondoyant, que l'homme », Michel de Montaigne, *Essais*, Livre I, Chapitre I.

Nous nous serrâmes la main, et je le vis remonter sur son dromadaire et s'éloigner dans la direction d'El-Guisr.

— Adieu ! lui criai-je encore.

Et je m'enfonçai dans le lac pour prendre le chemin de Toussoum.

Toussoum est un des premiers campements qui furent établis dans l'isthme, quand les ingénieurs étudièrent le tracé du canal. Assis à l'est, sur un plateau de bancs calcaires, il fait face à la ville de Timsah et domine le lac et le désert dans la direction de Suez et de la Syrie. Une rue régulière, formée de quelques maisons et terminée par un pavillon qui sert de logement aux administrateurs, un four à chaux, une petite ferme et des constructions diverses comprenant l'hôpital, les magasins, composent la station de Toussoum[1], ainsi appelée en l'honneur du fils du vice-roi Mohammed-Saïd.

À quelque distance, on a creusé un puits, dans l'espérance de faire quelques cultures ; mais son eau est tellement saumâtre que puits et essais de culture ont été abandonnés : aussi Toussoum se repose-t-il, attendant toute son activité du canal maritime et du canal d'eau douce qui viendront passer à ses pieds. Quelques employés y résident, et il sert de point de ravitaillement aux ouvriers qui exploitent les nombreux gisements de chaux que l'on a trouvés à une heure de marche dans le sud, au plateau de Morrah[2].

Sur le lac, en avant de Toussoum et tout à fait au bord du plateau calcaire sur lequel il est bâti, l'on trouve le tombeau du *cheik Ennédec*[3], santon fort vénéré de tous les Arabes bédouins de l'isthme. C'est un petit cube en maçonnerie percé d'une porte et surmonté d'une coupole en briques blanchies à la chaux, d'une architecture plus que simple et rudimentaire.

En y pénétrant, j'ai trouvé, déposées sur la pierre, des loques, restes d'un *ex-voto*, un vieux tarbouch et les débris d'un drapeau. Une niche creusée dans une paroi contenait quelques tessons de lampe, et, appuyé au mur, un cadre à moitié détruit montrait encore les grandes lettres ornées d'un verset du Koran.

Le turbé[4] tombait en ruines, sa coupole était à jour : la compagnie les a fait réparer et blanchir, et le dôme porte aujourd'hui une flèche terminée par un croissant. Le terrain d'alentour est couvert de pierres et semé de petits monticules que l'on pourrait, de loin et à cause de leur peu de hauteur, prendre pour des ondulations naturelles du sol. En approchant, ces monticules nous révèlent des tombes : nous foulons une terre sainte ; plus d'un Arabe, en mourant, exprime le désir de venir reposer aux pieds du cheik Ennédec, et ce désir est toujours religieusement suivi par ses amis et par sa famille. Le nomade qui passe non loin de Toussoum se détourne de sa route pour y venir faire sa prière ; et ce soir j'ai vu un de mes chameliers entrer sous la coupole et déposer dans la niche une petite bougie de cire jaune en l'honneur du cheik.

En m'éloignant du campement de quelques centaines de mètres et dans la direction de la Syrie, sur un plateau de graviers, j'aperçus quatre modestes croix en bois noir. Le soleil se couchait, et ces croix sans nom qui recouvraient des dépouilles inconnues se dessinaient sur le fond du désert et le ciel doré du soir. Au milieu de cette plaine qui s'emplissait d'ombre et dans la solitude profonde, le signe du Rédempteur, placé sur ces humbles exhaussements du sol, apparaissait seul dans sa triste et sévère nudité. Quelles paroles, quelles consolations le vent qui rase le désert vient-il murmurer à ces ombres ? Leur dit-il, à ces travailleurs obscurs qui dorment là leur dernier sommeil, que la tâche abandonnée par leurs mains débiles est reprise par d'autres, que la route qu'ils ont ouverte se poursuit, que le grain qu'ils ont semé se récoltera un jour.

---

[1] L'album de Berchère contient une image de *Toussoum-ville* (voir Annexe, n° 46 de l'inventaire Prost).
[2] NOTE DE L'AUTEUR : La campagne de 1863 a rendu Toussoum à son activité. Les travailleurs creusent le seuil du Sérapœum, comme l'an dernier ils creusaient celui d'El-Guisr, et les tranchées du canal d'eau douce, parties de Néfich, contournent déjà la tête des lacs Amers après s'être rapprochées des pentes extrêmes du plateau de Toussoum et du Sérapœum. / La ville de Timsah porte aujourd'hui le nom d'*Ismaëliah*, en l'honneur du nouveau vice-roi Ismaël, continuateur des traditions généreuses et protectrices de Saïd-Pacha. Ainsi, cette ville, dont la première pierre fut posée le 27 avril 1862 par M. Sala, inspecteur général, au nom de M. de Lesseps, prend une importance sérieuse, et loge à présent le personnel de l'ingénieur en chef, qui abandonne Damiette et vient grouper, au centre même de l'isthme, tous les moyens d'action nécessaires à la poursuite des travaux.
[3] L'album de Berchère contient une image intitulée *Cheik Ennédeck, à Toussoum, terre sainte, cimetière des Bédouins* (voir Annexe, n° 45 de l'inventaire Prost). Voir aussi Fig. 17, *Toussoum. – Tombeau du cheik Ennédeck*, illustration à la p. 26 de l'étude de Paul Merruau, *op. cit.*
[4] Édifice funéraire cubique, surmonté d'une coupole, dans lequel sont inhumés les notables musulmans.

« — Seigneur, dit le prophète Jérémie, vous leur rendrez ce qu'ils méritent, selon les œuvres de leurs mains »[1]. Tout n'est pas enfoui à quelques pieds sous terre, la tombe renferme un appel à l'éternité, un cri d'espérance, et la croix qui la couvre étend ses bras vers le ciel.

Qu'importe, disais-je en quittant le plateau, quelques dépouilles de plus dans ce pauvre et triste lieu d'asile ? Parmi ceux que j'ai connus ici, en est-il un seul qui, rencontrant une de ces tombes, reculerait devant le devoir à accomplir ? Je ne le crois pas : tous savent que l'œuvre à laquelle ils sont attachés, comme la guerre, a ses martyrs et ses victimes ; ils le savent, et n'ont qu'une pensée : celle de se donner en entier à la cause, le jour où la nécessité vient à le commander.

Sans doute, le devoir accompli emporte avec lui sa récompense ; mais ne croyons pas que cela suffise. Nous ne saurions demander trop de justice pour ces dévouements obscurs, ni trop d'intérêt pour ces hommes dont la vie est austère et sérieuse, pour ces pionniers qui tombent quelquefois, sans une main amie pour leur fermer les yeux.

En rentrant à Toussoum, j'ai vu deux petites hyènes âgées de quelques semaines, et que l'on nourrissait en leur faisant boire du lait. C'était quelque chose d'assez chétif et de mal plaisant que ces deux bêtes avec leurs yeux à demi ouverts, leur poil rude, leurs plaintes inarticulées et leur train de derrière plus bas que celui de devant. Ces hyènes ont été prises par un Arabe qui se donne le divertissement d'une chasse singulière. Muni d'une corde et d'un sac qu'il porte étendu devant lui, il se glisse entièrement nu dans les trous qui garnissent le plateau du lac. Si la tanière où il est entré n'est habitée que par des petits, il les enlève ; s'il rencontre, au contraire, la hyène, mâle ou femelle, il lui jette sur la tête le sac dont il s'est muni, la bâillonne, lui attache les pattes avec la corde, et, sortant à reculons, il la tire hors de la tanière, la tue ou l'emporte vivante.

J'ai vu cet Arabe, qui me paraît leste et bien découplé. Il m'a demandé si je voulais aller jusqu'au plateau des hyènes. — Ma foi ! non : la nuit est sans lune, profondément obscure, et une course dans les halliers du lac me paraît tout à fait inutile. Je décline les honneurs de la chasse, et je regagne ma chambre en donnant les ordres pour le départ du lendemain.

El-Amback, bassin des lacs Amers, 28 février.

Je n'ai quitté Toussoum qu'à deux heures ; j'attendais mes chameaux, que j'avais envoyés boire à la petite rigole du lac. La matinée a été employée à faire quelques dessins, et mes bêtes revenues, chargées, mes Arabes prêts, j'ai donné le signal du départ et quitté le dernier campement habité du canal, pour me diriger sur le Sérapœum.

Nous marchons dans le sud, et, du plateau de Toussoum, dont nous franchissons les dernières pentes, j'ai pu embrasser la route que je devais parcourir.

Devant moi, les sables s'étendaient comme une mer dorée jusqu'aux premiers contreforts des montagnes, dont les reliefs s'accusaient plus sensibles à mesure que nous en approchions, et l'on pouvait distinguer les croupes du Gebel-Geneffé et du Gebel-Awebet, qui se détachaient en violet sur l'Attaka, teinté de l'azur et du bleu le plus tendre.

Le temps était beau, le ciel sans nuages, l'air chaud nous enveloppait comme une caresse, et ce grand pays vide où je n'entendais nul bruit, nul cri d'oiseau, où j'apercevais seulement la marque des pas de ma caravane laissée sur le sable, me paraissait magnifique et plein de grandeur.

Nous entrons dans une série de dunes à longues ondulations, séparées quelquefois par de petits plateaux de silex et de cailloux roulés. Ces dunes, toutes semblables, s'en allant jusqu'à l'horizon, sans rien qui les distingue les unes des autres, sans repère possible, m'ont fait comprendre combien il était facile de s'y perdre, comme on me le disait hier au campement. Il y a deux années, entre Toussoum et le puits de Fowar, dans un espace de trois kilomètres, deux ouvriers, revenant au campement, s'égarèrent : l'un fut trouvé, après trois jours de recherche, dans les dunes de Syrie ; — il croyait se diriger sur Awebet ; — quant à l'autre, on ne l'a jamais revu.

---

[1] *Lamentations de Jérémie*, III, 64.

Je franchis le point le plus élevé du Sérapœum, indiqué par un mât au bout duquel flotte un petit drapeau, et, quelques instants après, j'arrive à une maison sans toit, flanquée d'un gourbi occupé par deux bédouins constitués les gardiens du seuil.

S'étendant du lac Timsah aux lacs Amers, sur une longueur de douze kilomètres et sur une hauteur de neuf mètres en un seul point, le seuil est formé de sables ondulés où l'on retrouve des traces de terrassements, les restes des berges du canal de Nécos et les ruines d'un monument persépolitain, — ancienne *Cambysis*[1], — appelé le Sérapœum. Des fragments de granit rose, un bloc portant encore les marques du ciseau, et offrant quelques lignes d'écriture cunéiforme, de grosses pierres, jetées sur la pente d'une petite colline située à une demi-lieue de la station : voilà ces ruines. Elles sont assez insignifiantes, et je les laissai bientôt pour me diriger sur les lacs Amers et rejoindre ma caravane, qui avait pris les devants.

Le soleil commençait à baisser, et teignait d'admirables couleurs le fond des montagnes. La profonde coupure où je marchais, à moitié dans l'ombre, faisait comme un cadre aux lacs, tout lumineux encore, et j'arrivais à ma tente, dressée au milieu des tamaris d'El-Amback, comme le crépuscule prenait possession du ciel.

Cette première journée de marche a été intéressante, et le pays qui est là, sous mes yeux, et que j'ai entrevu dans un court instant de crépuscule, m'a paru fort beau. Les montagnes à grandes lignes vers lesquelles je me dirige doivent être d'un noble dessin, d'une belle forme, et les derniers terrains que j'ai traversés révèlent déjà une autre construction que celle des dunes : — j'ai affaire à une structure géologique différente, et qui ne trompe pas.

La nuit est venue, et, cher ami, puis-je l'avouer sans ingratitude et sans égoïsme ? j'éprouve une secrète jouissance à me sentir dans la solitude, et loin du mouvement où j'ai vécu tant de mois. J'ai fait, il y a des années, de longues courses au Sinaï, j'ai erré dans les plaines de la Syrie et du Hauran, et je ne revoyais jamais le toit des villes sans tourner les yeux avec regret vers les pays silencieux que je venais de quitter. Le désert vous attache : on sent que, si triste et si morne qu'il paraisse, il vit et palpite d'une vie qui lui est propre. Dieu ne l'a pas abandonné, l'oiseau y vole et chante encore ; il y trouve son nid dans une touffe d'herbe, au milieu des forêts de graminées ; la source, l'oasis, sont sa parure ; le nomade l'aime d'un invincible amour, et ces grandes plaines uniformes, ces terrains arides, ce ciel immobile, éternel, parlent hautement à l'imagination, et, pour se manifester, n'empruntent jamais une voix plus éloquente que celle qui nous arrive sur les flots de ces deux immensités : le désert et la mer.

Puis la vie de voyage est meilleure, plus large, partagée entre le mouvement qui vous emporte, la rêverie qui vous berce, et le travail fait pour le seul plaisir de fixer une impression fugitive, de prendre une note, un aspect, qui plus tard viendront en aide à la mémoire. Ce travail tout latent est plein de charmes ; l'on sait bien qu'au bout de la route se retrouveront les difficultés, la lutte, les misères de l'attente, les angoisses des espoirs sans fin. L'on sait qu'il vous faudra reprendre la chaîne, mais cette trêve, ce temps d'oubli, sont précieux, et l'on s'y laisse aller délicieusement.

Voilà donc la maison de toile que l'on repliera au jour, le bivouac qui brille dans l'ombre, et qui demain ne marquera plus que par des tisons à moitié éteints et une fumée légère, voilà le tapis étendu sur le sable : nuit douce et toute constellée de diamants, je puis m'endormir sous vos voiles ; les songes qui m'arriveront ne seront pas sortis par la porte d'ivoire[2].

La nuit, 1er mars, campé au pied du Gebel-Geneffé.

Je viens de traverser le pays le plus singulier que l'on puisse voir, et, à l'heure où je vous écris, il est encore devant mes yeux comme une vision.

---

[1] Sous l'occupation perse, Cambyse (529-521) fonda la XXVIIème dynastie égyptienne.
[2] La porte des songes trompeurs, celle empruntée par Énée pour quitter le monde souterrain, dans l'*Énéide* de Virgile.

La matinée entière s'était passée au campement. Les chameaux erraient en liberté, et je les voyais cherchant çà et là quelques touffes d'alfa ou les nombreux buissons d'une petite plante, à feuilles vertes et grasses, dont ils sont très-avides. Mes hommes étaient couchés autour du feu ou dormaient étendus au soleil.

Je fis quelques dessins et me mis à explorer la partie du lac où l'on avait dressé ma tente. Appuyé aux dunes que j'avais traversées la veille, *Aïn-el-Amback*, qui tire son nom d'une source abondante, limpide et légèrement saumâtre, coulant au milieu des joncs et des arbustes, est un vaste terrain boisé qui s'étend au nord-est du lac. Des plantes blanchâtres comme celles de la mer, de nombreuses efflorescences de sel et des débris de coquillages couvrent tout le sol.

À partir de la source et des arbres, qui allaient, épais et touffus, se perdre dans l'est, était une plaine dorée, semée de bouquets sombres, se déroulant comme une peau de tigre, et sur laquelle se formaient de beaux mirages. C'était tantôt des lacs limpides où de grands arbres venaient se refléter, tantôt une eau courant à travers les sables jusque vers la pointe des montagnes où elle venait se confondre avec le ciel. Au delà des arbres, de grands blocs bruns et rougeâtres, trop éloignés pour que l'on pût en deviner la nature, se dessinaient sur le Gebel-Geneffé, qui, sous le soleil du matin, se colorait d'une nuance lilas tendre d'une douceur exquise. Ces terrains jaunes, tachés de sables gris et de grandes plaques blanches, rayonnaient d'une lumière éblouissante et paraissaient moins colorés que le ciel.

À deux heures nous partions, marchant dans l'ouest, pour éviter les bas-fonds du lac, et nous dirigeant sur la montagne par un chemin que nous suivions tous à la file. Je laissai passer ma caravane, et, prenant le sentier qui menait à *Mellaha* (l'emplacement du sel), je m'enfonçai dans l'intérieur du lac et me trouvai tout à coup au milieu de terrains de la construction la plus extraordinaire : tantôt c'étaient de grands blocs semblables à des roches corrodées par l'action de la vague, tantôt des remparts de falaises ravinées par la chute des eaux. Ici des masses nombreuses se dressaient comme les dolmens et les pierres levées de Carnac ; là c'étaient les substructions ruinées de quelque ville cyclopéenne ; plus loin, comme un troupeau de bêtes difformes, gigantesques, impossibles, allongeant des membres bizarres, des têtes monstrueuses ; puis des obélisques à moitié renversés, des piliers jetés à terre, des pans de murs disjoints, des tours éventrées. On eût dit qu'une mer en délire s'était abattue sur ces rivages, les avait bouleversés de ses vagues furieuses, et, se retirant, avait laissé ce chaos, comme témoin de ses colères. La couleur elle-même semblait s'être décomposée comme les rayons du prisme : à côté de plaques blanches, des tons bruns, fauves, presque noirs ; des sels colorés de rose mêlés à des sables dorés ; des verts arsénieux à côté de lichens gris et jaunes : c'était la réunion et le choc à la fois de tous les tons les plus disparates.

Je passais comme assistant à la résurrection d'un autre âge, ne pouvant même m'assurer de la réalité de ma vision. Comme je voulais toucher de ma main de grandes masses, semblables à des ruines, que j'apercevais à quelque distance, et que déjà ma monture était détournée du sentier, l'Arabe qui m'accompagnait m'arrêta par de grands cris, et, prenant son bâton, l'enfonça dans le sol, où il disparut en entier ; puis il le retira couvert d'eau et de boue, et me le montra en gardant un silence plus éloquent que la parole.

Tout le bassin du lac, sous une croûte en apparence solide, recèle une couche de sels en dissolution, un vide, puis des lits de boue et une nappe d'eau dans lesquels on peut disparaître et se perdre, ou dont il serait difficile de se tirer sans abandonner sa monture.

J'étais arrivé à Mellaha, bassin assez large, rempli d'une eau bleue et limpide, alimentée constamment par la fonte du sel qui couvre les terrains environnants, et qui offre des prismes parfaitement cristallisés, d'une blancheur éclatante, ou colorés par des oxydes métalliques et des matières animales. Le bord de la source est piétiné, marqué de pas nombreux ; et hier, à la nuit, comme j'apercevais dans l'ouest une large lueur qui éclairait le ciel, mes Arabes me dirent que cette lueur était produite par les feux des bédouins qui, venus à Mellaha chercher du sel, le fondent et l'épurent avant de le transporter au Caire.

Les lacs Amers, dont la surface est de 330 millions de mètres carrés, outre les chlorures de sodium, les rhomboïdes de sulfate de chaux, qui m'ont présenté des agglomérations si bizarres, sont couverts de coquilles de l'espèce des mactras, de rochers, d'hélix, et leur partie la plus profonde est occupée par une épaisse couche de sel marin.

Des sondages faits par M. Guiter[1], d'El-Guisr, en octobre 1851, ont révélé des différences dans la hauteur des eaux sous-jacentes. Ainsi il a trouvé dans un bas-fond, au nord d'Aïn-el-Amback, 40 centimètres d'eau à 1 mètre 40 centimètres de profondeur, et le lendemain à cinq heures du matin seulement 80 centimètres. Ces observations, plusieurs fois répétées, donnent à penser que, quoique éloignées du golfe Arabique de trente-cinq kilomètres environ, les eaux du lac sont soumises à l'influence du flux et du reflux de la mer Rouge, et qu'elles filtrent à travers les sables et les argiles qui composent tout le terrain compris entre la mer Rouge et les lacs Amers, en suivant les couches de terre végétale où elles s'infiltrent en raison de leur capillarité.

Je laissai Mellaha et ses constructions étranges, et je rejoignis ma caravane, que je trouvai à l'extrémité des lacs, occupée à faire du bois pour le bivouac de la nuit. Un exhaussement du sol nous conduisit au milieu de terrains calcaires semés de silex et de pierres. À droite se présentait le Gebel-Geneffé[2], haut, droit, avec ses grandes assises rougeâtres, traversées par des déchirures et des ravines profondes ; à gauche s'étendait le lac avec ses parties boisées. Ses sables se teignaient de la chaude couleur du soir, et le soleil prêt à disparaître derrière la montagne la noyait de grandes ombres violacées qui faisaient penser à cette belle image de Virgile :

Majoresque cadunt altis de montibus umbrae[3].

Vous savez avec quelle rapidité la nuit tombe en Orient : aussi envoyai-je en avant deux de mes hommes pour reconnaître le campement qui, d'après ma carte, devait être situé dans un des replis de la montagne. Je les vis s'éloigner, n'être plus qu'un point, et bientôt disparaître au milieu des ravines qui arrivaient jusqu'à la route que nous suivions.

Au crépuscule avait succédé une nuit sans lune, mais douce, claire, toute palpitante d'étoiles et dans laquelle le vent passait comme un souffle léger porté sur des ailes invisibles. Goethe n'a-t-il pas dit : « La nuit n'est pas l'amie de l'homme[4]. » Peut-être pensait-il à ces longues nuits du nord froides, pleines de frimas et de terreurs ; et cependant il avait vu les nuits enchantées du golfe de Naples et de la campagne romaine ; et sa poésie pouvait en invoquer le souvenir. Combien elles sont belles, ces nuits orientales, et quelle fraîcheur, quel calme et quelle sérénité radieuse descendent du ciel avec elles !

Je cheminais depuis une heure, perdu dans mes rêveries, et me laissant aller au pas de ma monture, quand mon domestique s'approcha de moi :

— Sidi, le campement ne s'aperçoit pas encore, le soleil est couché depuis deux heures, et les Arabes n'ont pas mangé de la journée, à cause du jeûne du rhamadan.

J'examinai l'endroit où nous étions et donnai l'ordre de suspendre la marche. Un petit ravin, dont le fond offrait une surface plane, fut débarrassé de ses pierres, et bientôt les coups de maillet retentirent sur les pieux qui devaient fixer la tente. Les bêtes furent vite déchargées, un feu clair brillait en quelques instants ; puis un des hommes saisissant une branche de tamaris enflammée gravit le talus et se tint sur la crête pour indiquer aux Arabes que j'avais envoyés à la montagne l'endroit où nous étions campés.

Cette figure debout, s'enlevant sur le ciel et agitant sa torche, qui se répandait en étincelles, semblait je ne sais quel génie mystérieux placé aux portes du désert pour éclairer les royaumes de la nuit, et avait un aspect véritablement poétique et grandiose.

Une voix nous parvint à travers l'espace, et bientôt après arrivèrent nos deux Arabes, qui n'avaient pu découvrir le campement.

Le hasard fait toujours bien les choses : il vient de m'offrir une belle scène ; demain, au jour, je verrai la montagne que la nuit me dérobe, et la tente est préférable encore à la chambre habitée par des hôtes suspects. Tout est donc bien : la flamme brille vive et claire, projetant des lueurs sur les bêtes accroupies qui broient avec satisfaction leur paille et leurs fèves, et les hommes, pourvus de tabac et de café pour la veillée du rhamadan, se livrent à la joie et au *kief*.

---

[1] André Guiter, ingénieur des Arts et Métiers, conducteur de travaux à Ismaïlia, devint le Directeur de la Société artistique de l'isthme de Suez à El-Guisr.

[2] L'album de Berchère contient une image des *Carrières de Djebel-Geneffé* (voir Annexe, n° 50 de l'inventaire Prost). Voir aussi Fig. 18, *Carrières de Djebel-Geneffé*, illustration à la p. 19 de l'étude de Paul Merruau, *op. cit.*

[3] « Les ombres des hautes montagnes grandissent » (Virgile, *Églogue* I, 83). Tityre, après avoir entendu les plaintes mélancoliques de Mélibée, lui offre l'hospitalité pour la nuit, car, du haut des montagnes, les ombres descendent plus grandes dans la plaine.

[4] « Die Nacht ist keines Menschen Freund! », proverbe en allemand, attribué non pas à Goethe mais au poète baroque, Andreas Gryphius.

Je viens de traverser un pays peut-être unique, formant un tableau saisissant que je regretterais de ne pas avoir vu, destiné qu'il est à disparaître quand le bassin des lacs sera rempli par les eaux du canal.

Campé à Ammalachouch, 2 mars[1].

Ce matin, laissant à ma caravane le temps de rallier le campement cherché la veille, j'ai quitté ma tente vers sept heures, et, suivi d'un Arabe, j'ai pris le chemin de la montagne et gravi les premiers contreforts qui se trouvaient devant moi.

Le Gebel-Geneffé, qui court parallèlement au Gebel-Awebet et à l'Attaka, du sud-est au nord-ouest, est un massif à pentes abruptes qui se maintient à une assez grande hauteur sur la ligne des lacs Amers ; à ses deux extrémités, il s'abaisse par des collines calcaires et des plateaux de sable et de gravier qui viennent se mêler au désert. Il a dû être, ainsi que le Gebel-Awebet et l'Attaka, un cap avancé entre la mer Rouge et la Méditerranée, et séparer les eaux de ces mers de la vallée du Nil. L'Arabe qui m'accompagne le désigne par trois noms qui semblent le diviser en trois parties différentes : à l'ouest, Gebel-Bita-el-Gamous (la montagne des buffles) ; Gebel-Gelouffe (Geneffé), et la pointe vers Suez, Chelouf-Tarabba.

Cette explication donnée, gravissons la montagne à travers les silex, les cailloux et les grandes pierres qui se sont détachées de ses flancs. Des roches schisteuses, de couleur rouge, ocre et bistre, tout effeuillées et effritées par le soleil, d'énormes blocs polis, luisants, presque noirs, comme s'ils avaient reçu l'action du feu, pendent entassés les uns sur les autres aux flancs des collines, ou présentent leurs dentelures, qui se découpent fortement sur le ciel. Ce sont comme les premières assises de la montagne qui se dresse devant nous avec sa grande chaîne taillée à pic et presque parallèle à l'horizon. Des ravines profondes, où les sables et les pierres ont roulé en avalanche, mènent à des cirques naturels, creusés au milieu des roches et des parties calcaires de la montagne. Les grands bancs, dont on distingue les couches et les assises, s'affaissent quelquefois brusquement, comme sous le poids d'une main gigantesque, et présentent un angle aigu avec l'horizon. Tout l'intérieur de la montagne est très-sévère, grandement construit, d'une coloration forte et puissante comme un paysage de Salvator[2].

Par certaines échappées entre les roches s'apercevaient les fonds de la plaine, baignés dans une vapeur blanchâtre que le soleil chassait devant lui, tandis que les bords du lac, accusés par des sables et des galets dorés, venaient se mêler, par le ton, aux premiers plans vigoureux et colorés de la montagne.

Je descendais les collines, remontais les pentes, herborisant au milieu des fleurs et des plantes qui poussaient dans les parties arénacées où filtrait un peu d'eau ; je trouvais des gypses en lamelles transparentes, en fer de lance, des carbonates calcaires, des chlorures de sodium presque purs, de nombreuses empreintes de coquillages fossiles, et j'arrivais au campement les mains pleines des échantillons que j'avais ramassés dans ma course.

Le campement est dans un repli de la montagne, sur un plateau dominé par de grandes masses du calcaire le plus riche et le plus abondant : c'est à ses pieds que passera le canal d'eau douce qui, contournant les dunes de Timsah au sud, traversera le Sérapœum et longera le Gebel-Geneffé pour arriver à Suez. Il consiste aujourd'hui en quatre maisons bâties parallèlement de manière à former deux rues plus tard ; il comprend aussi des celliers, des caves, un puits très-profond ; le tout destiné au service des chantiers que l'on doit établir pour l'exploitation des carrières, alors que le canal maritime traversera les lacs Amers.

Cette station est sous la garde d'un vieil Arabe à barbe grise et de son fils. À mon arrivée, je trouvai le vieillard fumant auprès d'un feu allumé avec des fientes de chameau, et adossé à un caffas en bois de dattier, où s'agitait un animal dont je ne pouvais distinguer la forme. En approchant de plus près, je vis une petite panthère, aux allures félines, toute jeune, et jolie avec sa robe gris-jaune tachetée de points bruns. Comme j'examinais et étudiais avec attention les allures de ce singulier compagnon de sa solitude, le gardien me proposa de me le

---
[1] Le Musée municipal d'Étampes conserve une aquarelle de Narcisse Berchère, 21 x 28 cm., portant, en bas à droite, l'inscription suivante, à l'encre brune : « Amalachouch. 2 mars 1862 / B. ». Donation N. de la Brousse.
[2] Salvator Rosa (1615-1673), peintre connu pour ses paysages de montagnes et de grottes, envahies par la végétation et pénétrées d'une ambiance préromantique.

vendre, et j'eusse accepté son offre, je crois, s'il m'eût été possible de le rendre sans inconvénient à sa liberté, pour le voir bondir et disparaître dans les rochers qui nous environnaient ; mais la loi de *Grammont*[1] me donnerait-elle cette licence ? J'en doute.

La fleur poussant à regret dans la jardinière ne me plaît guère plus que l'oiseau captif dans une cage : j'aime la fleur épanouie dans la campagne ou les jardins, l'oiseau chantant dans le feuillage, et je me suis toujours senti pris d'une pitié profonde pour ces pauvres bêtes enfermées dans nos jardins des plantes. Je comprends les besoins de notre sécurité, l'intérêt de nos études sur la faune ; je sais qu'Hercule sera toujours dompteur de monstres ; mais en face de ces lions et de ces tigres à l'œil si morne et si triste, à l'allure inquiète, au pas hésitant, fait pour mesurer le sable ; mais en voyant le barreau de leur cage, cet étroit cachot dont ils ne doivent plus sortir, je me prends à regretter pour eux le pays du soleil, la savane et la dune qu'ils foulaient en liberté.

Mes hommes m'attendaient au bas du plateau. Je les fis partir, et, déjeunant au plus vite, je rejoignis mon convoi, que je voyais se dessiner sur les fonds du désert.

Je ne vous ai pas encore parlé de ma caravane et de mes compagnons de route. Pour transporter ma fort peu lourde et importante personne, il n'a pas fallu moins de quatre hommes, de quatre chameaux et d'un dromadaire.

Pensons d'abord aux bêtes, puisqu'elles sont la raison efficiente des hommes, et que sans le chameau le chamelier n'existerait pas.

À tout seigneur, tout honneur : mon dromadaire d'abord. C'est une bête grande, assez fine, haute comme une tour, au poil rasé, au pas allongé et au trot assez doux. Nous vivons en assez bonne intelligence, à la condition cependant qu'après un certain temps de vive allure je lui permette de reprendre son pas d'amble et de cueillir au passage une brindille ou la tige de quelque graminée. Deux ou trois fois il a voulu s'agenouiller, mais un coup de baguette lui a appris que, s'il avait ses fantaisies, j'avais aussi ma volonté. Je me trouve au mieux sur sa bosse, et j'aime cette façon d'aller qui, à la hauteur où je suis, me permet d'embrasser le pays d'un plus large coup d'œil et m'évite les brises chaudes qui rasent la terre.

Pour mes chameaux, leur équipage est des plus pittoresques avec le bagage qui s'attache à leur bât : la tente, les outres, les sacs de paille et de fèves, les caffas, les manteaux, les tonnes et le poulailler, où chantent un coq et deux poules.

L'un est chargé des tonneaux, l'autre de la provende, et ceux-là peut-être seraient les mieux partagés, avec le faix qu'ils portent et qui se fond à mesure que nous avançons, si, quand les tonneaux se vident, quand les sacs diminuent, les Arabes n'avaient soin de rétablir l'équilibre et de répartir la charge en poids égal sur le dos de chaque bête.

Ils s'en vont ainsi tout le jour, quêtant quelque broussaille, marchant de leur pas égal, continu, la tête à ras du sol ou le cou élevé vers l'horizon. Quelquefois un de leurs conducteurs, las de marcher, saisit le moment où ils plient la jambe, grimpe sur leur genou, et atteint en un instant le bât sur lequel il se repose et s'étend à son aise, sans que la marche ait été ralentie d'un instant.

Des trois hommes qui m'accompagnent, l'un est un Arabe de la haute Égypte : revêtu de la blouse bleue et coiffé du turban rouge, marcheur intrépide, il chemine en chantant tout le jour, et sur sa face, trouée comme une écumoire, s'épanouit un perpétuel sourire. L'autre est un Bédouin du désert d'El-Arish, appelé Mansour ; il porte le manteau noir et la couffiéh jaune et rouge. Assez taciturne, sommeillant une partie du jour sur sa bête quand il ne marche pas, il s'éveille à la halte du soir et crie et dispute comme un diable ; si le jeûne du jour l'endort, la veillée du rhamadan a, par contre, le don de lui délier la langue, et il en use. J'avais bien encore un Arabe auquel appartient le dromadaire que je monte ; mais, quand je quittai El-Guisr, il s'est dérobé avant d'atteindre le lac Timsah, confiant sans doute sa bête à Osman, le dernier de mes hommes dont j'aie à vous parler.

Osman est un Bédouin noir de la tribu des Mahasis, qui campe aux environs de Maxamah. Il est grand, bien découplé, et son visage ne rappelle nullement le type du nègre. Dès le premier jour, il s'est attaché à moi, autant pour répondre à la confiance de son ami à l'endroit de mon dromadaire que pour causer, car il est volontiers loquace, autant que Mansour est silencieux. Je lui dois beaucoup de détails et de renseignements sur la route que nous avons parcourue ; il marche à mes côtés et ne me quitte pas plus qu'un garde du corps, soit que je chemine

---

[1] La « Loi Grammont », votée en 1850, sanctionne les mauvais traitements infligés aux animaux, lorsque ces actes sont commis en public.

sur mon dromadaire, soit que je fasse à pied quelques excursions. Il est vêtu d'une grande chemise blanche, porte sur le dos la peau de mouton des Bédouins pasteurs, et n'a sur la tête qu'une simple takiéh qui a pu être blanche autrefois, et à laquelle, par coquetterie, il attache toujours une branche de tamaris en fleur, comme un élégant met une rose à sa boutonnière.

Pour arme, il a un long fusil tantôt porté sur l'une ou l'autre épaule, tantôt passé derrière le dos à la saignée des bras, et ce dernier mode de porter son arme imprime à son pas un balancement et une allure qui ne sont pas sans grâce.

Comme je traite bien tous ces hommes, et que j'ajoute à leur maigre repas du soir le luxe du café, du biscuit et des dattes, je suis assez aimé d'eux : ils se prêtent volontiers à mes façons de voyager, à mes fantaisies ; ils tiennent le parasol quand je dessine, portent le carton ou la boîte à couleurs, et me rendent, en un mot, toutes sortes de petits services.

Pour Kalil, mon domestique, c'est un petit bonhomme en chocolat que j'ai pris en passant chez Marquis[1]. Son teint ne lui permet pas de démentir cette origine, et sa taille lui permettrait d'entrer facilement dans une des potiches qui étalent leur panse rue Vivienne. Il est incomparable pour faire une omelette et ouvrir une boîte de conserves. Il est actif, intelligent, et malgré sa petite taille et ses quelque quinze ans, il parle haut et se fait obéir de tous les colosses qui sont avec lui.

C'est un Nubien d'une belle couleur de cuivre bruni, et sa bouche, toujours entr'ouverte, laisse voir une rangée de dents blanches comme celles d'un jeune chien. Il porte un tarbouch rouge, une veste et une culotte blanches, des souliers vernis et une capote à capuchon, rayée comme une roulière. Il monte le chameau porteur de la tente, des malles et des tapis, et, assis ou couché sur sa bête, il dort ou chante à tue-tête. J'en ai fait mon thermomètre, et quand je le vois tout enveloppé de sa capote, le capuchon baissé sur les yeux, je n'ai nul besoin de regarder le point du ciel où se trouve le soleil ; je n'ai qu'à prendre de confiance mon livre de notes et à écrire simplement : chaleur.

Pendant que je m'amuse à ces portraits, nous avons dépassé la pointe de Gebel-Geneffé, pour entrer dans une plaine ondulée qu'Osman me désigne sous le nom d'Errahab. L'Attaka commence à se dessiner en entier au-dessus des sables avec ses croupes bleu et or, tandis que la montagne que nous venons de quitter s'éloigne, et que les lacs Amers disparaissent à l'horizon.

Il se forme toujours devant nous de beaux mirages ; le temps est admirable ; le désert rayonne sous un ciel sans nuage ; pas un souffle n'agite l'air ; le silence est absolu, la solitude complète ; tout dort, excepté le soleil, et déjà l'on se sent dans des latitudes plus chaudes, plus caressées de ses rayons.

Notre route appuie vers l'est, et nous suivons une petite ouady couverte d'une herbe couleur d'émeraude et plantée de mimosas épineux. Nous faisons envoler, en marchant, une foule de petits oiseaux blancs qui vont se poser sur les dunes qui nous environnent et reviennent s'abattre dans l'herbe, dès que nous sommes passés.

Osman me désigne un endroit occupé par quelques arbres ; nous y laissons les hommes qui vont dresser la tente pour le bivouac de la nuit, et je m'achemine vers le canal des Pharaons, dont nous sommes éloignés d'une demi-heure.

Le canal, à l'endroit auquel je l'abordais, est si bien conservé qu'il semble que les ouvriers viennent de le quitter et d'y mettre la dernière main ; ses talus sont encore entiers, et son plafond, parfaitement uni, n'offre pas la moindre trace d'ensablement. Ses berges sont distantes l'une de l'autre de cinquante mètres environ, et se continuent ainsi conservées depuis le fond du golfe jusqu'à Raz-el-Amback, où le canal faisait son entrée dans les lacs Amers[2].

Commencé sous le règne du roi Nécos, plus de dix siècles avant notre ère, ce canal reliait la mer Rouge à la Méditerranée par le Nil. Ayant d'abord une direction occidentale à partir du Nil, puis une direction méridionale, il suivait à peu près le tracé donné au canal d'eau douce dans la vallée Toumilat. Je vous ai parlé des nombreux vestiges que j'avais rencontrés sur le parcours de l'Ouady et dans le désert : je n'ai donc point à y revenir. Hérodote l'a vu en pleine exploitation, les Ptolémées et les Romains l'ont entretenu ; abandonné vers les derniers

---

[1] Célèbre chocolatier parisien, qui se trouvait 44 rue Vivienne (et passage des Panoramas) en 1836 (Jacques Hillairet, *Dictionnaire historique des rues de Paris*, Paris, Éditions de Minuit, 1985, t. II).
[2] L'album de Berchère contient une image intitulée *Canal de Nécos, conservé entièrement, de la mer Rouge à l'entrée des lacs Amers* (voir Annexe, n° 51 de l'inventaire Prost). Voir aussi Fig. 19, *Canal de Nécos, ancien canal*, illustration à la p. 20 de l'étude de Paul Merruau, *op. cit.*

temps de l'occupation romaine, il fut rendu à la navigation par les califes, et ne fut tout à fait fermé que vers le IXe siècle de notre ère.

Le nouveau canal maritime ne doit pas suivre cette partie du tracé de l'ancien canal, qui, remblayé dans plusieurs de ses parties, présente des courbes inutiles. Il passe, à la sortie des lacs Amers, plus à l'est, entre lui et les dunes qui forment le commencement du désert de l'Arabie, pour aboutir au fond du golfe de Suez.

Je rentrais à l'ouady d'*Ammalachouch*, — ainsi s'appelle notre bivouac, — au moment où le soleil disparaissait derrière les lacs et la montagne. Un grand feu brillait devant la tente, le croissant de la lune se montrait sur le couchant pâli, et la nuit descendait pleine de calme et de repos.

Demain, je vais dire adieu à la vie de voyage, et je regrette qu'elle ait passé si vite. Demain, les villes, puis les villes encore. Adieu la liberté sans bornes ; je rentre dans la foule, et le désert n'aura pas plus gardé nos traces que cette petite vallée n'aura conservé le souvenir de la tente qui l'occupe aujourd'hui.

⁎⁎⁎

Suez, 3 mars.

J'ai quitté Ammalachouch au matin, me dirigeant vers le Bir-Suez, où j'allais faire boire mes chameaux. Le puits était occupé par de nombreux troupeaux, par des caravanes, des ânes et des mulets chargés d'outres. Au delà de quelques bâtiments et de l'abreuvoir, Suez apparaissait comme une tache brune piquée de quelques points blancs, et s'enlevait sur la mer et sur les collines roses de l'Arabie. À midi, j'atteignais la ville, et, congédiant ma petite caravane, je la voyais s'éloigner avec un soupir de regret. Je restai seul avec mon domestique, et cette chambre d'hôtel dont je prenais possession, avec sa pendule et ses gravures accrochées à la muraille, me paraissait bien mesquine à côté de la tente et des tapis étendus sur le sable.

Cette vie d'un jour a été trop rapide : elle disparaît déjà, s'évanouit comme un rêve, comme les espérances, ailées pour accourir, et pour fuir plus légères encore, et le temps qu'elle mesure tiendrait dans un bien petit espace. Je vois de mes fenêtres le désert de la côte arabique, les barques, blancs alcyons posés sur le flot bleu ; j'écoute la chanson de la vague qui vient, fuit et revient encore ; je m'oublie dans mes souvenirs, et, comme le muezzin dont la voix m'arrive avec l'appel à la prière, je m'écrie : Dieu est le plus grand !

⁎⁎⁎

4 mars au soir.

Suez, depuis six ans que je ne l'ai vu, s'est beaucoup transformé. Son quai, vers la mer et le fond du golfe, s'est garni d'une rangée de maisons presque européennes, et je ne retrouve plus le petit pavillon de la douane que j'avais vu autrefois, et qui, blanchi à la chaux, était des plus jolis, avec les ballots de marchandises entassés pêle-mêle, les figures groupées sur les marches ou à l'ombre des murs, les barques arrêtées au débarcadère.

L'Hôtel anglais (*Indian Hotel*) est un magnifique établissement avec une cour spacieuse, entourée de galeries et couverte en partie d'un *velarium*[1] ; on s'y assied dans une salle immense à une table couverte de cristaux, desservie par des coolies indiens et des Chinois ; l'on y parle anglais, l'on y mange surtout d'une façon tout anglaise : c'est Véry [sic] confortable. Je regrette cependant que l'on ait masqué sa façade de docks et d'une longue vérandah en fer, très-commode pour les voyageurs, qui s'y promènent à l'ombre, mais d'un médiocre effet et coupant d'une façon désagréable la ligne de la mer et des côtes.

Suez a été doté d'un chemin de fer qui lui apporte aujourd'hui l'eau du Nil : il peut enfin satisfaire la soif qui le dévore depuis qu'il existe, et attendre avec patience la source que va lui amener le canal d'eau douce ; mais

---

[1] Grande toile que les Romains, dans l'Antiquité, tendaient au-dessus de la partie découverte d'un cirque ou d'un amphithéâtre, afin de préserver les spectateurs du soleil ou de la pluie. Par extension, couverture du même type dans des lieux divers.

les baraques, les magasins en planches, les chantiers de charbon de terre, le grand chalet que le vice-roi se fait construire aux portes de la ville, détruisent un peu l'unité imposante qu'offraient le désert et les montagnes.

Disons-nous, malgré cela, que la civilisation est une belle chose. Si l'on écoutait cette maudite engeance de peintres à la poursuite du pittoresque, on ne verrait que des ruines, des guenilles, des maisons sans toit, et pas le moindre dock, la moindre maison irréprochable, régulièrement assise et régulièrement bâtie.

Voilà le Suez moderne, appelé encore à bien d'autres transformations par le canal maritime.

Ce qui n'a pas changé, c'est la vieille ville avec ses grands cimetières, ses dômes blanchis à la chaux et ses maisons de briques et de terre qui se découpent sur la belle montagne de l'Attaka ; ce sont ses bazars avec leurs cafés et leurs boutiques, remplis de gens de tout pays, — noirs, Bédouins, Levantins, Arabes du Hedjaz[1] à l'ample robe en drap rouge, au turban aplati, à la couffiéh de soie jaune, aux sandales attachées par des lanières en cuir vert enjolivées de broderies.

Ce que Suez a gardé, c'est son ciel incomparable et d'une lumière exquise, ses côtes de l'Arabie blondes et dorées comme le miel, sa mer glauque d'un indéfinissable azur où frissonnent et courent des moires d'or et d'argent ; c'est sa belle couronne de montagnes, les eaux de son golfe qui se perdent au désert, — lapis enchâssé dans l'or ; — c'est la brise qui vous arrive sur le dos de la mer poissonneuse, apportant avec elle une haleine chaude et remplie de parfums qui vous fait rêver aux îles des épices, aux rivages de l'Inde et aux pays des tropiques.

Mes premières lettres, cher ami, vous étaient écrites à Port-Saïd, au bord du flot qui venait en grondant se jeter sur le sable, et ces dernières lignes, je les trace encore au bord de la mer ; mais le flot soupire et vient si doucement caresser la plage qu'il me semble entendre comme l'écho lointain de quelque chanson d'amour.

Si tout est calme et repos autour de moi, il n'en est pas de même dans la ville ; au loin résonne le son des flûtes et des tambours, et comme je furetais sur ma table, il n'y a qu'un instant, le calendrier m'est tombé sous la main, et j'ai pu, en y jetant les yeux, m'expliquer certains costumes insolites et peu d'accord avec la gravité musulmane qui m'étaient apparus quand je rentrais pour dîner.

Nous sommes donc au mardi gras, — 4 mars. — Singulière date ! À pareille époque, il y a onze ans, je me dirigeais vers Suez. J'étais étendu sur mon tapis en plein désert et à la lueur des étoiles, quand mon compagnon, se tournant vers moi, me dit : — C'est aujourd'hui mardi gras, et je crois que l'on ne se doute guère de l'endroit où nous passons notre nuit de carnaval. Si nous buvions un verre de champagne à la santé de nos amis qui sont ou pourraient être au bal de l'Opéra ? — Onze ans... ma foi ! je vous quitte et vais promener par la ville. Foin des vieux souvenirs et des vieux calendriers !

Même date, onze heures.

J'ai vu manger, boire et fumer pantagruéliquement, comme dirait Panurge[2], au fumer près. L'on se ruait en cuisine, l'on assiégeait les cafés et les boutiques. Les rues du bazar, qu'éclairait la lueur des lampes, des veilleuses et des chandelles, étaient remplies d'une foule compacte, animée, bruyante, agitée comme les eaux d'un fleuve. Là, sur une place, des nègres chantent, dansent et sautent avec une agilité de singes et de démons, entraînés par un vieux noir qui, accroupi près d'un feu, frappe avec rage sur un tambour. Plus loin, des hommes, étendus à terre et roulés dans leur manteau, causent ou dorment. Le fond d'une rue s'éclaire tout à coup, et une troupe portant des torches passe et s'enfonce dans les bazars ; je me mets à la suivre. Les boutiques sont illuminées de petites bougies roses et de veilleuses disposées avec art au milieu de comestibles faits pour éveiller la sensualité des gourmets. Voulez-vous des sherbets, des sirops à la rose, des dattes, des grenades ouvertes, des oranges, des pâtisseries, des oignons nageant dans l'huile ou une appétissante brochette de kebab ? Parlez : voici un café,

---

[1] Province de l'Arabie saoudite, sur le versant occidental du massif ancien qui occupe le cœur de la péninsule arabique. Chef-lieu : La Mecque.
[2] L'un des personnages de François Rabelais, Panurge est le faire-valoir du géant Pantagruel, mais lui vole la vedette dans le *Tiers Livre*, où il s'interroge sur la nécessité du mariage.

puis un autre : ici des musiciens, là un conteur ; la porte entr'ouverte d'une mosquée laisse apercevoir le mirab où se consument quelques lampes. Les effets de lumière sont d'une originalité tout imprévue : c'est un fouillis de miroitements et de points obscurs à la fois, d'éclairs sur les costumes, les figures, le fond des boutiques. Des reflets ardents percent l'ombre, rampent sur les murs et vont se perdre dans le noir opaque des toitures du bazar, pendant que sur le champ de la nuit, toute semée d'étoiles, s'élancent les hauts minarets des mosquées portant à leur sommet une couronne de feux.

J'ai laissé les bazars et j'ai regagné l'hôtel, non sans risquer vingt fois d'écraser quelques pauvres diables assez philosophes pour dormir, ou assez peu fortunés pour ne pas prendre leur part des joies du rhamadan. En suivant la plage, j'en ai rencontré plus d'un qui se livrait à ses méditations sur les bords de la mer, où il était venu chercher un gîte plus assuré et surtout plus tranquille.

*
**

6 mars.

Je suis sorti ce matin de la ville, et remontant le fond du golfe, j'arrivais au bord de la mer au moment où une longue caravane traversait, pour gagner les côtes de l'Arabie, les sables et les flaques d'eau laissées par la marée basse. Je vis sa longue file se dessiner entre le ciel et l'eau, se profiler un instant sur le désert, et se perdre derrière les dunes pour reparaître au loin sur les sables comme une tache à peine perceptible[1].

Du fond du golfe, Suez se présente dans tout son développement, avec son port couvert de barques, la ligne prolongée des montagnes de l'Attaka qui s'enfonce dans le sud, la pleine mer et la rade où l'on aperçoit les vaisseaux au mouillage[2], la côte de l'Arabie, rose, ardente, toute dorée au soleil, marquant au loin, par un petit point sombre, l'emplacement des fontaines de Moïse.

Puisque ma promenade m'a conduit au bord de la mer, quelques mots encore sur le canal pour terminer ce qu'il me reste à en dire.

À partir de l'hôtel anglais, situé à la pointe sud de la ville, se trouvent deux bancs, l'un sur la côte de Suez, l'autre sur la côte de l'Arabie, entre lesquels passe le chenal actuel, qui fait communiquer le port avec la haute mer. C'est dans ce chenal, dont les bords seront exhaussés par les déblais faits à la drague de manière à en protéger l'intérieur, qu'entrera le canal maritime débouchant du golfe au sortir du désert. Des jetées, prolongées jusqu'à une profondeur d'eau suffisante pour le mettre en communication avec la rade, située à quatre milles de la côte, seront établies à sa tête, et sur le banc même seront installés les bassins de radoub des messageries maritimes.

Vous savez quelles ont été les objections que l'on a faites sur la navigation de la mer Rouge. Le champ de ces controverses semble aujourd'hui épuisé, et l'expérience a victorieusement montré que la mer Rouge est ouverte aux chances de toute navigation possible.

Les flottes que Salomon possédait dans la mer Rouge, celles que les Vénitiens et les Portugais ont eues à leur tour, les bâtiments arabes qui aujourd'hui la parcourent depuis Suez, Aden, Yambo, jusqu'à Massaouah et jusqu'aux côtes de l'Abyssinie, les steamers de la Grande-Bretagne qui la traversent depuis vingt ans et y remplissent un service régulier et à jour fixe, ont rendu superflue toute discussion nouvelle à ce sujet.

Cette mer de cinq cents lieues de long, dont on a relevé toutes les côtes, les îlots et les bas-fonds, dont les études hydrographiques ont donné une complète connaissance, est aujourd'hui familière à la navigation, et le moment n'est pas loin où, grâce au canal maritime, les bâtiments de toutes les nations pourront la sillonner.

Les moussons du sud-est et du nord-est qui y soufflent régulièrement pendant toute l'année offrent les circonstances les plus favorables aux navires à voiles qui auront à redescendre ou à remonter la mer Rouge ; et alors même que cette route ne serait ni plus commode ni meilleure que celle du cap de Bonne-Espérance, la

---

[1] L'album de Berchère contient une image intitulée *Baie de Suez, à l'entrée du canal maritime, passage à gué des caravanes de l'Arabie* (voir Annexe, n° 52 de l'inventaire Prost).

[2] On trouve également dans l'album de Berchère une image intitulée *Rade et mouillage de Suez, à 4 milles de la ville* (voir Annexe, n° 53 de l'inventaire Prost). Voir aussi Fig. 20, *Vue de la ville de Suez*, illustration à la p. 21 de l'étude de Paul Merruau, *op. cit.*

différence entre la durée du parcours présenterait déjà un avantage immense. La distance qui sépare Bombay de nos côtes est de onze mille cinq cents milles par le Cap et de six mille deux cents milles par la mer Rouge et l'océan Indien. Ces chiffres serviront à expliquer la préférence qu'aura toujours, pour la navigation à voiles et à vapeur, la route de la mer Rouge sur celle du Cap.

Je compléterai ces notions qui, pour connaître l'isthme en entier, vous étaient nécessaires, par l'étude des moussons, que j'emprunte à l'excellent traité de M. Zurcher sur les phénomènes de l'atmosphère[1] :

« Quand, dit-il, le soleil échauffe en été et en automne les grands déserts et les plaines de l'Afrique, on ressent cette action sur presque toute la surface de l'Atlantique qui s'étend entre la ligne et le parallèle de 13 degrés de latitude nord. Les alizés du nord-est sont arrêtés dans leur marche par cet ardent foyer. Ils s'élèvent, en y arrivant, en colonnes verticales, et les alizés du sud-est, ne trouvant à l'équateur aucune force contraire, le franchissent et s'infléchissent ensuite dans la direction des déserts, vers lesquels la raréfaction de l'air les attire. L'effet de la rotation terrestre concourt avec cette sorte d'aspiration à les transformer en vents du sud-ouest, qui prennent alors le nom de *moussons*, et soufflent pendant la moitié de l'année. Ce sont eux qui, après avoir recueilli une abondante vapeur sur la surface de la mer, amènent en Afrique les pluies qui alimentent les sources du Sénégal et du Niger. Quand le soleil est descendu vers le sud, la chaleur diminue au désert, et l'alizé du nord-est reprend son cours normal. La période de transition ou de renversement dure un mois environ, après lequel cet alizé souffle comme mousson de nord-est.

« L'année est ainsi partagée en deux saisons par ces vents périodiques dans une région de l'océan Atlantique, qui a la forme d'un triangle dont la base s'appuie sur l'Afrique et dont le sommet se trouve à 15 degrés de l'embouchure de l'Amazone. »

On trouve des moussons dans d'autres parages du globe, et, ajoute une note de M. Félix Foucou, à propos des moussons de la mer Rouge : « Pendant six mois de l'année, les vents soufflent du sud-ouest au nord-est (mousson d'été) dans la mer Rouge et l'archipel indien avec une parfaite constance ; pendant les six autres mois, la mousson se renverse dans une direction diamétralement opposée, et ramène les nuages du nord-est au sud-ouest (mousson d'hiver). La connaissance exacte de la périodicité de ces deux courants atmosphériques était le monopole exclusif des Arabes, gens peu communicatifs. Ce peuple parvint de la sorte à accaparer tout le commerce de la mer Rouge et de la Taprobane, à tel point que deux cents ans avant Jésus-Christ, Agatarchidès, bibliothécaire d'Alexandrie, écrivait naïvement que les épices étaient un produit de l'Yémen. Jusqu'à la quarante-septième année de notre ère, les Occidentaux reçurent tous les produits de l'Inde par Saba, c'est-à-dire des mains des Arabes, intéressés à cacher la source à laquelle ils allaient les puiser et les moyens matériels d'y parvenir.

« L'astronome grec Hippale, l'un des savants de l'école d'Alexandrie, navigateur instruit et possédant quelques notions, bien rares alors, de physique du globe, fut amené à soupçonner l'existence de la mousson en rapprochant les récits fabuleux d'Iambule du fait plus positif du naufrage d'un affranchi d'Annius, qui, chargé de percevoir les revenus de l'Arabie, fut jeté par la tempête dans l'île de Ceylan. Il conjectura de ce fait la régularité des vents périodiques et eut le courage de s'éloigner des côtes et de s'ouvrir sans boussole, à travers l'Océan, une route inconnue au monde gréco-romain.

« Le succès de cette tentative hardie arracha du premier coup le monopole commercial des mains des Arabes, et le double périple du fond de la mer Rouge à la péninsule indienne et à la côte orientale d'Afrique s'organisa immédiatement dans des conditions régulières[2]. »

*
**

9 mars.

Nous touchons à l'époque à laquelle a lieu le pèlerinage de La Mecque, et la ville regorge de *hadjis* de tout pays. Le long des maisons, des murs, au dehors de la ville, ce ne sont que tentes et campements. Je reconnais

---

[1] Frédéric Zurcher (Lieutenant de vaisseau), *Les Phénomènes de l'atmosphère*, Paris, imprimerie de Dubuisson (1862).
[2] NOTE DE L'AUTEUR : *Recherches sur un cas particulier de la théorie du mouvement*, par M. Félix Foucou ; Paris, Garnier frères, 1860.

le burnous, le haïck des Arabes de l'Algérie, et leurs petites tentes blanches, où s'entassent des familles entières, depuis l'enfant enveloppé de la gandourah, jusqu'à l'homme fait et au vieillard ; plus loin, je vois les tentes noires de la Turquie d'Europe et de l'Asie, occupées par des Turcomans, des Kurdes, des Zeibecks à l'énorme turban vert, à la ceinture portant un arsenal, à la veste jaune, soutachée de noir et de bleu.

Deux barques appareillaient ce matin. Le drapeau de l'islam flottait sur la dunette, et le pont, chargé de monde, présentait le plus singulier coup d'œil. Figurez-vous un toit d'ombrelles ouvertes, de parasols bleus, rouges, verts et jaunes, qui, par leur couleur, faisaient ressembler tout ce pont à une immense cage remplie de canaris, de perroquets et de rouges-gorges. Les barques s'en allaient, remorquées par des canots garnis de rameurs, et gagnaient la haute mer. Les chants retentissaient à bord, et les cris d'adieux, les souhaits d'heureux voyage à la tombe du Prophète partaient de la rive.

Ils vont descendre ainsi les côtes de la mer Rouge, sans hâte, s'arrêtant chaque soir dans quelque petite anse, pêchant des coquillages, apprêtant leur repas, chantant quand luit le soleil, pliant les voiles et gagnant la côte quant souffle la tempête ; heureux du but auquel ils tendent : Dieu ne leur montre-t-il pas la route ? acceptant avec calme leur destinée, quelle qu'elle soit, en disant : C'était écrit.

Si, comme parfois je suis tenté de le croire, la félicité d'un homme peut se mesurer au petit nombre de besoins et de sensations qu'il éprouve, celui-là doit être heureux, qui vit dans un milieu simple et loin des préoccupations qui enfièvrent notre existence. Que lui faut-il ? La splendeur du climat, la beauté des jours, l'aident à vivre et à rêver ; son manteau le couvre, la nuit étoilée le garde, et il sait que Dieu qui l'a créé ne l'abandonnera pas. « Pauvres hères, comme dit le général Daumas, portant peut-être sous leurs haillons les deux plus grands trésors de ce monde : la *poésie* et la *sagesse*[1]. »

Les bâtiments de la mer Rouge[2] sont d'une forme toute particulière, qui rappelle les barques antiques gravées sur les médailles romaines et phéniciennes, ou ces galères de Rhodes et de Malte que nous représente Della-Bella[3]. Un château-gaillard très élevé, percé de deux étages de fenêtres, peint en noir, découpé et ciselé comme une truelle à poisson, et couronné d'une galerie à jour ; une coque effilée peinte en blanc, terminée à sa pointe par un ornement sculpté, et plongeant de l'avant dans la mer de manière à présenter un plan incliné de la poupe à la proue ; un ou deux mâts, suivant la grandeur du bâtiment, telles sont ces barques. C'est original, gracieux, surtout avec la voile déployée au vent.

Le port est animé de canots, d'embarcations qui le traversent ; les mouettes jouent sur la vague, les barques que l'on radoube, jetées sur le flanc, présentent leur carène blanche qui retentit des coups de marteau du calfat, et une population nombreuse, aux costumes les plus divers, les plus brillants de couleur, traverse à toute heure les quais et les rues de la ville.

Le chemin de fer, qui suit la mer et arrive jusqu'à l'hôtel anglais, sert de boulevard et de lieu de promenade. Bien entendu qu'il n'y existe pas la moindre barrière et que c'est le chemin de tout le monde. Les oisifs y font le kief, et plus d'un dormeur est étendu, sans vergogne, à l'ombre des vagons. Ce pays est réellement privilégié, tout y a un air de mansuétude, de calme et de repos : nature, bêtes et gens. Il n'est pas jusqu'à la locomotive, si sournoise et si brutale en Europe, qui ne prenne un air bon enfant et ne se promène sans écraser personne. Les chèvres, les moutons, les poules, qui flânent avec amour sur la voie, font un petit saut de côté quand ils voient arriver la machine, et l'âne, jouant de ses deux oreilles, la regarde passer en clignotant de son œil malin et narquois. L'aiguilleur lui-même, qui a son *gourbi* en pierre près des rails, lève l'aiguille en restant accroupi sur sa natte, et je l'ai vu tantôt, — le digne homme, — son drapeau d'une main, une ligne de l'autre, tout prêt à se livrer au plaisir de la pêche après le passage du convoi.

---

[1] Dans « Le Chambi à Paris », un des chapitres de son ouvrage, *Mœurs et coutumes de l'Algérie : Tell – Kabylie – Sahara*, 3ᵉ édn (Paris, Hachette, 1858), p. 135, le général Eugène Daumas rend compte du passage, au Jardin des Plantes, d'un *chambi*, avec deux *maharis* et conclut son récit en les termes suivants : « Comme je lui demandais, en le congédiant, sur quelles ressources il comptait dans ses pérégrinations continuelles, il ouvrit la bouche, et, me montrant entre ses lèvres brunes ces dents d'une éclatante blancheur qui distinguent les enfants du désert : "Celui qui a fait le moulin, dit-il, ne le laissera pas chômer faute de mouture". Quand il fut parti, je pensai que ce pauvre hère emportait sous ses haillons les deux plus grands trésors de ce monde, *la poésie et la sagesse.* »
[2] L'album de Berchère contient une image intitulée *Vue du vieux Suez, bâtiments de la mer Rouge* (voir Annexe, n° 55 de l'inventaire Prost).
[3] Stefano della Bella (1610-1664), graveur aquafortiste italien, de l'école florentine de la Renaissance.

Tout se fait paisiblement, en famille et d'un air paternel ; mais ne nous y fions pas trop. Ce soleil si bienfaisant, si doux, va lancer tout à l'heure ses flèches de feu ; la machine pourrait bien dérailler et écraser quelque pauvre diable, et Djedda nous dit assez ce que cette tranquillité cache de colères.

Il n'importe : Suez est un admirable pays dont l'atmosphère, la lumière et la couleur ont des qualités que je n'ai point vues ailleurs. La température, à l'époque où nous sommes, est délicieuse, et cette mer bleue, les sables dorés de l'Arabie, les belles formes des montagnes, ce ciel incomparable, font de Suez un tableau exquis qui complète dignement mes adieux au désert.

⁂

Choubrah, fin d'avril.

Cher ami, un mot encore, et c'est des bords du Nil que je vous l'adresse.

Il m'a semblé pénible, après tant de jours de pleine et large liberté, de venir me renfermer dans les murs d'une ville, cette ville fût-elle arabe et même pittoresque comme est le Caire, et après une journée passée en charmantes causeries avec le fondateur du canal, le comte de S... et le médecin en chef, que je retrouvais ici, je m'établis dans un jardin plein de roses, de verdure et d'oiseaux, au petit village de Choubrah, et à l'extrémité de cette belle allée de sycomores que je vous ai si souvent dépeinte.

C'est le calme et la solitude encore, mais au milieu des champs verts et au pied de ce beau Nil qui passe sous mes fenêtres.

Je mets en ordre notes, documents, travail, tout ce bagage si précieux qui nous fait plus tard une seconde mémoire ; je me laisse vivre au souvenir des pays que j'ai parcourus cet hiver ; je songe au spectacle singulier, aux physionomies curieuses et parfois étranges que j'y ai rencontrées ; je pense aux cœurs qui me sont restés chers.

Hélas ! plus d'une main que j'ai pressée au départ ne se tendra plus vers moi, plus d'une bouche que j'ai vue sourire est aujourd'hui fermée !

Comme il s'en va de nos espérances, quand la mort accomplit son œuvre ! J'écoutais en souriant bien des récits d'autrefois, bien des projets d'avenir, et ceux qui me les confiaient sont allés les continuer au delà du tombeau. Mais le but se poursuit toujours, et pour ces cœurs vaillants et forts, et que rien ne lasse, la mort d'un ami peut amener des regrets, jamais de découragement.

Adieu, mon ami. Le dernier mot que j'entendais à mon départ d'El-Guisr était un appel à notre pays ; c'est aussi le dernier qui est sur mes lèvres en prenant congé de vous. À bientôt, et maintenant en France.

⁂

LETTRE À M. HETZEL

Paris, 25 avril 1863.

Ne vous semble-t-il pas, mon cher éditeur, que ces lettres adressées à un ami et dont vous avez bien voulu être le parrain seraient incomplètes, si je ne vous disais où en sont ces travaux, ce canal et ce pays sur lesquels j'ai cherché à vous faire partager les impressions que j'éprouvais quand je dus les visiter il y a un an ?

Permettez-moi d'aller au-devant des questions de vos lecteurs et de vous donner, en façon d'épilogue, une note sur l'état actuel de ces choses dont mes amis du désert me transmettent de temps à autre le bulletin.

Port-Saïd s'agrandit, la population s'est augmentée de plus de deux mille habitants ; le bassin de l'arsenal est creusé, l'îlot en mer est enroché à quinze cents mètres dans le prolongement de la jetée de l'Ouest et facilite le déchargement des navires venant sur rade par cinq mètres de fond.

Les berges du canal, à travers le lac Menzaléh, s'accentuent chaque jour davantage, et la navigation se poursuit à travers le lac Ballah et les dunes d'El-Ferdane, jusqu'au bassin de Timsah, que les eaux de la Méditerranée occupent aujourd'hui[1].

Le seuil d'El-Guisr, qui était alors le chef-lieu des travailleurs, quand je l'habitais, n'est plus qu'un poste divisionnaire, et reporte son activité sur la ville de Timsah où, sous la direction générale des travaux, s'est fusionné le personnel de la compagnie et de l'entreprise.

Plus loin, sur le tracé du canal maritime, le Sérapœum se creuse à partir de Cheik-Ennédec jusqu'à El-Amback. Et pourra-t-on douter du percement du Sérapœum, qui n'a qu'un relief de onze mètres au-dessus de la mer, quand on a réussi à faire celui d'El-Guisr, qui en a vingt ? Le canal maritime marche donc activement vers Suez.

De Néfich le canal d'eau douce passe par Bir-Abou-Ballah pour gagner Suez et y porter la végétation en même temps que les eaux du Nil. On navigue jusqu'aux lacs Amers, sur plus de trente kilomètres, comme je naviguais entre Rhamsès et Néfich. Les carrières du Gebel-Geneffé vont être mises en exploitation, et déjà les services installés sont prêts à fonctionner.

Quant aux cultures et aux colonies des Bédouins nomades, je ne puis mieux faire que de vous transcrire quelques passages d'une lettre que je reçois à l'instant de votre ami G., que M. le comte S*** a laissé à la tête du service de l'Ouady :

« Que de changements vous trouverez à notre Ouady, et de ceux qui vous feront plaisir à voir ! Tout y respire un air de prospérité et de bonne tenue qui n'étaient pas encore acquises lorsque vous y étiez. La Sakiéh a disparu de notre seuil, au grand contentement de mes yeux ; une grande écurie s'appuie au mur de la cuisine ; les jardins ont un coup de peigne, encore un peu arabe, mais l'alfa et les mauvaises herbes y sont combattues avec un certain succès. Une allée mène à l'angle du chemin du pont, aboutissant en face de *l'hôtel de Pithoum*, blanc avec des volets verts. Tell-el-Kébir voit ses maisons réparées peu à peu, grâce au coton qui a donné près de deux millions à nos habitants. Ceux-ci ont doublé ; les terres incultes disparaissent ; les marécages près desquels nous avons chassé les oies ont été assainis ; nous avons travaillé avec entrain. Cet hiver il y a eu trente-cinq mille mûriers de plantés, c'est une vraie forêt pour l'avenir ; ils sont de l'autre côté du pont, côtoyant le désert sur lequel même ils ont empiété. Il y avait bon besoin de réparer la mosquée pour nous donner un air tout à fait comme il faut, et M. de Lesseps vient d'obtenir de Son Altesse les ordres nécessaires à cette réparation ; j'espère qu'on ne traînera pas trop à la Monderièh.

---

[1] *L'Eau de la Méditerranée arrivant dans le lac Timsah le 18 novembre 1862* est le sujet d'un célèbre tableau exécuté par François Barry (Paris, Collection Association du Souvenir de Ferdinand de Lesseps et du Canal de Suez).

Maxamah est abandonné. J'ai deux chambres pour y faire étape dans mes visites aux cultures des Bédouins nomades ; encore un peu, et le lac endigué fera place aux verts bercims. Hâtez-vous de revenir parmi nous, et ne laissez pas écouler trop de temps, si vous voulez vous y reconnaître. »

Vous m'interrogiez, l'autre jour, sur le fondateur du canal que ma bonne fortune m'avait fait souvent rencontrer dans l'isthme : il me serait difficile de tracer la vie, le caractère et les travaux de l'homme éminent qui a conçu cette grande entreprise, la plus grande peut-être des temps modernes.

Le nom de M. de Lesseps est désormais acquis à l'histoire et pour ce qu'il a tenté et pour ce qu'il a poursuivi : quelques mots résument ses travaux et son but, ce sont ceux qu'il a pris pour épigraphe de ses livres : *Aperire terram gentibus*. Ces mots le peignent en entier et doivent suffire. Comment en effet vous donner une idée de cette nature à la fois simple et multiple ? comment résumer les qualités de cœur et d'esprit dont il fallait être doué pour inspirer à tous le courage qui l'animait, pour leur donner la foi au milieu des difficultés de son œuvre ?

Audacieux et patient, confiant et réservé, employant la plus souple persévérance là où la persistance éprouvée n'aurait pu suffire : toujours maître de lui pour mieux dominer les autres ; autant par son charme que par sa parole, M. de Lesseps a dû réunir en sa personne les qualités du missionnaire pour propager ses idées, les qualités du soldat pour arriver à leur application.

Avant que l'on eût donné le premier coup de pioche sur la plage de Port-Saïd, quelques-uns assuraient qu'il y avait folie à la tenter ; lorsque les eaux de la Méditerranée pénétraient dans le bassin de Timsah, on a bien voulu acclamer ce fait, comme garant peut-être du succès ; au prochain écoulement des eaux du Nil et de la Méditerranée dans la mer Rouge, tous seront unanimes à dire qu'ils n'avaient jamais douté de la réalisation de l'entreprise.

Ainsi va le monde.

À vous,

N. B.

FIN

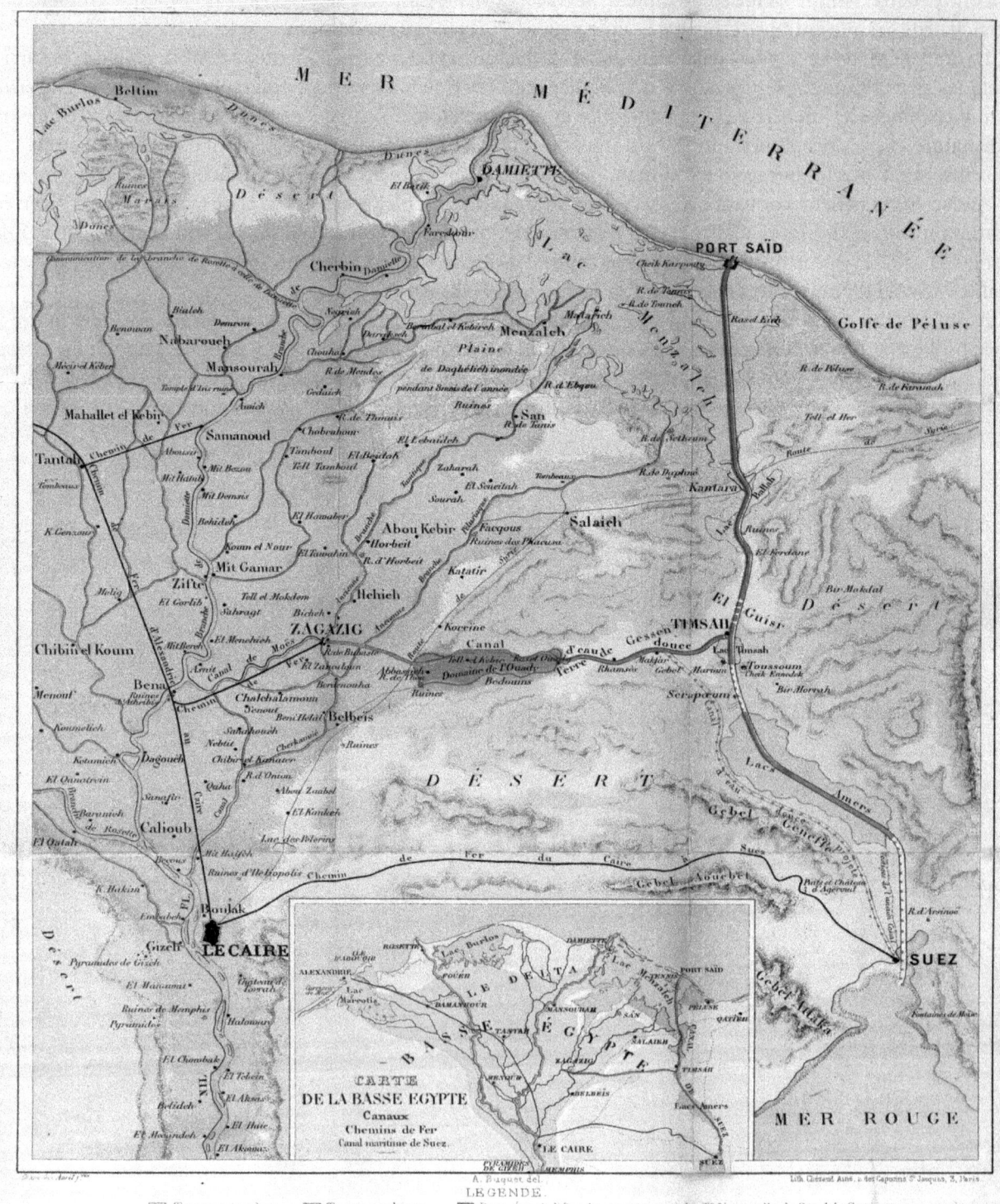

[Photo: Bibliothèque nationale de France]

ANNEXE

INVENTAIRE DE L'ALBUM DE 68 PLANS, DESSINS ET AQUARELLES CONCERNANT L'ÉTABLISSEMENT DU CANAL DE SUEZ

Inventaire publié par Bernard Prost dans son étude sur Narcisse Berchère in *Bouguereau, Berchère, Tassaert : catalogue de leurs œuvres, Dictionnaire illustré des Beaux-Arts*, Paris, Librairie d'Art, L. Baschet éditeur, 125 boulevard Saint-Germain (Paris, 1885).

Dimensions de l'album : de 32 à 34 centimètres sur 20 à 23

1° CANAL MARITIME

1. *État de la plage de Port-Saïd en avril 1859*

2. *Plan de la ville de Port-Saïd*

3. *Ville de Port-Saïd, vue prise du phare*

4. *Une rue dans Port-Saïd*

5. *Jetée et appontements*

6. *Quai de la plage*

7. *Chenal du canal maritime*

8. *Barques du lac de Menzaleh*

9. *Bassin de l'arsenal*

10. *Wagons de terrassement*

11. *Ateliers de constructions et fonderie*

12. *Profil en long du canal maritime et profil en travers*

13. *Plan de la partie du canal maritime comprise entre Port-Saïd et le lac Timsah*

14. *Campement de Raz-el-Eich sur le lac Menzaleh*

15. *Rigole maritime entre Raz-el-Eich et Kantara*

16. *Une rue du campement de Kantara*

17. *Sakieh et abreuvoir servant aux caravanes, sur la route de Syrie*

18. *Puits d'El-Chenan, débitant par jour, en eau douce, la charge de 125 chameaux*

19. *Pont du Trésor, sur la grande route d'Égypte en Syrie*

20. *Tranchée dans le lac Ballah, aujourd'hui navigable*

21. *Gourbis arabes, à la tranchée du lac Ballah*

22. *Courbe dans la tranchée du lac Ballah*

23. *Le Canal maritime au pied des dunes d'El-Ferdane*

24. *Campement d'El-Ferdane*

25. *Dunes à crêtes mobiles d'El-Ferdane (2,500 mètres de longueur)*

26. *Tranchée d'El-Ferdane, à 7 mètres au-dessus du niveau de la mer (hauteur totale des déblais, 15 mètres)*

27. *Tranchée d'El-Guisr, au chantier n° 4*

28. *Campement d'El-Guisr, vu du pied des tranchées du canal maritime*

29. *Église d'El-Guisr, inaugurée le 1er janvier 1862*

30. *Une rue du campement d'El-Guisr*

31. *Tranchée d'El-Guisr, à 19 mètres au-dessus du niveau de la mer (hauteur totale des déblais, 27 mètres)*

32. *Tranchée d'El-Guisr*

33. *Village arabe d'El-Guisr, au sud du campement*

34. *Mosquée du village arabe*

35. *Campements arabes le long des tranchées*

36. *Un des 40 réservoirs d'eau douce, jaugeant chacun 12,000 litres, établis le long des tranchées entre El-Ferdane et le lac Timsah*

37. *Tranchée d'El-Guisr, au chantier n° 6*

38. *Gourbis arabes aux travaux des tranchées*

39. *Achèvement des travaux pendant la nuit, au départ des corvées*

40. *Plan du lac Timsah*

41. *Vue du lac Timsah, prise du plateau du chantier n° 6*

42. *Chalet de S. A. Mohamed-Saïd, élevé par ses ordres sur un emplacement choisi par ce prince le 17 décembre 1862*

43. *Ville projetée de Timsah, vue du lac*

44. *Emplacement de la ville de Timsah*

45. *Cheik Ennédeck, à Toussoum, terre sainte, cimetière des Bédouins*

46. *Toussoum-ville*

47. *Cimetière de Toussoum*

48. *Plan des lacs Amers*

49. *Bassin des lacs Amers*

50. *Carrières de Djebel-Geneffé*

51. *Canal de Nécos, conservé entièrement, de la mer Rouge à l'entrée des lacs Amers*

52. *Baie de Suez, à l'entrée du canal maritime, passage à gué des caravanes de l'Arabie*

53. *Rade et mouillage de Suez, à 4 milles de la ville*

54. *Suez, vu du fond de la baie*

55. *Vue du vieux Suez, bâtiments de la mer Rouge*

2° CANAL D'EAU DOUCE

56. *Plan du canal d'eau douce et de l'Ouady-Toumilat*

57. *Quai d'arrivage à Timsah*

58. *Campement de Néfich, à 6 kilomètres d'El-Guisr*

59. *Ferme de Bir-Abou-Ballah, résidence de l'entrepreneur délégué*

60. *Campement de Rhamsès, à Tell-el-Maskout*

61. *Campement et lac de Maxamah*

62. *Château de Tell-el-Kébir à l'Ouady-Toumilat, propriété de la Compagnie*

63. *Pont-bascule de Tell-el-Kébir*

64. *Plaines et pâturages de l'Ouady-Toumilat, propriété de la Compagnie*

65. *Pont et écluses du canal d'eau douce à Zagazig*

66. *Zagazig, pont sur le Bahr-Moës*

3° TRAVAUX ANNEXES

67. *Carrières du Mex, près d'Alexandrie*

68. *Port, jetée et appontements du Mex*

BIBLIOGRAPHIE SÉLECTIVE

ÉTUDES

Bonin, Hubert, *Suez : du canal à la finance (1858-1987)*, Paris, Economica (1987)

Carré, Jean-Marie, *Voyageurs et écrivains français en Égypte*, t. II, De la fin de la domination turque à l'inauguration du canal de Suez, Le Caire, Imprimerie de l'Institut français d'archéologie orientale (1932)

Charles-Roux, Jules, *L'Isthme et le canal de Suez : historique, état actuel*, Paris, Hachette (1901)

Diesbach, Ghislain de, *Ferdinand de Lesseps*, Paris, Perrin (1990)

Duchêne, Sylvain, « Un Peintre à la campagne : Les séjours de Gustave Moreau à Étampes », *Les Cahiers d'Étampes-Histoire*, n° 6 (2004), pp. 40-48

Edgar-Bonnet, Georges, *Ferdinand de Lesseps, le diplomate, le créateur de Suez*, Paris, Plon (1951)

Fontane, Marius et Riou, I – *Le Canal maritime de Suez illustré : histoire du canal et des travaux*, par Marius Fontane ; II – *Itinéraire de l'isthme*, texte et dessins, par Riou, Paris, Aux Bureaux de *L'Illustration* (1869)

Fontane, Marius, *Voyage pittoresque à travers l'isthme de Suez* (25 grandes aquarelles d'après nature par Riou, lithographiées en couleur par M. Eugène Ciceri), Paris, Paul Dupont et E. Lachaud (1870)

Goby, Jean-Édouard, « Ingénieurs et techniciens français en Égypte, au XIXe siècle », *Revue des deux mondes* (15 juin 1959), pp. 691-705

Legrand, Maxime, « Narcisse Berchère intime : notes biographiques et bibliographiques », in *Conférence des Sociétés savantes, littéraires et artistiques de Seine-et-Oise : compte rendu de la quatrième réunion*, Étampes, Flizot (1909), pp. 143-152

Lesseps, Ferdinand de, *Lettres, journal et documents pour servir à l'histoire du canal de Suez*, Paris, Didier (1875-1881), 5 volumes (vol. 1, de 1854 à 1856 ; vol. 2, de 1857 à 1858 ; vol. 3, de 1859 à 1860 ; vol. 4, de 1861 à 1864 ; vol. 5, de 1864 à 1869)

Merruau, Paul, « Une Excursion au canal de Suez », in *Le Tour du monde : nouveau journal des voyages*, Paris, Hachette (1863), 2e semestre

Montel, Nathalie, *Le Chantier du canal de Suez (1859-1869) : une histoire des pratiques techniques*, Paris, Éditions In Forma / Presses de l'École nationale des Ponts et chaussées (1998)

Prost, Bernard, « Berchère (N.) », in *Dictionnaire illustré des Beaux-Arts, Bouguereau, Berchère, Tassaert : catalogue de leurs œuvres*, Paris, Librairie d'Art, Paris (1885), pp. 1-40

Régnier, Philippe, *Les Saint-Simoniens en Égypte (1833-1851)*, Le Caire, Banque de l'Union européenne (1989)

Rivière, Cécile, « Narcisse Berchère et Gustave Moreau : quarante ans d'amitié », *Les Cahiers d'Étampes-Histoire* (n° 6, 2004), pp. 31-39

Tesson, Thierry, *Ferdinand de Lesseps*, Paris, Jean-Claude Lattès (1992)

Voisin-Bey, *Le Canal de Suez*, Paris, Vve Ch. Dunod (1902-1906), 6 tomes en 7 volumes

Wright, Barbara, « East Meets West : The Suez Canal as Portrayed by its Official Artist, Narcisse Berchère », in *Romantic Geographies*, Glasgow, University of Glasgow French and German Publications (1996), pp. 264-276

—, « Travel as Mission : The Building of the Suez Canal, as seen by Narcisse Berchère », in *Cross-Cultural Travel*, Actes du Colloque sur « Littérature et voyage », organisé à la National University of Ireland, Galway, sous l'égide de la Royal Irish Academy, novembre 2002, éd. Jane Conroy, New York, Peter Lang (2003), pp. 251-259

CATALOGUES

L'Orient en question, 1825-1875 : de Missolonghi à Suez, ou L'Orientalisme de Delacroix à Flaubert, Exposition, Marseille, Musée Cantini, 1975, éd. Marielle La Tour, Évelyne Lehalle et Marie-Christine Bouillé, Marseille, Presses municipales (1975)

L'Orientalisme dans les collections des Musées de Tours, Exposition, 3 avril-8 juin 1980, Musée des Beaux-Arts de Tours, Tours, Imprimerie E. Vincent (1980)

L'Orient des Provençaux dans l'histoire, Exposition, Marseille (Archives départementales, Chambre de commerce et d'industrie, Archives de la ville), novembre 1982-février 1983, Marseille, Imprimerie municipale (1982)

L'Orientalisme des Saint-Simoniens, Actes du colloque des 26 et 27 novembre 2004, Paris, Institut du monde arabe, éd. Michel Levallois et Sarga Moussa, Paris, Maisonneuve et Larose (2006).

Le Siècle des Saints-Simoniens : du « Nouveau Christianisme » au canal de Suez, éd. Nathalie Coilly et Philippe Régnier, Exposition à la Bibliothèque nationale de France et à la Bibliothèque de l'Arsenal, 28 novembre 2006-25 février 2007, Paris, Bibliothèque nationale de France (2006)

LISTE DES ILLUSTRATIONS D'APRÈS NARCISSE BERCHÈRE, PARUES D'ABORD DANS L'ÉTUDE DE PAUL MERRUAU

Fig. 1 : *Port-Saïd. Chantiers sur le bord du canal, à sa sortie du lac Menzaleh* (signé, en bas à droite : « Dom. Grenet »)

Fig. 2 : *Vue générale de Port-Saïd* (nom du graveur indéchiffrable, en bas à gauche ; signé, en bas à droite : « Dom. Grenet »)

Fig. 3 : *Dragues au montage* (inscription, en bas à gauche : « D. G. » ; inscription, en bas à droite : « PANNEMAKER »)

Fig. 4 : *Groupe de chameliers près du canal de Suez* (inscription, en bas à gauche : « J. GAUCHARD » ; signé, en bas à droite : « Dom. Grenet »)

Fig. 5 : *Village arabe près de Port-Saïd* (signé, en bas à gauche : « Dom. Grenet » ; inscription, en bas à droite : « A. GUSMAND »)

Fig. 6 : *Barques du lac Menzaleh* (signé, en bas à gauche : « Dom. Grenet » ; inscription, en bas à droite : « PANNEMAKER »)

Fig. 7 : *Kantara.- Pont sur la route de Syrie* (signé, en bas à gauche : « Dom. Grenet » ; inscription, en bas à droite : « PANNEMAKER »)

Fig. 8 : *Dunes d'El-Ferdane* (inscription, en bas à gauche : « D. G. » ; inscription, en bas à droite : « PANN »)

Fig. 9 : *Campement à El-Guisr* (inscription, en bas à gauche : « LEGRAND »)

Fig. 10 : *Vue prise près du lac Timsah* (signé, en bas à droite : « Dom. Grenet »)

Fig. 11 : *Voiture de la Compagnie du canal de Suez* (inscription, en bas à gauche : « C. LAPLANTE » ; inscription, en bas à droite « D. G. »)

Fig. 12 : *Le Village de Tell-el-Kébir* (signé, en bas à gauche : « Dom. Grenet » ; inscription, en bas à droite : « A. GUSMAND »)

Fig. 13 : *Le Château de Tell-el-Kébir* (inscription, en bas à gauche : « D. G. »)

Fig. 14 : *Vue de Zagazig* (inscription, en bas à droite : « D. G. »)

Fig. 15 : *Une tranchée dans le canal de Suez* (inscription, en bas à gauche : « C. LAPLANTE » ; signé, en bas à droite : « Dom. Grenet »)

Fig. 16 : *Ouvriers terrassiers du canal de Suez travaillant à la couffe* (inscription, en bas à gauche : « D. G. » ; inscription, en bas à droite: « HUREL »)

Fig. 17 : *Toussoum. – Tombeau du cheik Ennedeck* (inscription, en bas à gauche : « D. G. » ; inscription, en bas à droite : « A. GUSMAND »)

Fig. 18 : *Carrières de Gebel-Géneffé* (signé, en bas à gauche : « Dom. Grenet » ; inscription, en bas à droite : « C. LAPLANTE »)

Fig. 19 : *Canal de Nécos, ancien canal* (inscription, en bas à gauche : « PANNEMAKER » ; signé, en bas à droite : « Dom. Grenet »)

Fig. 20 : *Vue de la ville de Suez* (inscription, en bas à gauche : « J. GAUCHARD » ; signé, en bas à droite : « Dom. Grenet »)

CAHIER DES ILLUSTRATIONS

Fig. 1 : *Port-Saïd. Chantiers sur le bord du canal, à sa sortie du lac Menzaleh*
(Photo : Bibliothèque nationale de France)

Fig. 2 : *Vue générale de Port-Saïd* (Photo : Bibliothèque nationale de France)

Fig. 3 : *Dragues au montage* (Photo : Bibliothèque nationale de France)

Fig. 4 : *Groupe de chameliers près du canal de Suez* (Photo : Bibliothèque nationale de France)

Fig. 5 : *Village arabe près de Port-Saïd* (Photo : Bibliothèque nationale de France)

Fig. 6 : *Barques du lac Menzaleh* (Photo : Bibliothèque nationale de France)

Fig. 7 : *Kantara.- Pont sur la route de Syrie* (Photo : Bibliothèque nationale de France)

Fig. 8 : *Dunes d'El-Ferdane* (Photo : Bibliothèque nationale de France)

Fig. 9 : *Campement à El-Guisr* (Photo : Bibliothèque nationale de France)

Fig. 10 : *Vue prise près du lac Timsah* (Photo : Bibliothèque nationale de France)

Fig. 11 : *Voiture de la Compagnie du canal de Suez* (Photo : Bibliothèque nationale de France)

Fig. 12 : *Le Village de Tell-el-Kébir* (Photo : Bibliothèque nationale de France)

Fig. 13 : *Le Château de Tell-el-Kébir* (Photo : Bibliothèque nationale de France)

Fig. 14 : *Vue de Zagazig* (Photo : Bibliothèque nationale de France)

Fig. 15 : *Une tranchée dans le canal de Suez* (Photo : Bibliothèque nationale de France)

Fig. 16 : *Ouvriers terrassiers du canal de Suez travaillant à la couffe*
(Photo : Bibliothèque nationale de France)

Fig. 17 : *Toussoum. - Tombeau du cheik Ennedeck*
(Photo : Bibliothèque nationale de France)

Fig. 18 : *Carrières de Gebel-Géneffé* (Photo : Bibliothèque nationale de France)

Fig. 19 : *Canal de Nécos, ancien canal* (Photo : Bibliothèque nationale de France)

Fig. 20 : *Vue de la ville de Suez* (Photo : Bibliothèque nationale de France)

TABLE DES MATIÈRES

		PAGE
Remerciements		vii
Introduction		ix
1.	Historique de l'époque	ix
2.	Le Projet de Berchère	xiv
3.	Le Récit de Berchère	xix
	(a) La « Mission » de Berchère	xx
	(b) La Quête personnelle de Berchère	xxiii
	(c) Berchère peintre-écrivain	xxiv
Le Désert de Suez : cinq mois dans l'isthme		1
I	De Damiette à El-Guisr	5
II	El-Guisr et l'Ouady	25
III	D'El-Guisr à Suez	75
Lettre à M. Hetzel		92
Carte de l'isthme de Suez		94
Annexe		95
Bibliographie sélective		99
Liste des illustrations		101
Cahier des illustrations		103

MHRA Critical Texts

This series aims to provide affordable critical editions of lesser-known literary texts that are not in print or are difficult to obtain. The texts will be taken from the following languages: English, French, German, Italian, Portuguese, Russian, and Spanish. Titles will be selected by members of the distinguished Editorial Board and edited by leading academics. The aim is to produce scholarly editions rather than teaching texts, but the potential for crossover to undergraduate reading lists is recognized. The books will appeal both to academic libraries and individual scholars.

Malcolm Cook
Chairman, Editorial Board

Editorial Board

Professor Malcolm Cook (French) (<i>Chairman</i>)
Professor Derek Flitter (Spanish)
Professor David Gillespie (Slavonic)
Professor Catherine Maxwell (English)
Dr Stephen Parkinson (Portuguese)
Professor Brian Richardson (Italian)
Professor Ritchie Robertson (Germanic)

Published titles

1. *Odilon Redon, 'Écrits'* (edited by Claire Moran, 2005)
2. *Les Paraboles Maistre Alain en Françoys* (edited by Tony Hunt, 2005)
3. *Letzte Chancen: Vier Einakter von Marie von Ebner-Eschenbach* (edited by Susanne Kord, 2005)
4. *Macht des Weibes: Zwei historische Tragödien von Marie von Ebner-Eschenbach* (edited by Susanne Kord, 2005)
5. *A Critical Edition of 'La tribu indienne; ou, Édouard et Stellina' by Lucien Bonaparte* (edited by Cecilia Feilla, 2006)
6. *Dante Alighieri, 'Four Political Letters'* (translated and with a commentary by Claire E. Honess, 2007)
7. *'La Disme de Penitanche' by Jehan de Journi* (edited by Glynn Hesketh, 2006)
8. *'François II, roi de France' by Charles-Jean-François Hénault* (edited by Thomas Wynn, 2006)
9. *Istoire de la Chastelaine du Vergier et de Tristan le Chevalier* (edited by Jean-François Kosta-Théfaine, 2009)
10. *La Peyrouse dans l'Isle de Tahiti, ou le Danger des Présomptions: drame politique* (edited by John Dunmore, 2006)
11. *Casimir Britannicus. English Translations, Paraphrases, and Emulations of the Poetry of Maciej Kazimierz Sarbiewski* (edited by Krzysztof Fordoński and Piotr Urbański, 2008)
12. *'La Devineresse ou les faux enchantements' by Jean Donneau de Visé and Thomas Corneille* (edited by Julia Prest, 2007)
13. *'Phosphorus Hollunder' und 'Der Posten der Frau' von Louise von François* (edited by Barbara Burns, 2008)
15. *Ovide du remede d'amours* (edited by Tony Hunt, 2008)
16. *Angelo Beolco (il Ruzante), 'La prima oratione'* (edited by Linda L. Carroll, 2009)
17. *Richard Robinson, 'The Rewarde of Wickednesse'* (edited by Allyna E. Ward)
20. *Evariste-Désiré de Parny, 'Le Paradis perdu'* (edited by Ritchie Robertson and Catriona Seth)
22. Louis-Charles Fougeret de Monbron, *Le Cosmopolite, ou le citoyen du monde (1750)* (edited by Édouard Langille)
24. Narcisse Berchère, *Le Désert de Suez: cinq mois dans l'Isthme* (edited by Barbara Wright)

Forthcoming titles

14. *Le Gouvernement present, ou éloge de son Eminence, satyre ou la Miliade* (edited by Paul Scott)

18. *Henry Crabb Robinson, 'Essays on Kant, Schelling, and German Aesthetics'* (edited by James Vigus)

19. *A Sixteenth-Century Arthurian Romance: 'L'Hystoire de Giglan filz de messire Gauvain qui fut roy de Galles. Et de Geoffroi de Maience son compaignon'* (edited by Caroline A. Jewers)

21. *Stéphanie de Genlis, 'Histoire de la duchesse de C***'* (edited by Mary S. Trouille)

23. *La Chastelaine du Vergier. Livre d'amours du Chevalier et de la Dame Chastellaine du Vergier* (edited by Jean-François Kosta-Théfaine)

25. *Casimir Britannicus. English Translations, Paraphrases, and Emulations of the Poetry of Maciej Kazimierz Sarbiewski. Revised and expanded edition* (edited by Piotr Urbański and Krzysztof Fordoński)

26. *'Eugénie et Mathilde' by Madame de Souza* (edited by Kirsty Carpenter)

27. *Aza ou le Nègre* (edited by Loïc Thommeret)

28. *Eliza Haywood, 'The Fortunate Foundlings'* (edited by Jan Herman and Beatrijs Vanacker)

29. *Edward Kimber, 'The Happy Orphans'* (edited by Jan Herman and Beatrijs Vanacker)

For details of how to order please visit our website at: www.criticaltexts.mhra.org.uk

www.ingramcontent.com/pod-product-compliance
Lightning Source LLC
Chambersburg PA
CBHW062130160426
43191CB00013B/2258